Peter Koslowski

Der Mythos
der Moderne

Die dichterische Philosophie
Ernst Jüngers

1991

Wilhelm Fink Verlag · München

Die Deutsche Bibliothek - CIP-Einheitsaufnahme

Koslowski, Peter:
Der Mythos der Moderne: die dichterische Philosophie
Ernst Jüngers / Peter Koslowski. - München: Fink, 1991
ISBN 3-7705-2720-8

ISBN 3-7705-2720-8
© 1991 Wilhelm Fink Verlag, München
Herstellung: Ferdinand Schöningh GmbH, Paderborn

„Wissen und Dichtung. ‚Ist eine Ilias möglich mit Schießpulver?‘ (Karl Marx). Das
traf mein Problem."

E. JÜNGER, *Autor und Autorschaft* (1984),
258.

Inhaltsverzeichnis

9

Vorrede

Gibt es einen Mythos der Moderne trotz der Tatsache, daß viele ihrer Anhänger in ihr das Zeitalter der Vernunft und des Endes des Mythos sehen? Die Deutung einer Epoche ist eine Aufgabe, die an der Schnittstelle von Philosophie, Kunst, Mythologie und Theologie liegt. Die Mittel der Dichtung und des Mythos, Imagination und mythische Rede, müssen, um die Signatur und den Sinn eines geschichtlichen Zeitalters zu ergründen, ebenso eingesetzt werden wie die Mittel der Philosophie und der Theologie, der spekulative Begriff und die Exegese offenbarter Rede. Das hohe Ziel einer geschichtlichen Philosophie ist es, die Einsichten der Philosophie, der Theologie, der Dichtung und der Mythologie zu einer Philosophie des Zeitalters zusammenzuführen. Offen ist jedoch, ob sich Philosophie, Theologie, Dichtung und Mythologie so zu einem großen Mythos einer Epoche vereinigen lassen, daß der Sinn dieser geschichtlichen Epoche und die Gestalten des Menschseins, die für die Stellung des Menschen zu diesem geschichtlichen Sinn typisch sind, in einem einzigen Erzählzusammenhang und in einigen wenigen mythischen Figuren dargestellt werden. Eben dieses kühne Unternehmen, die dichterische und philosophische Deutung der Moderne in *einem* Epos, in *einer* großen philosophischen Erzählung und dichterischen Philosophie der Moderne, deren Teile Mythen und kleinere Epen bilden, zu vereinigen, soll hier durch eine Interpretation des Gesamtwerks von Ernst Jünger gewagt werden.

Jüngers Romane und philosophische Essays haben den metaphysischen Sinn der geschichtlichen Epoche ergründet und ihn oft seherisch in mythischer, poetischer und philosophischer Rede dargestellt. Im Rückblick auf die Kette seiner von 1920 bis 1990 erschienenen Werke lassen sich diese zusammenfügen zu *einem* Epos der Moderne. In ihm tauchen die Formen, in denen der Mensch sein Verhältnis zum Sinn der Epoche gefunden hat, als typische Gestalten in der Sukzession mythischer Figuren auf.

In der Rückschau auf das Jahrhundert, wie es sich im Spiegel des Jüngerschen Werkes zeigt, wird erkennbar, daß in den Ideologien und Geschichtsphilosophien der Moderne der Mythos vom Arbeiter „Mensch" verborgen ist und daß diese mythische Selbstinterpretation des Menschen sowohl im Liberalismus wie im Nationalsozialismus und Marxismus-Leninismus die Totale Mobilmachung der Welt und den

Wunsch, sie im totalen Arbeitscharakter zu transformieren, begleitet und geprägt hat. Es wird in diesem Spiegel weiter sichtbar, daß der Held „Arbeiter" abgelöst wird durch den Menschen als titanischem Sohn der Erde, der seiner nihilistischen Macht entsagt und zu seiner Mutter, der Erde, zurückzukehrt, und daß schließlich die heroische Ära des Arbeiters und Titanen „Mensch" zu Ende geht und nachmoderne Deutungen und Gestalten des Menschen heraufdrängen. Jünger nimmt in seinem philosophischen Epos der Moderne Ideen der gegenwärtigen Postmoderne-Diskussion vorweg.

Das geschichtliche Zeitalter im Ganzen und in ihm vor allem die Moderne sieht Jünger vorangetrieben durch den Kampf, den Götter, Menschen und Titanen miteinander austragen. Sie schlagen eine Schlacht, eine Gigantomachie, in der das Verhältnis des Menschen zum Sinn der geschichtlichen Epochen und seine Stellung zwischen Zeit und Ewigkeit entschieden werden.

Der Mythos der Moderne, wie ihn das Jüngersche Werk geschaffen hat, läßt erkennen, was aus dem Titanenkampf der Moderne als bleibendes Menschheitsgut hervorgehen und was als Schuld oder als bloßer Scheinsieg des modernen Titanen „Mensch" dem Untergang oder dem Vergessen anheim fallen wird. Er macht verstehbar, welche Rolle der Mythos in der Erkenntnis der geschichtlichen Zeit spielt. Er hilft zu beurteilen, was an der Moderne wahrer Mythos oder Logos und was an ihr „bloßer Mythos" oder Schein und sogar Lüge ist, und welchen Anteil der deutsche Geist an beidem, an der Wahrheit und an den Irrtümern der Moderne, hat.

Prolog in der Postmoderne

Ein Buch über Ernst Jünger zu schreiben, heißt sich in ein Minenfeld begeben, in dem man sich nur mit äußerster Vorsicht voranbewegen kann. Person und Werk dieses großen deutschen Dichters sind so eng mit den Katastrophen und Verirrungen, aber auch mit der Größe des deutschen Geistes im 20. Jahrhundert verbunden, daß sich das Urteil über die deutsche Geschichte dieses Jahrhunderts und das Urteil über das Werk des Autors Jünger immer wieder zu vermischen drohen. Dies ist bis zu einem gewissen Grade unvermeidlich, weil jeder große Dichter seiner Zeit stets besonders nah ist und daher auch stets an ihren Irrtümern teilhat. Minen umgeben Gebiete, in die einzudringen sich lohnt, und so steht es auch mit der geistigen Landschaft Jüngers. In sie einzudringen ist ebenso gefährlich wie intellektuell einträglich. Die Schätze, die in ihr ruhen, wiegen die Gefährlichkeit der Begegnung nicht nur für ein abenteuerliches Herz auf.

„Innerhalb einer Epoche gibt es keinen Standpunkt, eine Epoche zu betrachten." (Goethe) Ständen wir noch in der Moderne, wäre kaum zu erreichen, diese Epoche in ihrer Ganzheit in den Blick zu nehmen. In unserer Zeit mehren sich jedoch die Anzeichen, daß etwas an der Moderne zu Ende geht, altert und Nachmodernes in vielfältiger Form heraufdrängt. So erscheint es sinnvoll, jenen Zeitraum von fünfundsiebzig Jahren, von 1914 bis 1989, den Ernst Jünger von seinem ersten Werk *In Stahlgewittern* von 1920 bis zu seinem zuletzt erschienenen Essay *Die Schere* von 1990 beschreibt, als eine Epoche zu begreifen, in der der moderne Geist in besonderer Weise zur Verwirklichung gelangt ist, in der sich die Moderne und ihre Projekte nicht nur als Programm, sondern auch als Gestalterin der politischen und kulturellen Wirklichkeit ausgewirkt haben. Wir können die Epoche der Moderne als eine Einheit sehen, weil wir sie bereits im Rückblick betrachten als etwas, das einen gewissen Abschluß erreicht hat. Ernst Jüngers Werk hilft uns, den Geist dieser Epoche und damit uns selbst zu erkennen.

Der Verfasser dieses Buches hat sich selbst zu einem Verfechter des Begriffs „Postmoderne" gemacht und so könnte der Verdacht entstehen, daß er dem Jüngerschen Epos der Moderne gegenüber nicht die nötige Unparteilichkeit aufbringe und dieses Werk benütze, um ganz andere Schlachten mit seiner Hilfe zu schlagen. Auf den ersten Einwand ist zu antworten, daß die Distanz zur Moderne es erst ermöglicht, einen ihrer zentralen Autoren nicht als dessen Parteigänger oder als dessen Gegner zu betrachten, sondern ihn, wie es Manuel Venator aus Jüngers *Eumeswil* tut, vom Standpunkt des „Metahistorikers", aus der historischen Distanz, zu untersuchen. Zum zweiten Einwand ist zu sagen, daß die Jüngersche Darstellung der Moderne und ihres Ausklangs die These, daß wir im Übergang zur Nachmoderne leben, bestätigt und daß somit, paradoxerweise in der Logik der Parteilichkeit, aber folgerichtigerweise in der Logik des Mythos, der „Sänger" der Moderne ihr Geschichtlichwerden erkennbar macht und an ihrer Überwindung mitwirkt.[1] Erst das Posthistoire nach den liberalen, marxistisch-leninistischen und faschistischen Geschichtsphilosophien und Mobilmachungen der Moderne erlaubt es, die rechte und die linke Seite der Moderne, den rechten und den linken Modernismus und noch den Modernismus der bürgerlichen Mitte des Liberalismus aus der historischen und intellektuellen Distanz zu betrachten und daher auch den Dichter dieser Epoche ohne Parteinahme und blinde Gefolgschaft zu begreifen und darzustellen.

In der Anlage dieses Buches steckt daher eine bereits vollzogene Historisierung der Moderne und ihrer Ideologien und zugleich der Vorschlag, nicht nur die Geschichte vom Ausbruch des Ersten Weltkriegs 1914 bis zur deutschen Vereinigung 1990, sondern auch die Ideologien und politischen Anschauungen dieser Zeit zu historisieren. Nach der Lektüre des Werkes von Ernst Jünger erscheint es notwendig, die linken wie die rechten Modernismen als unterschiedliche Ausprägungen *eines* modernistischen Impulses, *einer* Totalen Mobilmachung zu begreifen und sie nach dem Ende der Mobilmachung des Marxismus-Leninismus in Osteuropa im Jahre 1989/90 als historische Phänomene zu betrachten. Diese Historisierung der Ideologien der Moderne ist nötig zur Selbsterkenntnis unserer Vergangenheit und unseres Gewordenseins. Sie dient nicht der Entschuldigung oder

---

[1] Es wird hier erkennbar, daß der Mythos ein distanzierteres Verhältnis zum geschichtlichen Geschehen hat als häufig angenommen, in manchem distanzierter als die Historie und Philosophie. H.-P. Schwarz: *Der konservative Anarchist. Politik und Zeitkritik Ernst Jüngers,* Freiburg i. Br. (Rombach) 1962, würdigt in seiner ansonsten sehr aufschlußreichen Studie diese Dialektik der dichterischen Distanz nicht ausreichend, wenn er Jünger aus der Gegnerschaft zum 20. Jahrhundert und aus der für den modernen Dichter typischen Gegnerschaft zu seiner Zeit interpretiert. Die Aussage über Jünger „Er mag es (sein Jahrhundert, P. K.) nun einmal nicht. So wählte er die Isolierung und den einsamen Kampf" (*ebd.* 247) ist von den 90er Jahren her gesehen völlig neben dem Punkt. Kaum jemand hat sein Jahrhundert mit solcher Haßliebe geliebt wie Jünger das 20., und für den Wahrheitswert der Dichtung ist es unerheblich, ob jemand sein Jahrhundert mag oder nicht.

Flucht aus der Verantwortung. Jüngers Werk vermag der „metahistori-
schen" Betrachtung der Ideologien zu dienen, weil es in allen Phasen
mit der Desinvoltura und Distanz des Dichters verfaßt wurde. Die
Desinvoltura und „Selbsthistorisierung" des Dichters Jünger zum Beobachter der eigenen Epoche ist einer der Gründe für die Feindseligkeit,
mit der sein Werk häufig aufgenommen wurde. Im Rückblick ist die
Desinvoltura des Dichters, das bewußte Nicht-Involviert-Sein-Wollen
in die Kämpfe der Moderne, ein Gewinn für die Erkenntnis der Gemeinsamkeiten und der Unterschiede der Projekte der Moderne.[2]
Distanz zur Moderne ist nötig, um zu begreifen, was in den verschiedenen „Projekten der Moderne" gewollt und gedacht wurde. Es gibt
keinen Grund, auf die Moderne nur stolz zu sein, und alles, was in ihr
an Schrecklichem geschah und was man nicht mag, als vormodern zu
bezeichnen und aus ihr zu verbannen. Der Schrecken und der totali-
täre Irrtum gehören zur Moderne dazu. Deshalb ist nicht nur eine
Historisierung der schrecklichen Seiten der Geschichte der Moderne,
sondern auch eine Historisierung der schrecklichen Seiten der extremen Ideologien der Moderne, des Faschismus, Nationalsozialismus
und Leninismus, nötig, um zu begreifen, was sich in den Ideologien
der Moderne vollzogen hatte und was ihnen gemeinsam ist. Es wird
sich nicht umgehen lassen, daß dem „Historikerstreit" ein „Philoso-
phenstreit" über die „Ideologie der Moderne" folgen wird.

1. Der Einbruch des Mythos in die geschichtliche Zeit

Ernst Jüngers philosophisches Epos – oder dichterische Philosophie –
der Moderne steht zwischen Dichtung, Mythos, Historie und Philoso-

---

[2] SCHWARZ, Der konservative Anarchist, aaO. 14, schreibt 1962: „Die Zeit und er
(Jünger) sind einander fremd geworden." Als Ursache für diese Entfremdung nennt er drei Gründe: 1. die Diskrepanz zwischen Wirklichkeit und
Bewußtsein und das „unglückliche Bewußtsein", das die Jahre 1920 bis 1950
bestimmt und dem Jüngers Werke exemplarisch Ausdruck gegeben habe,
schwächten sich ab, so daß Jünger unzeitgemäß werde, 2. übernähmen die
Universitätswissenschaften von der Dichtung die Zeitdeutung und 3. gebe es
insgesamt ein „Ende des ‚feuilletonistischen Zeitalters' der Zeitdeutung."
(aaO. 245) Diese Deutung Jüngers aus dem Beginn der 60er Jahre ist
interessant, weil sie von einem ungebrochenen Glauben an die Rationaliät
und Wissenschaft geprägt und für die liberale Moderne repräsentativ ist.
Aus der postmodernen Sicht der Gegenwart ist dieser Optimismus proble-
matisch geworden. „Unglückliches Bewußtsein" ist im Fortgang der Wissenschaften nicht verschwunden, die Dichtung und der gesamte Bereich des
Fiktionalen einschließlich des Fernsehens haben eher an Bedeutung gewonnen, die Wissenschaft kann ihre Vormachtstellung nicht mehr unangefoch-
ten behaupten und in der Zeitdeutung ist die Notwendigkeit, auch außerwis-
senschaftliche Interpretamente aufzunehmen, sichtbar geworden.

phie. Es bildet eine Synthesis aus erzählender Dichtung, mythischer Rede, geschichtlichem Bericht und philosophischer Reflexion. Als Synthesis ist das philosophische Epos einerseits besonders machtvoll, weil es dichterische Imagination, mythische Erinnerung, historische Dokumentation und philosophische Begrifflichkeit vereinigt, und andererseits besonders verwundbar durch die Kritik der Fachwissenschaften, weil es die Grenzen von Dichtung, Religion, Historie und Philosophie überschreitet und ihre Methoden und Weltzugänge vereinigt. Ernst Jünger erfindet, erzählt und denkt in seinen Romanen und Essays den Großen Mythos der Moderne des Arbeiters und die Kleinen Erzählungen des Ausklangs der Moderne im Posthistoire. Die Einheit dieser Werke bildet die geschichtliche Wirklichkeit der Zeit vom Ersten Weltkrieg bis zu den postmodernen Achtziger Jahren dieses Jahrhunderts.

Ihre Einheit als ein großes Epos und eine dichterische Philosophie wird erst im Rückblick erkennbar, weil ein Werk, das einen historischen Zeitraum von 70 Jahren in der Dichtung zu begreifen sucht und darstellt, nicht als ein einziges großes Epos konzipiert werden konnte. Ein Autor kann bei seinem Erstlingswerk nicht ahnen, daß er das selbst für Nicht-Autoren ungewöhnliche Lebensalter von 96 Jahren erreichen und ihm für die Erarbeitung seines Gesamtwerks ein Zeitraum von über siebzig Jahren zur Verfügung stehen wird. Es ist daher das Privileg des Interpreten, daß er aus dem Rückblick auf das Gesamtwerk seines Autors eine Gleichzeitigkeit der Werke herstellen kann, über die der Autor selbst, der notwendig in der Sukzession seiner Epoche und der zeitlichen Produktion seiner Werke steht, nicht verfügt. Die Gleichzeitigkeit des Blickes des Interpreten auf das Gesamtwerk ermöglicht erst diese Synopse zu einem Epos des 20. Jahrhunderts und läßt auch die Zeitgebundenheit in der Sukzession der Einsichten und Irrtümer sichtbar werden.

Ernst Jünger hat nicht, wie Honoré de Balzac, erklärt, „le secrétaire de son époque"[3] sein zu wollen, sein Werk hat ihn jedoch im Rück-

---

[3] BALZAC: „Avant-Propos", zu *La Comédie Humaine, I. Études de moeurs,* hrsg. v. P. G. Castex, Paris (Gallimard) 1976 ff., Band 1, 11 (=Bibliothèque de la Pléiade) : „La société française allait être l'historien, je ne devais être que le secrétaire. En dressant l'inventaire des vices et des vertues, en rassemblant les principaux faits des passions, en peignant les caractères, en choisissant les événements principaux de la Société, en composant des types par la réunion des traits de plusieurs caractères homogènes, peut-être pouvais-je arriver à écrire l'histoire oubliée par tant d'historiens, celle des moeurs . . . je réaliserais, sur la France du XIXe siècle, ce livre que nous regrettons tous, que Rome, Athènes . . . ne nous ont malheureusement pas laissé sur leurs civilisations." Vgl. auch BALZAC: *Théorie de la démarche* (Aug. – Sept. 1833), aaO., Band 12, 278: „Il y a dans tous les temps un homme de génie qui se fait

blick zum Epiker seines Jahrhunderts, des 20., werden lassen. Die Anlage seines Werkes ist nicht die einer dichterischen Enzyklopädie der Sitten und Kultur der deutschen Gesellschaft des 20. Jahrhunderts, wie Balzac eine solche der Sitten und Kultur der französischen Gesellschaft des 19. Jahrhunderts schaffen wollte.[4] Sie ist die des Menschheitsepos dieses Jahrhunderts. Es ist das philosophische Epos des Helden der Moderne, des Menschen als Arbeiter, und überschreitet als solches von Anfang an den Rahmen der deutschen Gesellschaft des 20. Jahrhunderts. Paradoxerweise schuf Jünger mit dem *Arbeiter* bereits in seiner nationalrevolutionären Ära ein Werk, das den Nationalismus hinter sich gelassen hatte.

Jüngers Denken ist von der Überzeugung bestimmt, daß die Wirklichkeit selbst den Dichter denken läßt und der Dichter diesen Gedanken nur transparent werden läßt. Wenn sich die geschichtliche Wirklichkeit im Autor selbst denkt, wird sie zum einheitsstiftenden Moment des epischen Werkes, und so bildet die geschichtliche Wirklichkeit des 20. Jahrhunderts die Einheit des Jüngerschen Epos der Moderne, eine Einheit, die erst im historischen Rückblick deutlich hervortreten kann. Die Folge der Jüngerschen Werke der Jahre 1920 bis 1959, von *In Stahlgewittern* über *Der Arbeiter, Auf den Marmorklippen* und *Heliopolis* bis zu *An der Zeitmauer* wird im Rückblick erkennbar als ein *roman fleuve*, als *ein* Epos und *eine* Tragödie des Helden der Moderne, des Arbeiters „Mensch". Der Ausdruck „epische Tragödie der Moderne" ist mehr als eine Metapher. Es ist die Beschreibung einer Synthesis literarischer Genres.

Nach Carl Schmitt gibt es zwei Quellen des tragischen Geschehens, den Mythos und die geschichtliche wirkliche Gegenwart. Die Tragödie fußt auf dem Mythos, der für Spieler und Zuschauer ein Stück geschichtlicher Wirklichkeit ist.[5] In der Tragödie ist es nach Schmitt notwendig, „daß wir den unumstößlichen, über jede subjektive Erfindung erhabenen Kern einer einmaligen geschichtlichen Wirklichkeit erkennen und seine Erhebung zum Mythos begreifen."[6] Das Jüngersche Epos der Moderne und Postmoderne entspricht dieser Definition und kehrt sie zugleich um. Es ist zunächst, bis zu der Schrift *Der Arbeiter*

---

le secrétaire de son époque: Homère, Aristote, Tacite, Shakespeare, l'Arétin, Machiavel, Rabelais, Bacon, Molière, Voltaire, ont tenu la plume sous la dictée de leurs siècles."
[4] Vgl. HERBERT J. HUNT: *Balzac's Comédie Humaine,* London (Athlone Press) 1959.
[5] CARL SCHMITT: *Hamlet oder Hekuba. Der Einbruch der Zeit in das Spiel* (1956), Stuttgart (Klett-Cotta) 1985, 51, 48.
[6] *Ebd.,* 54.

von 1932, durch den Einbruch der geschichtlichen Zeit in die Dichtung geprägt, wird dann aber zunehmend durch den Einbruch des Mythos, vor allem des Mythos vom Gigantenkampf der Götter und Menschen, in die geschichtliche Wirklichkeit bestimmt und stellt schließlich, vor allem in *An der Zeitmauer,* diesen Zusammenstoß von Mythos und geschichtlicher Wirklichkeit im mythischen Epos dar.

Der positivistisch orientierte Mauretanier Jünger macht in den Dreißiger Jahren die Wandlung zum Magier durch, um schließlich in den Fünfziger Jahren zum Mythologen und Theosophen zu werden, für den der Mythos in der geschichtlichen Zeit wirksam und sichtbar wird. Als Mythologe erkennt er nach den Giganten- und Titanenkämpfen der Menschheitskriege der Moderne, daß die Rückkehr des Menschen zur Erde stattgefunden und daß sich in der geschichtlichen Wirklichkeit die Wandlung des antiken Mythos vom Gigantenkampf zum gnostischen Mythos von der Revolte des Titanen „Mensch" gegen die Götter vollzogen hat.

Die geschichtliche Erfahrung der Vierziger Jahre zeigt, daß der Mensch nach seinem Frevel nicht mehr Bundesgenosse der Götter und Streiter gegen die Chaosungeheuer ist, sondern selbst zum Giganten und Götterfeind wurde. Die Fünfziger Jahre, die Nach-Krieg-Zeit, deutet Jünger als die Phase, in der sich der Gigant der Moderne gewandelt hat zum unheroischen Erdtitanen, der seiner Macht entsagt hat und zu seiner Mutter, der Erde, zurückgekehrt ist. Jüngers Thema ist die geschichtliche Wirklichkeit dieses Jahrhunderts, gedeutet als der Kampf zwischen der menschlichen Titanenmacht dieses Jahrhunderts und dem alten Götterrecht. Sein Epos der Moderne ist Mythos vom Aufstieg und Fall der Moderne und Erzählung vom Nachspiel der Moderne im Posthistoire des nachmythischen und nachhistorischen Zeitalters.

Jünger ist philosophischer Dichter und mythologischer epischer Philosoph zugleich. Der Mythenschöpfer der Moderne und der Erzähler ihres Ausklangs ist nicht nur Sänger und Seher, sondern auch Denker und Essayist. Das Epos der Moderne und ihres Nachspiels entfaltet das Bild des Helden sowohl in der Dichtung als auch im philosophischen Traktat. Der mythologische Held dieses Epos, der Mensch als Krieger, Arbeiter und Titan, ist zugleich philosophischer Typus und modellhafte Gestalt, deren Züge begrifflich-philosophisch und bildlich-dichterisch gezeichnet werden. Dadurch gewinnen die gedanklichen Konturen des Epos an Schärfe. Das Epos wird über das Literarische und Mythische hinaus ins Begriffliche der dichterischen Philosophie gehoben, der philosophische Gedanken um die Anschaulichkeit und Bildlichkeit der Dichtung erweitert.

Jünger hat Romane und Abhandlungen, Tagebücher und Essays

geschrieben. Der Dichter kommt dem Denker, der Denker dem Dichter bei der Arbeit am großen Mythos von dem Aufstieg, der Blüte und dem Nachspiel der Moderne zu Hilfe. Seine Romane bilden die dichterischen Teile des großen Epos der Moderne und ihres Ausklangs, die von den philosophischen Essays denkerisch gestützt werden. Der Mythos von der Moderne und ihrem Nachspiel wird ergänzt um die philosophische Aufklärung durch die Arbeit des Begriffs. Dadurch zeigt sich jenes Moment der Aufklärung, das nach Horkheimer und Adorno bereits im Mythos eingeschlossen ist, in einem noch helleren Licht als im antiken, philosophisch ungebrochenen Mythos. Durch den Essay und die wissenschaftliche Kritik wird der Mythos des Dichters bei Jünger sowohl philosophisch gebrochen und distanziert als auch durch die wissenschaftliche Sicht der Welt erweitert und vertieft.

Das Jüngersche Werk als philosophisches Epos der Moderne und als dichterische Philosophie wirft die Frage auf, welche Rolle Theosophie, Gnostizismus und Mythologie für die Erarbeitung einer „Theorie des Zeitalters", für die Geschichtsphilosophie und für die Metaphysik spielen und wie ihr Wahrheitsstatus zu beurteilen ist. Der Gegensatz, in dem diese Zugänge zur Welt, diese „Weltbilder", zum vorherrschenden Rationalismus stehen, darf nicht dazu verführen, sie vorschnell als Irrationalismus aus der Philosophie und der wahrheitsfähigen Rede zu verbannen. Vielleicht gibt es ein Drittes neben oder über Rationalismus und Irrationalismus. Mit diesen Fragen nach dem Status von Gnosis und Mythos ist die Frage nach der Rolle der Ästhetik in der Philosophie und Weltdeutung verbunden. Da die Kunst, wie das Beispiel Jünger zeigt, das poetische und ästhetische Denken mit dem Mythos und der Theosophie teilt, ist die Bedeutung zu klären, die das ästhetische Denken und die ästhetische Weltsicht in der Entstehung und den Wandlungen der Moderne gespielt haben und weiter spielen.

Ernst Jüngers „magischer Realismus" und dichterische Philosophie sind der Versuch, über den Rationalismus hinauszukommen, ohne irrational zu werden. Seine Mythologie und Theosophie ist aus dem Bestreben geboren, den Nihilismus zu überwinden. Sie will jedoch nicht „Glauben" im Sinne der christlichen Theologie sein. Erich Brock urteilt über diesen Versuch, wie er bis 1944 vorlag: „Jünger wollte immer die Überwindung des Nihilismus. Dennoch mußte das einseitige Existenz-Denken, sowie seine politische Gestalt, der Fascismus, noch unvergleichlich schneller in den Nihilismus führen, als es der Rationalismus und seine politische Gestalt, der Liberalismus getan hatte."[7] Der Faschismus war nicht, wie Jünger erwartet hatte, die

---

[7] E. BROCK: *Das Weltbild Ernst Jüngers. Darstellung und Deutung*, Zürich (Max Niehans) 1945, 274.

Überwindung des Liberalismus, sondern führte noch tiefer als dieser in den Nihilismus hinein und endete schließlich in der Inhumanität. Mit dem Liberalismus ist das dritte Problemfeld von Jüngers Mythos der Moderne genannt, der eine stete Auseinandersetzung mit dem Liberalismus darstellt. Der Liberalismus war für Jünger seit den *Stahlgewittern* des Ersten Weltkrieges vor allem mit den „alten Mächten" des Westens, mit England und Frankreich verbunden. Sein Werk ist durchzogen von dem Gedanken, daß der Liberalismus, weil er auf dem Rationalismus gründet und die mythische und theologische Tiefendimension der Welt und des Menschen aus der sozialen Wirklichkeit verbannt hat, ein metaphysisches Defizit aufweist. Jünger suchte diese metaphysische Dimension zunächst in einer metaphysisch überhöhten Technik wiederzugewinnen und das metaphysische Vakuum des Liberalismus und den aus ihm resultierenden Nihilismus durch die an den Modernismus und Futurismus anschließende Forcierung der Technik zur Totalen Mobilmachung zu überwinden. Nachdem der Weg der totalen technischen und ökonomischen Mobilmachung, den der Faschismus, Nationalsozialismus und Leninismus eingeschlagen hatten, sich als Irrweg erwiesen hatte, sah Jünger bereits in den Jahren 1933 bis 1938 die Notwendigkeit, den Nihilismus durch die magische Dichtung und schließlich durch den Mythos und die theosophische Gnosis zu überwinden, wie seine Überarbeitung von *Das abenteuerliche Herz* zur zweiten Fassung von 1938 sowie die Erzählungen *Auf den Marmorklippen* von 1939 und *Heliopolis* von 1949 zeigen.

Gisbert Kranz kritisiert an dieser Wendung zum Mythos, daß sie die Gefahr des Escapismus und der Flucht vor der Wirklichkeit in sich berge. Die Schleife der magischen Weltsicht, unter der nach Jünger „eine höhere Art, sich den empirischen Verhältnissen zu entziehen" (*AH 2*, 36; 9,200), zu verstehen ist, ist für Kranz das Symbol dieses Escapismus.[8] Es wird daher zu prüfen sein, ob die magische, mythologische und theosophische Dichtung Jüngers Flucht aus der Wirklichkeit ist oder ob sie dem metaphysischen Defizit des Liberalismus abzuhelfen und der Verbesserung der liberalen Ordnung zu dienen vermag. Der *Mythos der Moderne* muß es zeigen, ob sozial und philosophisch mehr möglich ist als der Rationalismus des Liberalismus, nämlich die theosophische Nachmoderne einer freiheitlichen Ordnung, oder ob der nachmetaphysische Liberalismus der Moderne philosophisch das letzte Wort bleibt.

---

[8] G. KRANZ: *Ernst Jüngers symbolische Weltschau,* Düsseldorf (Schwann) 1968, 255ff.

2. „Deserteure" und „Frontkämpfer" der Moderne

Der Mythos und das Epos der Moderne machen deutlich, daß diese philosophische Dichtung nicht von einem „Deserteur", sondern eher von einem „Frontkämpfer" der Moderne oder, da dieser Ausdruck selbst für Jünger zu martialisch ist, von einem Avantgardisten der Moderne stammt. Norbert Bolz hat „die extremen Existenzen der Weimarer Zeit", zu denen er unter anderen Gottfried Benn, Ernst Bloch, Martin Heidegger, Ernst Jünger und Carl Schmitt zählt, „Deserteure der Neuzeit" genannt.[9] Denker, die in so hohem Maße das Denken einer Epoche mitbestimmt haben, als Deserteure derselben Epoche zu bezeichnen, ist ein logischer Widerspruch in sich, wenn man unter „Neuzeit" einen Epochennamen meint. Man kann führende Denker einer Epoche nur dann Deserteure einer Epoche nennen, wenn man die zur Diskussion stehende Epoche allein und ausschließlich mit *einem* geistigen Programm dieser Epoche identifiziert, dem dann eben die als „Deserteure" bezeichneten Autoren nicht anhängen.

Die Kennzeichnung „Deserteure der Neuzeit" macht nur Sinn, wenn man unter Neuzeit oder Moderne nicht eine Epoche, sondern ein Programm oder ein „Projekt" versteht, das diese Autoren offenbar nicht mitgetragen haben, und an dessen Projektemachen sie nicht beteiligt waren. Folgt man dieser Gleichsetzung der Moderne mit einem einzigen Projekt, macht man sich jedoch eines Kategorienfehlers schuldig, weil man eine historische mit einer philosophischen oder ideologischen Kategorie verwechselt oder letztere als historische durchgehen lassen will. Man schmückt ideologische Positionen mit historischen Epochenbezeichnungen und versucht sie dadurch ihres ideologischen Charakters zu entkleiden, um den Anschein ihrer historischen „Notwendigkeit" zu erwecken.

Jüngers Mythos der Moderne zeigt, daß dieses Verfahren historisch und philosophisch unzulässig ist. Die Moderne als Epoche besteht, ob wir dies mögen oder nicht, nicht nur aus dem liberalen „Projekt der Moderne und des Fortschritts", sondern ebenso aus der Totalen Mobilmachung des Faschismus, Nationalsozialismus und Leninismus. Die Moderne ist das Zeitalter der forcierten Geschichtlichkeit und des sich beschleunigenden Fortschritts, und diese Merkmale durchziehen *alle* Ideologien, die die Moderne hervorgebracht hat. Die Ideologien der Totalen Mobilmachung sind in ihrer Mythologie und Rhetorik modernistischer, extremer, als die bürgerliche Moderne, so daß sie als Mo-

---

[9] N. BOLZ: *Auszug aus der entzauberten Welt. Philosophischer Extremismus zwischen den Weltkriegen,* München (Fink) 1989, 11.

dernismus, als Übersteigerung der Moderne, ihr entgegengesetzt werden können. Der ästhetische „Modernismus" ist, wie neuere Studien zeigen, in Italien ein Wegbereiter des Faschismus[10] und in Deutschland ein solcher für den Nationalsozialismus[11] gewesen. Jüngers philosophisches Epos der Moderne bestätigt als Darstellung des 20. Jahrhunderts die Analysen der angelsächsischen Historiker.

Jüngers Analyse der Zwanziger Jahre in *Die Totale Mobilmachung* ist sehr einfach, aber schlüssig und, wenn sie zutrifft, von größter Bedeutung für das Geschehen dieses Jahrhunderts: Alle europäischen Mächte haben ihrzufolge vor und im Ersten Weltkrieg mobil gemacht. Der Liberalismus der Westmächte konnte jedoch aufgrund der demokratischen Struktur dieser Länder besser mobilmachen als das autoritäre Kaiserreich Deutschland. Nach dem verlorenen Krieg haben die Westmächte die Deutschen daran gehindert, Europäer zu werden und ihre Mobilmachung der Wirtschaft durchzuführen. Um daher an den Fortschritt des Westens anschließen zu können, hat Deutschland – wie im übrigen auch Italien – *total* mobilmachen müssen. Der Faschismus war im Gegensatz zur partiellen Mobilmachung der westlichen Demokratien die Totale Mobilmachung. Daß er in Deutschland sich zum Nationalsozialismus weiter entmenschlichte, weiter als der Faschismus in Italien, sieht Jünger als ein geschichtliches Verhängnis an, das er – im Gegensatz zu anderen Intellektuellen der Weimarer Zeit wie Gottfried Benn, Heidegger und Carl Schmitt, die ähnlich dachten, – bereits zum Zeitpunkt der Machtübernahme der Nationalsozialisten durchschaut und ihnen deshalb von Anfang an die Gefolgschaft verweigert hatte.[12]

Das Werk Jüngers läßt erkennen, daß Deutschland in diesem Jahrhundert das modernistische Land schlechthin gewesen ist[13] und daß

---

[10] W. L. Adamson: „Modernism and Fascism: The Politics of Culture in Italy, 1903-1922", in: *The American Historical Review,* 95 (1990), 359-390; J. Herf: *Reactionary Modernism: Technology, Culture, and Politics in Weimar and the Third Reich,* Cambridge (University Press) 1984.

[11] M. Ekstein: *Tanz über Gräben. Die Geburt der Moderne und der erste Weltkrieg,* Reinbek (Rowohlt) 1990; Original: *Rites of Spring. The Great War and The Birth of the Modern Age,* Boston (Houghton Mifflin) 1989.

[12] Vgl. das ansonsten zu Jünger sehr kritische Buch von Chr. Graf von Krockow: *Die Entscheidung. Eine Untersuchung über Ernst Jünger, Carl Schmitt, Martin Heidegger,* Stuttgart (F. Enke) 1958, 108: „Jünger geht inhaltlich aber völlig andere Wege als Schmitt – ganz abgesehen davon, daß er, wie noch einmal betont werden muß, dem zur Macht gekommenen ‚Führer' niemals auch nur den Schein einer Huldigung, dafür aber viele verdeckte Bosheiten gewidmet hat."

[13] So auch Ekstein, aaO., 15.

die Moderne und ihre Mobilmachung von einer Zweideutigkeit sind, die nicht nur die extremen Modernismen des Faschismus, Nationalsozialismus und Leninismus, sondern auch noch die liberale Moderne betrifft. Denn diese kann nicht unberührt und ohne metaphysischen Zusammenhang mit dem sein, was doch im Falle Deutschlands und Italiens *auch* aus ihr hervorging. Denn daß das Deutschland der Zwanziger Jahre die in jeder Hinsicht „verspätete Nation" jenseits des Liberalismus in der Steinzeit deutschen Untertanengeistes gewesen sein soll, müssen wir doch wohl der historischen Mythenbildung zuschreiben. Wenn Schuld über ein Volk kommt, dann hat sie ihre Ursache nicht darin, daß es in seiner Entwicklung verspätet ist.

Auch wenn man die liberale Moderne für eine Philosophie und Sozialtheorie hält, die den Formen der extremistischen Moderne auf der Linken wie auf der Rechten überlegen ist, bleibt die Frage, was für die Einschätzung der Moderne als ganzer aus der Tatsache folgt, daß aus ihr die philosophischen Extremismen der Moderne hervorgegangen sind. Der moderne philosophische Extremismus und der extreme Modernismus fallen nicht aus der Moderne als Epoche heraus. Vielmehr ist es, weil die Moderne sie hervorgebracht hat, nicht auszuschließen, daß die Formen des philosophischen Extremismus auch noch einmal aus ihr hervorgehen können, wenn sich die metaphysische Struktur der Moderne nicht grundlegend wandelt.

Nach Henrik Ibsen hält der Mensch im Kunstwerk Gerichtstag über sich selbst. Es ist nicht der Dichter, der Gericht hält über den Leser oder Hörer, sondern dieser selbst. Der Leser, Hörer oder Betrachter des Kunstwerks hält im Verstehen des Kunstwerks Gericht über sich. In Jüngers Mythos der Moderne vermag das Jahrhundert sich wiederzuerkennen – in seinem Schrecken, in seinem Grauen, in seinen Erfolgen – und Gericht zu halten über sich selbst.

3. Die Herkunft des Begriffs „philosophisches Epos" aus der französischen Romantik und dem Gnostizismus

Das Werk Jüngers fügt sich erst im geschichtlichen Rückblick und in der Deutung durch den Philosophen zu *einem* philosophischen Epos. Der Begriff philosophisches Epos kommt bei Jünger nicht vor, er ist vielmehr der Diskussion um das Epos der Menschheit, die in der französischen Romantik des 19. Jahrhunderts geführt wurde, entnommen. Um 1830 verbindet sich die Intention auf das Epos in der französischen Literatur mit der Idee einer Philosophie der Menschheit. Die französischen Autoren jener Zeit vereinigen die Geschichtsphilosophie mit dem Mythos und Epos der Literatur. Sie suchen Philosophie und Dichtung in einer dichterischen Philosophie zu vereinigen, während im Deutschland jener Jahre Literatur und Philosophie, Mythos und wissenschaftliches Denken scharf getrennt werden. Auch Jüngers Werk überschreitet die in Deutschland traditionelle Trennung von Philosophie und Dichtung. Um den philosophischen Gedanken in der dichterischen Erzählung sichtbar werden zu lassen und die dichterische Aussage durch die begriffliche Reflexion zu vertiefen, setzt sich Jünger über die in Deutschland seit dem 19. Jahrhundert im Zuge des Idealismus und des Positivismus beherrschend gewordene Trennung von philosophischer Wissenschaft und literarischer Imagination hinweg. Sein philosophisches Epos des 20. Jahrhunderts entspricht der Definition des Epos, die Alfred de Vigny 1837 vorgelegt hat, nach der das Epos „ein philosophischer Gedanke ist, der in der epischen, erzählenden Form inszeniert wird."[14]

Nach Edgar Quinet (1803-1875) gibt es drei Arten des Epos, das heroische Epos (*Ilias, Nibelungenlied*), das theologische Epos (*Die göttliche Komödie* Dantes) und das moderne, spekulative und philosophische Epos. Als frühes Beispiel für das philosophische moderne Epos nennt Quinet Miltons *Paradise lost*.[15] Die Aufgabe, die sich die französische Romantik stellte, lautete: Wie kann ein neues christliches Epos geschrieben werden? Was ist die *Göttliche Komödie* des 19. Jahrhunderts? Balzacs Antwort war: die *Comédie humaine*.[16] Die Menschheit ist neben Gott zum Subjekt der Geschichte geworden. In der französischen Romantik wird aber – und das ist die bemerkenswerte Differenz zum in Deutschland bestimmend werdenden Linkshegelianismus und Materialismus – die Menschheit nicht ihrerseits allein anstelle Gottes zum Herrn der Geschichte. In der personalistischen und theologischen Grundüberzeugung der Romantiker ist der Mensch, ähnlich wie bei Thomas von Aquin, Mitwirker und Fortsetzer Gottes. Er ist weder alleiniger Herr der Geschichte noch nur das Werkzeug Gottes. Die Menschheit ist, so die theosophisch-illuministisch beeinflußten Epen

---

[14] A. DE VIGNY: *Préface à Moise, Eloa, Le Déluge* (1837), in: *Oeuvres complètes*, ed. F. Baldensperger, Paris (Gallimard) 1950, Bd.I, 55: „Une pensée philosophique est mise en scène sous une forme Epique ou Dramatique."

[15] Vgl. L. CELLIER: *L'épopée romantique*, Paris (Presses Universitaires de France) 1954, 75. Zweite Auflage unter dem Titel *L'épopée humanitaire et les grand mythes romantiques*, Paris (Société d'Édition d'Enseignement supérieur) 1971.

[16] Vgl. CELLIER, aaO., 66.

der französischen Romantik, als Mitwirker Gottes der Held der modernen Geschichte, und das philosophische Epos seine Darstellung.[17] Nach Saint-Martin sollte die epische Dichtung die prophetische Dichtung des Alten Testaments fortsetzen. Saint-Martin kann, obgleich er selbst fast noch der Zeit der Aufklärung zugehört, als Haupt und philosophischster Denker der illuministischen und theosophischen Schule angesehen werden. Er hat die Epiker der Romantik stark beeinflußt. Für den illuministischen Theosophen ist die prophetische Dichtung der epischen Dichtung überlegen, weil sie unmittelbar an der höchsten Poesie oder Poiesis des Schöpfers, am Werk des Schöpfers selbst, teilhat,[18] wenn auch mittelbar jede Poesie und daher auch die epische ihre Kraft aus der ursprünglichen Poesie Gottes zieht.[19]

Das Epos der französischen Romantik ist religiös und menschheitlich zugleich, und es ist auch nicht mehr partikular auf ein Volk oder eine „Landschaft" beschränkt. Nach Lamartine ist das Epos nicht mehr national noch heroisch, sondern etwas sehr viel Größeres, es ist menschheitlich.[20] Ballanche erklärt, daß „jedes Volk daran arbeitet, sein Epos zu schaffen, jede Rasse daran arbeitet, das ihre zu schaffen. Alle diese aufeinanderfolgenden Epen müssen sich vollenden, indem sie das allgemeine Epos des Menschengeschlechts hervorbringen; der Gedanke dieses abschließenden Epos, eins in seiner großartigen Verschiedenheit, ist nichts anderes als der Gedanke selbst der universellen Religion."[21] Am Ende wird das ganze Werk der Menschheit und ihrer Völker ein einziges Epos sein.

In ihrem Streben nach der universellen Synthese des philosophischen Epos macht die französische Romantik keine großen Unterschiede zwischen den literarischen Gattungen. So nennt Quinet auch Dramen Epen und ahmt mit seinem *Ahasvérus* unmittelbar Goethes

---

[17] Vgl. PIERRE SIMON BALLANCHE: *Essai sur les institutions sociales* (1818), in: Oeuvres Paris 1830, 285: „L'épopée est l'histoire du genre humain dans les divers âges de la société ... Le représentant des idées d'un siècle, le legislateur d'un peuple, le fondateur d'un empire: voilà le héros de l'épopée."

[18] CELLIER, aaO. 69.

[19] Vgl. JÜNGER, *Sgr* 436: „Der Autor steht in der Hierarchie. Er hat ein unmittelbares und nur ihm eigentümliches Verhältnis zum höchsten Autor des Weltalls; darin ruht seine ihm unbekannte Theologie." *Stra* I 16: „Das Amt des Dichters zählt zu den höchsten in der Welt. Wenn er das Wort verwandelt, umdrängen ihn die Geister; sie wittern, daß Blut gespendet wird."' – Die Nähe Jüngers zur deutschen theosophisch-kabbalistischen Tradition, insbesondere zu Hamann, wird von SCHWARZ, *Der konservative Anarchist* aaO. 210ff. und 249ff. herausgearbeitet.

[20] „L'épopée n'est plus nationale ni héroïque ...; elle est bien plus, elle est humanitaire.", zitiert nach CELLIER, aaO. 73.

[21] Zitiert nach CELLIER, aaO. 78.

Faust nach.[22] Auch der Roman wird, zum Beispiel bei Victor Hugo, als Epos begriffen.[23]

Das romantische, philosophisch-religiöse Epos versucht eine universelle Synthese zu schaffen, in der eine Totaldarstellung der Weltgeschichte möglich ist. Das romantische Epos beansprucht, Epos und Philosophie, philosophisches Epos der Menschheit und ihrer Geschichte zu sein. Als ein solches „Totalepos" weist das romantische Epos eine große Nähe zum Gnostizismus auf, der ebenfalls eine erzählende Theorie der Gesamtwirklichkeit schaffen will. Da auch das Werk Jüngers stark von gnostischen Gedanken durchzogen ist, sei der Zusammenhang des gnostischen und des romantischen Epos kurz skizziert.

Das gnostische System mit seinem Schema von Schöpfung, Fall und Erlösung erzählt das „épopée de l'homme",[24] das Epos des Menschen und jedes Menschen. Die gesamte Geschichte der Welt wird als ein einziger epischer Erzählzusammenhang, als ein Ganzes angesehen, dessen inneres „Nacherzählen" dem Hörer der Erzählung der „Gnosis" Befreiung und Erlösung aus der Not und Enge der Gegenwart verschafft: „Der innere, pneumatische Mensch findet sein Genügen nur in der Erkenntnis des Ganzen, und das ist die wahre Erlösung." So lautet nach Irenäus[25] die Grundüberzeugung des valentinianischen Gnostizismus. Die Erkenntnis des Ganzen der Weltgeschichte ist das Ziel und der Inhalt der „Gnosis." Dieses Ganze stellt sich dar als ein Prozeß der Entstehung, des Falles bzw. der Desintegration und der Erlösung bzw. Reintegration von Welt und Mensch. Die Erkenntnis dieses Prozesses ist in zweierlei Hinsicht nach dem Gnostizismus Befreiung bzw. Erlösung vom Prozeß der Welt: einmal nach dem dogmatischen Inhalt des Systems und zum anderen nach der psychologischen Wirkung, die sie beim Zuhörer hervorruft.

Nach dem dogmatischen Inhalt des Gnostizismus befreit die „Gnosis", weil die Erkenntnis oder „Gnosis" als der entscheidende Bewegungsfaktor im Weltprozeß selbst und als die Ursache der Gefallenheit und Not der Welt bestimmt wird. Die Erkenntnisbegierde und Erkenntnis ist Ursprung der Desintegration: Der gefallene Äon heißt bei den Valentinianern *sophia*, und diese ist gefallen, weil sie zuviel zu

---

[22] *Ebenda.*

[23] Victor Hugo: *William Shakespeare* (1864), Paris 1973.

[24] So R. Amadou: *Louis-Claude de Saint-Martin et le Martinisme,* Paris 1946, 80.

[25] *Adversus haereses* I 21,4, in: *Die Gnosis. 1. Bd. Zeugnisse der Kirchenväter,* hrsg. von Werner Foerster, Zürich ²1979, 285 (Übersetzung modifiziert). Vgl. auch S. Hutin: *Les Gnostiques,* Paris ²1963, 59.

26

wissen begehrte.[26] Die Aufhebung dieser falschen Erkenntnis, die Negation der Negation, führt nach der dogmatischen Lehre des valentinianischen Gnostizismus zur Aufhebung der Zerrissenheit der geistigen Substanz in der Welt und damit zur Wiederbringung des Geistes.

„Gnosis" ist demnach insofern das Heilmittel der Desintegration und die Weise der Reintegration, als sie die falsche Gnosis, das vermeintliche Wissen in seiner Prätention durchschaut und in seine Grenzen weist. Die eschatologische Heilserwartung und Erlösung des Gnostizismus besteht nach seinem dogmatischen Inhalt darin, daß das Pneumatische und Geistige gesammelt und von den Formen des falschen Wissens und von der Vermischung von „Gnosis" und Unwissenheit getrennt wird. [27]

Psychologisch ist die Wirkung des Nach-denkens des dogmatischen Mythos auf den Anhänger des Gnostizismus insofern befreiend, als er seine eigene Not- und Lebenssituation in der Erzählung wiedererkennt und in diesem Nachvollziehen der ontologischen Not der Gnosis in der Welt eine, wenn auch nur temporäre, Befreiung von seiner eigenen persönlichen Not erfährt.

Die erzählende Theorie des Gnostizismus ist philosophisches, und nicht nur mythologisches, Epos, weil sich das gnostische Schema der Geschichte als Schöpfung, Fall und Erlösung gegen den gängigen Gegensatz von fiktivem Mythos einerseits und geschichtlichem Bericht sowie begrifflicher Theorie andererseits sperrt. Das philosophische Epos des Gnostizismus schließt Elemente aus allen drei genannten Formen des Weltzugangs ein. Die Erzählungen des Gnostizismus, die außerchristlichen gnostischen Systeme, enthalten Elemente des Mythos und des Begriffs, die dogmatische Theologie des Christentums und die christliche Gnosis umfassen zudem noch das Element des historischen Berichts.

Der Theorietypus des Gnostizismus hypostasiert psychologische Erfahrungen des Selbst wie Vergessen und Wiedererinnern, Wandlung und Überwindung kosmologisch und bringt sie in einen durchgängigen, ontologisierten Zusammenhang einer Weltgeschichte von Weltentstehung, Weltkrise und Welterlösung. Diese Ontologisierung von Selbsterfahrungen könnte als bloße psychologische Projektion und ihre Transformation in einen kosmologischen Mythos interpretiert werden. Dem steht jedoch entgegen, daß die gnostischen Systeme

---

[26] Die Hybris der Sophia ist, daß sie versucht „zu verstehen, was jenseits der Gnosis ist: *inquisitio magnitudinis patris fiebat passio perditionis* ", so G. QUISPEL: *Gnosis als Weltreligion,* Zürich 1951, 85.

[27] Vgl. HIPPOLYT: *Refutatio omnium haeresium* VII 27,1, in: *Die Gnosis* aaO., 97.

eines Valentinus oder Basilides *nicht* als mythisches Begebnis, als Geschehen und Handlung mythologischer Helden, sondern als systematische Entwicklung von Akteuren dargestellt werden, deren Eigenart es ist, zwischen Personen mit Eigennamen und begrifflichen Universalien zu stehen. So sind z. B. die *sophia* als Ursache des Falls und die *pláne*, das Vergessen, als Folge des Falls nicht nur Hypostasierungen in Personen mit Eigennamen wie im Mythos, sondern zugleich psychologisch faßbare Universalien, die in begriffliches Begreifen und Erklären überleiten oder überzuleiten vermögen. Die gnostischen Namen können als Eigennamen und zugleich als Begriffe verstanden werden. Gleichzeitig wird die gnostische Erzählung – in ihren Hochformen bei Valentinus und Basilides, die mythologischen Ausartungen der Nachfolger müssen hier außer Betracht bleiben – offenbar nicht als ewige Wiederkehr des Gleichen, sondern als durchaus einmaliger Prozeß berichtet. In dem Gedanken der Einmaligkeit des Geschichtsprozesses unterscheidet sich der Gnostizismus wesentlich vom Kreislaufschema des Mythos.

Die Entdeckung des Selbst und seiner Geschichte, die begriffliche Fassung und Einmaligkeit des Geschehens in der gnostischen Erzählung unterscheiden das gnostische System vom Mythos. Sein umfassender Charakter als System, sein Streben nach Totalität und Kohärenz der Erzählung führen ebenfalls über den Mythos hinaus und verweisen auf das philosophische System. Das „System", sein Totalitätsstreben und die Überzeugung, daß Systematizität ein Wahrheitserweis ist, sind nicht erst eine Erfindung der Neuzeit, sondern eine Entdeckung Alexandrias, eine Entdeckung der Philosophie, der christlichen Theologie und des außerchristlichen Gnostizismus im 2. und 3. Jahrhundert. Die Spuren dieses gnostisch-mythologischen Systemdenkens lassen sich noch in der Jüngerschen Gnosis der Äonen und der Erdgeschichte, wie er sie in *An der Zeitmauer* entwickelt, aufzeigen. Das gnostische System erzählt eine Geschichte, deren Grundschema lautet: die geschaffene Welt und das Ich sind durch Unwissenheit in einen Zustand der Desintegration gefallen und können durch Erkenntnis der Totalität des Geschehens, durch Welt- und Selbsterkenntnis, wieder reintegriert werden.[28] Diese Geschichte der Gesamtwirklichkeit wird als Epos erzählt. Der Inhalt eines Epos ist nach Hegel „das Ganze einer Welt. Es legt sich hier die ganze Totalität dessen

---

[28] Die Differenz zwischen christlicher, jüdischer und heidnischer Gnosis in bezug auf die Einheit bzw. Differenz von Schöpfer- und Erlösergott muß hier beiseite gelassen werden.

auseinander, was zur Poesie des menschlichen Daseins zu rechnen ist."
Das Epos ist „einsichtsvolle Totalität"[29].

Das gnostische System ist das umfassendste der Epen, ist totalistisches Epos, Erzählung des Totalzusammenhangs von Gott, Welt und Mensch sowie ihrer Geschichte. Das gnostische System begnügt sich nicht mit einer Teilgeschichte der Geschichte, es ist in seiner Geschichte der Totalität totalistisch und geschlossen.

Der gnostisch-theosophische Untergrund der Romantik und die tiefe Verwandtschaft von theosophischem und romantischem Epos werden sichtbar in Constants Forderung eines totalistischen Epos: „Milton a commenté la *Genése*, Klopstock *l'Évangile* et Soumet *l'Apocalypse*: or, ce sont bien là les trois chants principaux de la grande épopée biblique. Vienne un Homère chrétien qui résume Milton, Klopstock et Soumet dans un poème de la rédemption, divisé en trois parties, comme la trilogie de Dante, et que dans son invocation il s'adresse au génie infaillible de la Sainte Église Universelle, dont le dogme seul sera le guide et le frein de ses élans, alors les livres d'Homère et de Virgile ne seront plus que de beaux contes d'enfants, et le véritable poème épique des temps modernes se réveléra par une *synthèse universelle*."[30] (Hervorhebung P.K.)

Die universelle Synthese und Darstellung der Totalität strebt auch Hegel an. Nach Hegel ist die Verwirklichung der Synthese von Ontologie und Geschichte jedoch nicht im romantisch-dichterischen oder im gnostischen Epos, sondern nur im philosophischen System möglich. Für die deutsche Philosophie in der Epoche der Romantik, den Deutschen Idealismus in seiner späten Phase, ist die „Aufhebung" und Überwindung des Mythos im philosophischen System die Aufgabe des Denkens, für die französische Romantik ist es die Versöhnung von Mythos und Geschichte, von Epos der Humanität und sozialer und politischer Veränderung. Gnostische Elemente, nicht zuletzt in ihrer Verwandlung und „Pseudomorphose" (Hans Jonas) der christlichen Theologie, weisen beide Ausprägungen einer Theorie der Gesamtwirklichkeit, die deutsche Geschichtsphilosophie wie das französische dichterische Epos der Menschheit, auf.

---

[29] G. W. F. HEGEL: *Vorlesungen über die Ästhetik* in: *Sämtliche Werke,* hrsg. von H. Glockner, Stuttgart 1951-59, Bd. 14, 376ff.
[30] A.-L. CONSTANT: Art. „Poésie", in: A.-L. CONSTANT: *Dictionnaire de Littérature chrétienne,* Paris 1861, Sp. 1115. Vgl. zum romantischen Epos auch F. P. BOWMAN: „Illuminism, utopia, mythology", in: *The French Romantics,* hrsg. v. D. G. Charlton, Cambridge (Cambridge University Press) 1984, Bd. 1, 76-112.

Die französische Romantik ist individualistischer und kosmopolitischer[31] als die deutsche romantische Dichtung und die Philosophie jener Zeit, vor allem Hegel und Schelling, die stärker auf den Volksgeist und die Nation bezogen sind. Andererseits sieht bereits Hegel, daß das nationale Epos nur mehr von Interesse ist, wenn in ihm das Nationale „das allgemein Menschliche eindringlich ausprägt,"[32], und daß die Epen der Vergangenheit ihre Kraft verlieren können: „Die Geschichte Christi, Jerusalem, Bethlehem, das römische Recht, selbst der Trojanische Krieg haben viel mehr Gegenwart für uns als die Begebenheiten der Nibelungen, die für das nationale Bewußtsein nur eine vergangene, wie mit dem Besen rein weggekehrte Geschichte sind. Dergleichen jetzt doch zu etwas Nationalem und gar zu einem Volksbuche machen zu wollen ist der trivialste, platteste Einfall gewesen."[33]

Wie nahe Hegels System in anderer Hinsicht auch wieder dem romantischen Epos ist, wird in seinen Ausführungen über das Epos in den *Vorlesungen über die Ästhetik* sichtbar: „In dieser Rücksicht wäre zwar die höchste Handlung des Geistes die Weltgeschichte selber, und man könnte diese universelle Tat auf dem Schlachtfeld des allgemeinen Geistes zu dem absoluten Epos (sic!) verarbeiten wollen, dessen Held der Menschengeist, der Humanus sein würde, der sich aus der Dumpfheit des Bewußtseins zur Weltgeschichte erzieht und erhebt; doch eben seiner Universalität wegen wäre dieser Stoff zuwenig individualisierbar für die Kunst. [...] Dies wäre poetisch nur möglich, insofern der innere Werkmeister der Geschichte, die ewige absolute Idee, die sich in der Menschheit realisiert, entweder als leitendes, tätiges, vollführendes Individuum zur Erscheinung gelangte oder sich nur als verborgen fortwirkende Notwendigkeit geltend machte."[34]

Das Hegelsche System des absoluten Geistes stellt als eine geschichtliche Theorie der Gesamtwirklichkeit in gewisser Weise ein „absolutes Epos" dar, aber dieses Epos ist weder die Darstellung der Geschichte und Taten Gottes, noch ist es Darstellung der Geschichte von menschlichen Individuen oder Gruppen. Es ist Prozeß eines nicht-

---

[31] Die französischen Romantiker waren zu individualistisch, um eine Entindividualisierung und Anonymisierung des Epos der Menschheit zur dialektischen Entwicklung des „Weltgeistes" zu akzeptieren. Vgl. Victor Hugo: *William Shakespeare*, aaO., Buch II, 90: „Le moi d'un homme est plus vaste et plus profond encore que le moi d'un peuple."
[32] Hegel, *Vorlesungen über die Ästhetik*, aaO., S. 349.
[33] *Ebd.*, S. 348f.
[34] *Ebd.*, S. 357f.

individuellen und nichtallgemeinen Einzelnen, weil das Absolute nicht als Person oder Individuum, aber auch nicht als ein Allgemeines gedacht wird. Dennoch soll die Weltgeschichte als Einheit, als *ein* Prozeß des Absoluten begriffen werden. Hegel selbst verstand sein eigenes System nicht als ein absolutes Epos, als Dichtung, sondern als erklärende Theorie der Totalität, die nicht narrativ, sondern dialektisch und „wissenschaftlich" sei. Er unterschied streng zwischen Philosophie und Dichtung.

4. „Magischer Realismus" als Synthese von Wissenschaftlichkeit und Romantik

Die für das deutsche Denken bis zu Heidegger bestimmend gewordene Trennung von Dichtung und Philosophie, Mythos und Geschichtsphilosophie hat Jünger nicht akzeptiert und im Fortgang seines Werkes immer stärker zugunsten der wechselseitigen Durchdringung von Dichtung und Philosophie überwunden. In seiner Schrift *Der Waldgang* von 1951 erhebt er die Vereinigung der Arbeit des Dichters mit der des Denkers zum Programm: „Zu den Ereignissen ersten Ranges zählt die Wendung der Philosophie von der Erkenntnis zur Sprache. Sie bringt den Geist in enge Berührung mit einem Urphänomen. Das ist wichtiger als alle physikalischen Entdeckungen. Der Denker betritt ein Feld, auf dem endlich wieder ein Bündnis nicht nur mit dem Theologen, sondern auch mit dem Dichter möglich ist." (*WG* 138f; 7,371) Das philosophische Epos Jüngers ist die Frucht des Bündnisses des Dichters mit dem Philosophen und Theologen und stellt damit die Wiederaufnahme eines zentralen Anliegens der europäischen Romantik dar. Es beschreibt nicht die gesamte Menschheitsgeschichte als ein einziges Epos der Humanität, sondern beschränkt sich auf einen, wenn auch sehr wesentlichen Abschnitt der Menschheitsgeschichte, auf die Epoche der Moderne. Es entfaltet diesen Teil des Epos der Humanität, der auch als das moderne Epos vom Arbeiter und Titanen „Mensch" oder als das Epos des 20. Jahrhunderts abgegrenzt werden kann.

Die Vereinigung von Dichtung und Wissenschaft darf nicht die Auflösung eines Entweder-Oder in ein Sowohl-Als-auch sein, sondern sie muß die Durchdringung des dichterischen und philosophischen Sehens in einem Blick sein. Jünger spricht von einem „stereoskopischen Sehen", in welchem dieselbe Sache auf zwei verschiedene Weisen vollständig unterschiedlich und doch zur Deckung kommend gesehen wird.[35] Das philosophische Epos und die dichterische Philosophie entstehen aus einer Erkenntnishaltung, die als „magischer Realismus" bezeichnet werden kann. Der Realismus der modernen naturwissenschaftlichen Sichtweise und ihre Nüchternheit werden mit der Magie der Dichtung vereinigt. Schlagartig wird Jünger dieser magische Realismus im *Sizilischen Brief an den Mann im Mond* von 1930 deutlich. Im Aufstieg in den Schluchten des Monte Gallo fühlt er, daß die Augen dieses Tales voll Aufmerksamkeit auf ihm ruhen: „Es war unzweifelhaft, daß dieses Tal seinen Dämon besaß . . . Das Unerhörte für mich in diesem Augenblick war, diese beiden Masken ein und desselben Seins (der Wissenschaft und des Mythos, P.K.) unzertrenntlich ineinander einschmelzen zu sehen. Denn zum ersten Male löste sich hier ein quälender Zwiespalt auf, den ich, Urenkel eines idealistischen, Enkel eines romantischen und Sohn eines materialistischen Geschlechtes, bislang für unlösbar gehalten hatte." (*Siz* 22)

Das stereoskopische Sehen des magischen Realismus fügt das idealistische Erschließen der Welt, das im Medium des Begriffs geschieht, sowohl mit dem romantischen magischen Eröffnen der Welt durch die Imagination der Bilder wie mit der materialistischen Erfahrung durch die Beobachtung und das Experiment zu einem Bild der Welt zusammen. Das philosophische Epos oder die dichterische Philosophie ist der erzählte Ausdruck dieses Bildes der Welt in der zeitlichen Sukzession. Die Sukzession der Erfahrungen und Erkenntnisse des Dichter-Philosophen in der Geschichte seines Jahrhunderts spiegelt sich in der Sukzession der Erzählungen seines Epos und gebrochen durch das Medium der Sprache wider. Als „Urenkel" des Idealismus und „Enkel" der Romantik steht Jünger der Romantik als europäischem Phänomen näher als dem Deutschen Idealismus, der sich von der Gegenwart her gesehen im europäischen Kontext als eine eher partikulare, deutsche Geistesströmung erweist. Weil die europäische Romantik offener für die Vereinigung des Dichterischen mit dem Begrifflichen und dem Experimentellen ist als der Vernunftmonismus des Idealismus, kann ihr Gedanke des philosophischen Epos als Schlüssel für das Werk Jüngers dienen. Die besondere Nähe dieses Oeuvres zur französischen Variante der Romantik rührt von der beiden, Jünger und den französischen Romantikern, gemeinsamen theosophischen Ausrichtung.

Damit fällt auch ein neues Licht auf das Verhältnis von Romantik und deutschem Geist. Die deutsche Tradition ist, entgegen einem landläufigen Vorurteil, nicht zu romantisch, sondern nicht romantisch

---

[35] Vgl. auch V. KATZMANN: *Ernst Jüngers Magischer Realismus*, Hildesheim/New York (Olms) 1975.

genug. Im Gegensatz zur französischen Tradition, in der ein Romantiker wie Lamartine Außenminister der Republik werden konnte, ist die Romantik in Deutschland von dem beherrschenden Hegelianismus und Positivismus an den Rand gedrängt worden.[36] Ernst Jünger ist daher als ein Romantiker, der Einfluß gewonnen hat, in Deutschland eine Ausnahme. Seine Entwicklung vom wissenschaftlichen Mauretanier, das heißt vom Typus des Technokraten und nihilistischen Positivisten und Szientisten, zum Magier und magischen Dichter und schließlich zum Theosophen und Gnostiker stellt eine im 20. Jahrhundert beispiellose Wandlung eines Rationalisten zum Romantiker dar. Jüngers Wandlungen kehren die Entwicklung der Geistesgeschichte im 19. Jahrhundert um. Deren Entwicklung hatte von der Theologie über die Metaphysik zur positiven Wissenschaft geführt, wie sie Comte in seinen Entwicklungsgesetzen beschrieben und gefordert hatte. Jünger wendet sich dagegen vom Positivismus der Wissenschaft zum tragisch-heroischen Realismus und schließlich zur theosophischen Gnosis und zur Vereinigung von Philosophie, Mythologie und Theologie.

Vielleicht erklärt sich auch aus dieser Verwandtschaft zwischen dem Jüngerschen Anliegen und demjenigen der französischen Romantik, warum Jünger in Frankreich so hoch geschätzt wird. Der illuministische und theosophische Zug des Werkes dieses Autors ist dem zwischen dem Positivismus der Wissenschaften, dem Irrationalismus der Mythen und der negativen Theologie des Fideismus protestantischer Prägung hinundherschwankenden deutschen Geist in manchem fremder als dem französischen. In der französischen Geistesgeschichte ist neben dem cartesianischen Rationalismus und dem comteschen Positivismus stets eine dritte Strömung, der Illuminismus als rationale Synthese aus Philosophie, christlicher Theologie und Mythologie, lebendig gewesen. Dieser dritte Weg konnte in Frankreich weder durch den Fideismus, durch das sola fide des Protestantismus, noch durch die positivistische und antitheologische Aufklärung verdrängt werden. Romantik und Theosophie schlugen vielmehr mit der Synthese von Theologie und Aufklärung einen Weg ein, welcher der Lösung der Dialektik der Aufklärung näher war als das zwischen Materialismus und Idealismus oszillierende Denken der deutschen Philosophie.

---

[36] Eine der wenigen Arbeiten, die der philosophischen Romantik in Deutschland in ihrem Gegensatz zur „Klassik", dem Deutschen Idealismus, Gerechtigkeit widerfahren lassen, ist O. Pöggeler: *Hegels Kritik der Romantik*, Phil. Dissertation, Bonn 1956.

Jüngers Werk schließt an diese Tradition an. Es fällt deshalb weder in den Irrationalismus des „Mythos des 20. Jahrhunderts" und den Obskurantismus noch in den Positivismus und das „Abräumen" alles metaphysischen Sinns, wie es der Besen der rationalistischen Aufklärung vollzieht. Seine dichterische Philosophie, sein Epos der Moderne, enthält eine theosophische, mythologische und magische Erweiterung der Rationalität und des Realismus, weshalb dieses philosophische Epos auch die Grenzen der litarischen Gattung sprengt und unterschiedliche Genres zu einer neuen literarischen Form vereingt. Auch hierin ist es der Romantik verwandt.

1. Buch

Der Mythos vom Arbeiter und Titanen „Mensch"

Wie kann es einen Mythos der Moderne geben, wenn doch die Moderne beansprucht, das Zeitalter der Vernunft und der Überwindung der Mythologie zu sein? Ernst Jünger ist Mythologisierer und Entmythologisierer der Moderne zugleich. Indem er ihr Epos entfaltet, macht er sichtbar, daß in der Selbstinterpretation der Moderne eine Mythologie verborgen ist. Die Geschichtsphilosophie der Moderne vom Fortschritt und von der totalen Mobilmachung der Erde für den Menschen ist selbst eine Form des Mythos, eine Weise der erzählenden Selbstdarstellung und Selbstinterpretation einer Epoche und ihres Programms. Hinter den „Meistererzählungen" der Geschichtsphilosophie der Moderne steckt der Mythos vom Arbeiter und Titanen „Mensch".

Jünger hat die erste Hälfte seines Jahrhunderts, die Phase der Stahlgewitter und der titanischen Erdmacht der Moderne, als Abfolge dreier mythischer Typen oder Helden gezeichnet. Die Stahlgewitter des Ersten Weltkrieges glühen in den Schmelzöfen der „Großen Schlacht" den Krieger aus und bringen den noch aus älteren, vormodernen Formationen stammenden Typus des Kriegers zum historischen Abschluß. In der Totalen Mobilmachung und Modernisierung tritt in der Zwischenkriegszeit der Arbeiter, der Held der Moderne schlechthin, hervor. In den tellurischen Schlachten des Zweiten Weltkrieges und den neuen, die Erde mobilisierenden Formen der Technik wird schließlich die Gestalt des Titanen sichtbar.

Teil A. In den Stahlgewittern der Moderne

I. Kapitel: Der Krieger

Das dichterische Werk Ernst Jüngers beginnt mit *In Stahlgewittern* von 1920, dem Tagebuchroman des Ersten Weltkrieges, und mit ihm eröffnet Jünger auch sein Epos des Jahrhunderts und seinen Mythos von jenem Teil der Moderne, den man als die „Stahlgewittermoderne" bezeichnen kann. In diesem Abschnitt des Jahrhunderts war der Held der Moderne, der Mensch, als Krieger, als Arbeiter und als Titan in hohem Maße Prüfungen unterworfen und bestand sie in besonderem Maße nicht. Der Mythos der Moderne und das Epos des Jahrhunderts beginnen folgerichtig mit einem epischen Tagebuchroman über den Ersten Weltkrieg, weil, wie Jünger 1990 rückblickend schreibt, der Mythos mit einem Krieg anhebt. „Der Mythos wird vom Vater erzählt, der aus dem Kriege kommt." (*Schere* 90)

Der Krieger ist die erste der mythischen Figuren, die das 20. Jahrhundert prägen. Er stammt aus älteren Schichten und reicht mehr in die Moderne hinein als er ihr zugehörig ist. Sein Zeitalter ist bereits im Ersten Weltkrieg abgelaufen, seine Gestalt beginnt sich in jenem „Großen Krieg" in diejenige des Arbeiters zu wandeln. 1920 beschreibt Jünger den Ersten Weltkrieg noch aus der Perspektive des Kriegers. 1984 wird er schreiben: „Es dauert lange, bis wir aus der Erfahrung lernen; und oft ist der Gewinn, den wir aus der Belehrung ziehen könnten, dann bereits verbraucht. So konnten wir den Ersten Weltkrieg absolvieren, ohne zu merken, daß die eigentlichen Fronten quer durch die Stellungen gingen und daß wir mit Krieg weder im Sinne Homers noch des 19. Jahrhunderts mehr zu tun hatten." (*AuA* 90; SW 13, 469)

Aber bereits 1930 erkennt Jünger, daß sich in diesem Krieg die Metamorphose des Kriegers zum Arbeiter vollzogen hatte. Der Erste Weltkrieg erscheint ihm als ein Opfergang für das Hervorbrechen der Moderne, als die erste Mobilmachung für die Moderne.

„Wir streiften die technische Seite der totalen Mobilmachung, deren Vervollkommnung von den ersten Aushebungen der Konventsregierung, von der Scharnhorstschen Armee-Reorganisation an zu verfolgen ist bis zu den großen dynamischen Rüstungsprogrammen der letzten Weltkriegsjahre, in denen sich die Länder in riesige Fabriken verwandelten, die Armeen am rollenden Bande produzierten, um sie bei Tag und Nacht auf die Schlachtfelder zu entsenden, wo ein ebenfalls sehr mechanisch gewordener blutiger Verzehr die Rolle des Konsumenten übernahm. So peinlich die Monotonie dieses Anblickes, der an den präzisen Arbeitsgang einer mit Blut gespeisten Turbine erinnert, gerade das heroische Gemüt berührt, so kann doch über das hohe Maß an symbolischem Gehalt, das ihm innewohnt, kein Zweifel sein. Hier offenbart sich eine strenge Konsequenz, der harte Abdruck einer Zeit im kriegerischen Medium." (*TM* 1930, 135; 7, 129)

Der Erste Weltkrieg ist für Ernst Jünger der erste Ausbruch der sich bereits seit der Französischen Revolution andeutenden Stahlgewitter und Schmelzöfen der Moderne. Er ist die erste und noch partiell bleibende Stufe der Mobilmachung und des „totalen Arbeitscharakters" der Epoche. Er trägt gerade in Deutschland Züge einer partiellen Mobilmachung, weil Deutschland aufgrund seiner fehlenden gesellschaftlich-politischen Modernisierung und Nicht-Anpassung an die Rüstung der Demokratien des Westens nicht zur totalen Mobilmachung in der Lage war. Es war gezwungen, den Krieg noch nach Art eines Kabinettskrieges zu führen. Auch ist die Materialschlacht des Ersten Weltkrieges zu chaotisch und erdverbunden, als daß sie den Anforderungen der planmäßigen kriegerischen Beherrschung des gesamten Raumes genügt hätte (*Schm* 1934, 198; 7, 177). Die blutige Turbine ist noch zu untechnisch und zu kriegerisch, als daß sie die Stufe der vollendeten Technik erreicht hätte. Sie verletzt jedoch schon das heroische Gefühl des Kriegers.

Der Erste Weltkrieg ist Teil der Mobilmachung der Erde in der Moderne, und er ist in der zunehmenden Totalisierung des Krieges und der Mobilmachung der Energien das Ende des Kriegshelden, das Ende des paternitären Kriegers. Der Erste Weltkrieg und die Transformationen des Krieges von der Feldschlacht alten Stiles über den Stellungskrieg und die Materialschlacht bis zur mechanischen Schlacht bewirken die Metamorphose des Helden vom Krieger zum Arbeiter.

1. Kammern des Schreckens

Die äußeren Geschehnisse von Jüngers Kriegsteilnahme sind schnell erzählt: Anfang 1915 rückt Jünger bei Bazancourt, einem Städtchen in der Champagne, an die Westfront. Er erleidet gleich in seiner ersten Schlacht, der Schlacht von Les Eparges, die erste Verwundung und „. . . ahnte zum ersten Male, daß dieser Krieg mehr als ein großes Abenteuer bedeutete" (*SG* 39). Er nimmt als Leutnant an der Somme-Schlacht (24. Juni bis 26. November 1916) teil, wird zum zweiten Mal verwundet, erhält nach seiner dritten Verwundung das EK I, ist beim

Somme-Rückzug Kompaniechef, erhält nach einer weiteren Verwundung in der Doppelschlacht von Cambrai das Ritterkreuz des Hausordens von Hohenzollern. Er berichtet, wie sich im Verlauf des Jahres 1917 die drückende Überlegenheit des Gegners immer stärker bemerkbar macht, beobachtet die ständig wachsende Gewalt der Kriegsmittel, wird bei Ludendorffs Versuch der „Großen Schlacht", „. . . den Krieg mit einem mächtigen Schlage zu entscheiden . . ." (SG 230), abermals verwundet und muß danach feststellen, „. . . daß der Angriff ins Stocken gekommen und daß er, strategisch gesehen, gescheitert war" (SG 266). Er berichtet von der Ermüdung der Truppe, den ersten Panzern, „. . . diesen immer häufiger auftretenden Kriegselefanten der technischen Schlacht" (SG 272f.) und beendet seine Kriegsteilnahme wie den Bericht darüber nach einer schweren Verwundung und nicht ohne Stolz mit dem Goldenen Verwundetenabzeichen und dem Orden „Pour le mérite". Der Orden wird von Jünger mit der Bemerkung kommentiert: „In diesem Kriege, in dem bereits mehr Räume als einzelne Menschen unter Feuer genommen wurden, hatte ich es immerhin erreicht, daß elf von diesen Geschossen auf mich persönlich gezielt waren" (SG 299). Er schließt sein Buch mit den Zeilen: „An einem dieser Tage, es war der 22. September 1918, erhielt ich vom General von Busse folgendes Telegramm:
‚Seine Majestät der Kaiser hat Ihnen den Orden Pour le mérite verliehen. Ich beglückwünsche Sie im Namen der ganzen Division.' "
(SG 300)

Bemerkenswert sind die *Stahlgewitter* nicht als äußerer Bericht. Sie sind nicht Kriegsbericht, sondern Bericht über ein *Itinerarium mentis in bello*, über das geistige Erlebnis des Krieges und die Wandlungen eines Menschen durch den Krieg. Bedeutsam sind sie als Epos des modernen Krieges, das im Tagebuch das innere Erlebnis des Krieges festhält.

Der Krieg des Ernst Jünger beginnt mit der Lust am Krieg als Abenteuer, zeigt jedoch schon am ersten Kriegstag seine Krallen und wirft seine gemütliche Maske ab. Der Kriegsfreiwillige Jünger erhofft sich wie die Helden des Mythos vom Krieg das ganz andere, die Erfahrung des Großen, des Überwältigenden. Der Held will mitmachen. „Aufgewachsen in einem Zeitalter der Sicherheit, fühlten wir alle die Sehnsucht nach dem Ungewöhnlichen, nach der großen Gefahr. Da hatte uns der Krieg gepackt wie ein Rausch. [. . .] Der Krieg mußte es uns ja bringen, das Große, Starke, Feierliche. [. . .] Ach, nur nicht zu Haus bleiben, nur mitmachen dürfen!" (SG 11).
Dieser Eröffnung der *Stahlgewitter* folgt bereits zwei Seiten später das Eingeständnis, daß die Augenzeugenschaft des ersten Verwun-

dungsopfers, das den jungen Freiwilligen schon am ersten Kriegstag begegnet, „manchem die Kriegsbegeisterung bereits sehr gedämpft hatte" (SG 13). Die Vorstellung vom Heldentum wird so am ersten Tag der Kriegsteilnahme ernüchtert, aber der Wille zum Heldenhaften, zur Größe wird von Jünger in allen Schrecken des Krieges bis durch die sich abzeichnende Niederlage festgehalten.

Das Heldische ist nicht an den Sieg gebunden, sondern verwirklicht sich auch in der Niederlage.[1] Das Teil-Sein der *consumption forte,* des starken Verbrauchs, und der Alchemie des Krieges ist unabhängig davon, ob man als Sieger oder Besiegter aus dem Krieg hervorgeht. Jünger wird später über diese Alchemie des Krieges schreiben: „Hier war es so augenscheinlich, wie die doppelte Buchführung des Lebens sich abgleicht; ich mußte an den Trost Condés denken, den er dem über die 6000 Gefallenen der Schlacht bei Freiburg weinenden Mazarin spendete: ,Bah, eine einzige Nacht in Paris gibt mehr Menschen das Leben, als diese Aktion gekostet hat.'" (AH 2 [1938], 78; 9,229)

Mazarin weint über 6000 Gefallene und wird mit der doppelten Buchführung der Erneuerung des Lebens getröstet. Der Beobachter des modernen Krieges muß über ungleich mehr Menschenopfer klagen. Aber auch er wird auf dieselbe Buchführung von Opfer und Erneuerung verwiesen:

„Diese Haltung der Schlachtenführer, die hinter der Verbrennung die Veränderung sieht, hat mich von jeher ergriffen, als Zeichen *hoher* Lebensgesundheit, die den blutigen Schnitt nicht scheut. **So empfinde ich Vergnügen bei dem Gedanken an das** für Chateaubriand so ärgerliche Wort von der consumption forte, vom starken Verzehr, das Napoleon zuweilen in jenen für den Feldherrn untätigen Augenblicken der Schlacht zu murmeln pflegte, in denen alle Reserven auf dem Marsche sind, während die Front unter dem Angriff von Reitergeschwadern und dem Beschuß der vorgezogenen Artillerie wie unter einer Brandung von Stahl und Feuer zerschmilzt. Das

---

[1] Vgl. WOLF JOBST SIEDLER: *Die Entzifferung der Zeichen. Die Laudatio auf den neuen Goethe-Preisträger der Stadt Frankfurt. Verleihung des Goethepreises der Stadt Frankfurt an Ernst Jünger,* Frankfurt 1982, 13: „Zu den Worten des Dichters, die über ein Dreivierteljahrhundert hinweg ihre bestürzende Kraft bewahrt haben, gehört jener Satz vom metaphysischen Sinne des Krieges, der nicht trotz, sondern wegen der Opfer bejaht werden müßte. Das klingt in der Tat nach Stalingrad so schockierend wie nach Verdun. Aber war es nicht Sinn-Verlangen, das sich nicht damit abfinden wollte, in den Millionen der Toten nur die Opfer verfehlter Politik zu sehen, und das darauf bestand, die Ordnung der Welt kenne keine sinnlosen Opfer."
* Ausgabe der Sämtlichen Werke (SW): „einer Lebensgesundheit".
** SW: „Sie konzentriert sich mit klassischer Kürze in dem".

sind Worte, die man nicht missen möchte, Fetzen von Selbstgesprä-
chen an Schmelzöfen, die glühen und zittern, während im rauchenden
Blute der Geist in die Essenz eines neuen Jahrhunderts überdestilliert."
(*AH 2*, 78f.; 9, 229)

Während Chateaubriand Ärgernis über Napoleons Ausdruck für
dieses Faktum des Krieges empfindet, verspürt der Jünger des *Aben-
teuerlichen Herzens* von 1938 „Vergnügen" über diesen Ausdruck, wenn
auch nicht über die Sache. Das starke Töten von Menschen ist ein
Faktum des Krieges. Schon in der Schlacht des vormodernen Krieges
schmolzen die Menschen dahin. Dieses Faktum ist völlig unabhängig
von den Gefühlen des Kriegsberichterstatters. Das Töten im Krieg als
starken Verbrauch zu bezeichnen, ist eine Ausdrucksweise, die aus der
Haltung der Desinvoltura und äußersten Distanznahme folgt. Diese
Haltung ist nicht ohne Mitleid, aber ohne moralische Auflehnung und
Wertung. Sie ist vielmehr durch den Willen zum äußersten Hinneh-
men-Können dessen, was geschieht, durch einen extemen Stoizismus
gekennzeichnet. Die Desinvoltura des Epikers sieht das flächenhafte
Töten der Schlacht als starken Verbrauch des Rohstoffes an, der in der
Alchemie des Krieges den neuen Stoff, das neue Zeitalter hervorbrin-
gen soll. *Consumption forte* ist der bewußt distanzierende Ausdruck
dafür, daß im Krieg ein Opfer gebracht wird, das Opfer für die
Destillation der Essenz einer neuen Zeit. Der Geist destilliert im Blut
des Krieges in eine neue Zustandsweise über.

Die Desinvoltura des Dichters ist nicht mitleidlos. Sie weiß, daß der
Preis dieser Geburt und Destillation der Schmerz ist:[2]

„Dieser Sprache liegt Vertrauen auf das Leben zugrunde, das leere
Räume nicht kennt. Der Anblick seiner Fülle läßt uns das geheime
Zeichen des Schmerzes vergessen, das die beiden Seiten der Gleichung
trennt."(*AH 2*, 79; 9, 229)

Der Schmerz ist da. Er kann nur verwunden werden durch die
Erinnerung und Bejahung der doppelten Buchführung des Lebens.
Dasselbe Bild der doppelten Buchführung wird auch noch 1990 im
Bild der Schere, die schneidet, sichtbar. Die Schere öffnet ihre beiden
Messer, um abzuschneiden, was fallen, und um dem Raum zu geben,
was wachsen soll, „als Messer, das sich öffnet und wieder schließt . . .
Hier wäre zunächst an die Zange zu denken, dann aber ganz allgemein
an eine Grundform von Zugriffen. Man sagt von Friseuren, von Zenso-

---

[2] Vom starken Hervortreten des Schmerzes bei Jünger her ist auch die Kritik
von M. GREIFFENHAGEN: *Das Dilemma des Konservatismus in Deutschland,* München (Piper) 1977, 277, nicht haltbar, daß dessen Auffassung des Krieges
eine ästhetische sei. Greiffenhagen verwechselt die tragische Deutung des
Krieges mit der bloß ästhetischen.

ren und von Strategen, daß sie die Schere ansetzen. Eine Armee im Angriff wird ‚coiffiert' (Marschall Foch)."(*Sche* 71)

Die Schere ist ein Bild für das Abschneiden und Sicherneuern des Lebens. Das Bild der Schere gilt für die drei Ausprägungen des Lebens, das vegetative, das geistige und das kämpferische, drei Ausprägungen, die durch die Berufsstände der Friseure, der Zensoren und der Marschälle repräsentiert werden. Das Buch *Die Schere* von 1990 greift auf den antiken Mythos von den Moiren, den Schicksalsgöttinnen der Griechen, zurück. Die Moiren schneiden und teilen zu: Atropos, die dritte der drei Schwestern, schneidet den Lebensfaden ab, während ihre Schwester Klotho bereits einen neuen spinnt, den Lachesis dem Menschen, der geboren werden wird, als Lebenslos zuteilt. Der Mythos nimmt nicht Partei, beurteilt nicht moralisch, sondern stellt fest. Der Schmerz ist der Preis, der für die doppelte Buchführung des Lebens, für das Soll und Haben aus Geburt und Tod, gezahlt werden muß. Der Mythos lebt von der doppelten Buchführung der Täter und der Opfer. Das Opfer ist der Zentralgedanke des Mythos, und es ist nicht verwunderlich, daß der Gedanke des Opfers in das Zentrum der Jüngerschen Mythologie der Moderne tritt.

Für den Menschen des Mythos ist die Tatsache, daß ein Geschehen wie der Krieg unvermeidlich Opfer hervorruft, kein Hinderungsgrund dieses Geschehen dennoch verehrungs – und bejahenswürdig zu finden und an ihm mitmachen zu wollen. Der Mythos lebt aus der Partizipation an einem göttlichen Geschehen, und seine Anhänger schließen sich ihm an aus dem Wunsch heraus, am Ereignis teilzuhaben.

Der Bericht Jüngers über seine erste Verwundung erhellt dieses Mitmachenwollen am Großen Krieg wie im Schlaglicht:

„Ein kurzes Gespräch, das ich neben mir erlauschte, machte mich nachdenklich.

‚Was fehlt denn dir, Kamerad?'

‚Ich habe einen Blasenschuß'

‚Tuts sehr weh?'

‚Ach, das macht nichts. Aber daß man so gar nicht mehr mitmachen kann – – –'." (*SG* 38).

In Jüngers Kriegsepos wechseln Schlachtenberichte mit der Beschreibung der Monotonie im Stellungskrieg, die nur durch die Abenteuer des Stoßtrupps aufgelockert wird: „Diese kurzen Streifzüge, bei denen man das Herz fest in die Hand nehmen mußte, waren ein gutes Mittel, den Mut zu stählen und die Eintönigkeit des Grabendaseins zu unterbrechen. Der Soldat darf sich vor allem nicht langweilen." (*SG* 96) Der Krieg ist ein, wenn auch schreckliches, Abenteuer und ein

Destillationsgefäß des neuen Zeitalters, das die Menschen in rauschartige Zustände stürzt, die Täter wie die Opfer. Jeder ist im Krieg immer zugleich Täter und mögliches Opfer.[3] Jünger beschreibt die Grausamkeit, die sinnlose Zerstörung und das Leid der Zivilbevölkerung. Der einzelne ist nur Teil eines großen Geschehens, das sich einer Maschinerie bedient, innerhalb derer der einzelne zwar handeln, aber nicht im eigentlichen Sinn Verantwortung tragen kann. Er ist Teil eines tragischen Geschehens. Diese Tragik vermag nur der Mythos, nicht aber der rationale Bericht oder Diskurs zu beschreiben.

Der Erste Weltkrieg entwickelt eine Dynamik der Entpersonalisierung, in der die Taten des einzelnen Kriegers immer mehr an Bedeutung verlieren gegenüber der Mechanik der Kriegsmaschinerie. Die Schlachten transformieren sich selbst zu einer neuen Form des Krieges. Zur Metamorphose des Krieges in der Moderne bemerkt Jünger im Juni 1916 aus Anlaß der großen Somme-Schlacht: „Wir zogen nun gleichsam in einen neuen Krieg. Was wir bislang, freilich ohne es zu ahnen, erlebt hatten, war der Versuch gewesen, den Krieg durch Feldschlachten alten Stiles zu gewinnen, und das Versanden dieses Versuches im Stellungskrieg. Nun stand uns die Materialschlacht mit ihrem riesenhaften Aufgebot bevor. Diese wiederum wurde gegen Ende des Jahres 1917 durch die mechanische Schlacht abgelöst, deren Bild jedoch nicht mehr zur vollen Entfaltung kam." (SG 75f.) Daß der Erste Weltkrieg, der „Große Krieg", in überpersönliche, tragische Verursachungs- und Schuldverhältnisse führt, wird endgültig bei der „Großen Schlacht" Ende März 1918 offenbar:

„Die Große Schlacht bedeutete eine Wendemarke auch in meinem Inneren, und nicht nur deshalb, weil ich von nun an den Verlust des Krieges für möglich hielt. – Die ungeheure Ballung der Kräfte in der Schicksalsstunde, in der um eine ferne Zukunft gerungen wurde, und die Entfesselung, die ihr so überraschend, so bestürzend folgte, hatten mich zum ersten Male in die Tiefe überpersönlicher Bereiche geführt. Das unterschied sich von allem bisher Erlebten; es war eine Einwei-

---

[3] SG 77f.: „Unvergeßlich sind solche Augenblicke auf nächtlicher Schleiche. Auge und Ohr sind bis zum äußersten gespannt, das näherkommende Rauschen der fremden Füße im hohen Gras nimmt eine unheildrohende Stärke an. Der Atem geht stoßweise; man muß sich zwingen, sein keuchendes Wehen zu dämpfen. Mit kleinem, metallischem Knacks springt die Sicherung der Pistole zurück; ein Ton, der wie ein Messer durch die Nerven geht. Die Zähne knirschen auf der Zündschnur der Handgranate. Der Zusammenprall wird kurz und mörderisch sein. Man zittert unter zwei gewaltigen Gefühlen: der gesteigerten Aufregung des Jägers und der Angst des Wildes. Man ist eine Welt für sich, vollgesogen von der dunklen, entsetzlichen Stimmung, die über dem wüsten Gelände lastet."

hung, die nicht nur die glühenden Kammern des Schreckens öffnete, sondern auch durch sie hindurchführte." *(SG 267)*

Die „Große Schlacht" ist Initiation in überpersönliche Bereiche, und sie ist dies nicht nur, weil der Krieger, seit er sie mitgemacht hat, den Krieg für verloren hält, sondern weil in ihr Kräfte entfesselt wurden, die nicht mehr als Ergebnis persönlicher Verursachung durch den Krieger, sondern nur noch in Kategorien des Mythos begriffen werden können. Der Verlierer des Krieges empfindet das Mythische und Überpersönliche des Krieges jedoch stärker als der Sieger, der sich das Verdienst des Sieges stets als persönliche Leistung zuzuschreiben geneigt ist. Der Sieger sieht Schuld und Verursachung, wo der Besiegte tragisches Verhängnis erkennt. Wer von beiden klarer sieht, ist nicht von vornherein ausgemacht. Der Sieg macht blind, blind auch für die Tragik von Sieg und Niederlage. Das besiegte Troja wird in der Metamorphose der Geschichte zum späteren, die Welt und Griechenland beherrschenden Rom. Auf dem Rücken des Aeneas wird Troja zum späteren Sieg über seinen Besieger, die Griechen, getragen.

Jahre nach dem Ersten Weltkrieg, 1927, sucht Jünger immer noch den Sinn zu ergründen, der auch in einer Niederlage beschlossen sein kann, und er kommt auch hier auf die mythische Deutung zurück. Etzels Saal wird ihm zur Metapher für die Bewältigung der auf den ersten Blick sinnlosen Leiden des Ersten Weltkriegs. „Aus Etzels Saal kam auch keiner der Nibelungen lebend davon, aber deshalb gerade leben sie in dieser Größe fort", läßt Jünger einen Landarbeiter sagen und fährt fort: „Recht hatte er! Gerade diese Wahrheit kann nicht oft und eindringlich genug verkündet werden. Durch jenen sagenhaften Kampf in Etzels brennendem Saal spricht sich nicht nur der höchste Mut, sondern auch die tiefste Weisheit aus. Und die dreihundert Spartaner bei Thermopylä haben ihre Aufgabe erfüllt, wie sich vollkommener auf dieser Welt keine Aufgabe erfüllen läßt. Das muß nicht nur gesagt, sondern auch gepredigt werden in einer Zeit, in der eine ganze Presse mit der Aufgabe beschäftigt ist, den Mut als unzweckmäßig und die Feigheit als sittliches Postulat hinzustellen. In solchen hohen Taten erreicht die menschliche Leistung einen Grad der Unbedingtheit, der nicht zu übertreffen ist. Vergessen wir nie, daß auch wir in diesem Kriege Schiffe besaßen, auf denen man dem unausweichbaren Ende mit dem gleichen Trotz ins Auge sah wie die Männer in Etzels Saal. Und da solche Taten für Werte dargebracht werden, die ganz außerhalb der Persönlichkeit liegen, für Liebe und Treue oder für ein größeres Reich, so offenbart sich in ihnen auch eine höchste Sittlichkeit. Sie finden statt in einer moralischen Welt, in einer Welt des Glaubens, in der der Gedanke des Fortschrittes seinen Sinn verliert, weil es absolute Werte sind, an die das Herz sich hängt. Daß es solche Werte gibt, Werte für Krieger und Heilige, die über dem Blute der Schlachtfelder leuchten und über den Häuptern der Gekreuzigten – dafür zu zeugen, ist eine Aufgabe, die wir uns nicht nehmen lassen."[4] Der Sinn des Kampfes hängt nicht allein von seinem Ausgang ab, und der Krieg ist nicht nur moralisch, sondern auch tatsächlich nicht nur für den Sieger, sondern auch für den Besiegten sinnvoll: „Aber was in der moralischen Welt gilt, das gilt auch in der tatsächlichen. Eine männliche Tat von Rang wird auch in ihr niemals auszulöschen sein. Hannibals Heere wurden vernichtet – und doch, lebten sie nicht irgendwie im römischen Weltreiche fort? Luthers Tat ist nicht nur die Reformation, sondern auch die Gegenreformation. Die katholische Kirche hat ihm ebensoviel zu verdanken, wie die ganze Welt dem feldgrauen Soldaten, auch wenn sie es niemals aussprechen wird. Und unser Blut im großen Kriege ist zwiefach nicht umsonst geflossen. Dieser Krieg wurde nicht umsonst verloren – ja vielleicht ist es für uns wichtiger, daß er verloren, als daß er gewonnen wurde, wie manches Leben durch Schicksalsschläge besser als durch das warme Bad des Glückes geläutert und gehärtet wird. [. . .] Wohl sind Millionen gefallen, aber sind nicht dafür alle Dinge in Fluß gekommen, und scheint es nicht, als ob überall das Wachstum ein wilderes und üppigeres geworden wäre? Das ist das Blut, das sich in reichem Maße ausgeschüttet hat, und das auch uns nicht zur Ruhe kommen läßt."*(Ebenda)*

Der Mythos tröstet den Verlierer des Krieges mit der Erzählung von jenen nur auf den ersten Blick sinnlosen Opfern, die im Gang des geschichtlichen Geschehens doch noch ihren Sinn gewannen. Der Mythos rechtfertigt nicht nur den Krieg, den der Sieger führte, sondern auch den Krieg, den der Verlierer kämpfte. Dieser tragischen Deutung des Krieges ist Humanität eigen, weil sie Leidende und Vollbringende, Verlierer und Gewinner würdigt und nicht nur den Sieger und den Erfolg verherrlicht. Der Sieg in einem Krieg ist niemals *nur* gerechtfertigt und der Verlust eines Krieges niemals *nur* verdient. Auch dort, wo die Sache des Siegers die gerechte war, kann die Sache des Besiegten nicht völlig ungerecht gewesen sein. Denn wenn sie völlig ungerecht gewesen wäre, hätte es nicht zum Krieg kommen können, weil der Streit vorher entschieden gewesen wäre. Die tragische Sicht des Mythos wird erst dort moralisch zweideutig und unvertretbar, wo die Frage nach der Rechtfertigbarkeit von Kriegsgründen

---

[4] E. JÜNGER: „Professorales und Nichtprofessorales", in: *Arminius. Kampfschrift für deutsche Nationalisten*, 8. Jg., H. 36 (1927), 3. Vgl. auch sein Vorwort zu JÜNGER (Hrsg.): *Der Kampf um das Reich*, Essen (W. Kamp) 2. Aufl., o.J. (wohl 1929), 8: „Gerade der verlorenste Posten hinterläßt die ungetrübteste Erinnerung."

44

überhaupt abgewiesen wird und jeder Grund, Krieg zu führen, als gleich gut anerkannt oder, wie im Pazifismus, als gleich schlecht abgewiesen wird. Die Tugend der Ritterlichkeit besteht wesentlich darin, dem Kriegsgegner und Feind die Berechtigung, den Krieg zu führen, nicht abzusprechen, sondern anzuerkennen, daß seine Sache auch ihr Recht hat.

2. Die Totale Mobilmachung

Für Jünger wird die Niederlage des Krieges zum Anlaß für Überlegungen über die Stahlgewitter und den Mythos der Moderne, die über den Rationalismus des Siegers hinausgehen. In der Deutung der Moderne als Zeitalter der Totalen Mobilmachung wird der Rationalismus der Moderne selbst als ein Bestandteil und eine Variante des Mythos der Moderne erkennbar. Der Besiegte sieht schärfer als der Sieger. Er sieht schärfer, was an den Ansprüchen des Siegers berechtigt und was überheblich, was begründete Überlegenheit seiner Lehre und was Ideologie ist. Der Besiegte sieht schärfer, weil er am Sieger und an sich selbst leidet. Der Sieger hält den Sieg für seine Leistung, der Besiegte seinen Krieg für ein kosmisches Ereignis in einer Reihe ähnlicher Ereignisse. „Dieses Schauspiel erinnert an die Vulkane, in denen stets dasselbe innerste Erdfeuer zum Ausbruch kommt, und die doch in sehr verschiedenen Landschaften an der Arbeit sind. So bedeutet, an einem Kriege teilgenommen zu haben, etwas Ähnliches, wie im Bannkreis eines dieser feuerspeienden Berge gewesen zu sein." (*TM* 125; 7,121)[5] Aber man kann nicht beim Mythos des Krieges als kosmi-

---

[5] Die Abhandlung *TM* ist zuerst in dem von E. Jünger herausgegebenen Band *Krieg und Krieger*, Berlin (Junker & Dünnhaupt) 1930 erschienen. Bemerkenswert ist, in welchem Maße sich Jüngers Beitrag durch eine auch heute noch lesbare Sprache und vor allem durch den „modernen" Charakter seiner Analyse von den anderen Beiträgen dieses Bandes unterscheidet. Auch heute noch interessant sind allerdings die Beiträge von WILHELM V. SCHRAMM: „Schöpferische Kritik des Krieges" (S. 31-50) und WERNER BEST: „Der Krieg und das Recht" (S. 135-162). Schramm legt in einer genauen Analyse die Mängel der deutschen Kriegsführung dar. Bests Beitrag ist von einem unvertretbaren, aber für das Denken jener Jahre aufschlußreichen Kult der Stärke und einem konsequenten Nietzscheanismus geprägt, der das Recht zur Funktion der Macht und zum bloßen Mittel im innen- und außenpolitischen Machtkampf macht. Besonders befremdend ist die Bereitschaft zur Bejahung der Transformation des Rechts- in ein Gewaltverhältnis, die freilich wenigstens insofern konsequent ist, als sie dieser Auflösung des Rechts auch dort zustimmt, wo diese Auflösung den eigenen Untergang beinhaltet. Als Quelle für die später katastrophale Folgen zeitigende Einstellung des „heroi-

schem Ereignis stehenbleiben, sondern muß fragen, was den ersten Vulkan der Moderne zum Ausbruch bringen konnte. Der Ausbruch des Krieges verweist auf eine tiefere Schicht der Verursachung in der sozialen Revolution. „Diese beiden Erscheinungen, der Weltkrieg und die Weltrevolution, sind weit enger miteinander verflochten, als es dem ersten Blick scheint; sie sind zwei Seiten eines Ereignisses von kosmischer Art, in vielen Beziehungen voneinander abhängig, sowohl was ihre Entstehung, als was ihren Ausbruch betrifft." (*TM* 126; 7,122)

Vordergründig geht es in diesem Ereignis des Ersten Weltkriegs um „den Fortschritt", die Zivilisation, die Vernunft. Der Erste Weltkrieg wird von den Westmächten im Namen des Fortschritts und des Selbstbestimmungsrechtes der Nationen geführt. Was aber, wenn sich die eigentliche Bedeutung des Fortschritts verbirgt, wenn sich der Sinn des Fortschritts, „der großen Volkskirche des 19. Jahrhunderts, der einzigen, die sich wirklicher Autorität und kritiklosen Glaubens erfreut hat, [. . .] der scheinbar so übersichtlichen Maske der Vernunft als eines ausgezeichneten Versteckes bedient?" (*TM* 127f.; 7,122f.) Hinter der Vernunft und dem Fortschritt verbirgt sich das eigentliche Wesen der Moderne, die eigentliche Bedeutung des Fortschritts: die Totale Mobilmachung. Wenn der Ausgang des Ersten Weltkrieges durch das Verhältnis entschieden wurde, in dem die einzelnen Kriegsparteien zum Fortschritt standen, so bedeutet dies, daß er durch das unterschiedliche Verhältnis entschieden wurde, in welchem die kriegführenden Staaten zur Totalen Mobilmachung fähig waren.

Deutschland als Monarchie war nur zur partiellen Mobilmachung in der Lage, weil es der Monarchie entspricht, nur das stehende Heer und nicht das gesamte Volk und alle Reserven zu mobilisieren. Die Monarchie hat eine Abneigung gegen die Generalmobilmachung, weil diese zum Volksaufstand führen kann. Die Mobilmachung der Demokratie ist dagegen immer Generalmobilmachung. „Wie jedes Leben den Keim seines Todes bereits mitgebiert, so schließt auch das Auftreten der großen Massen eine höchste Demokratie des Todes in sich ein. Wir haben das Zeitalter des gezielten Schusses bereits wieder hinter uns. Der Geschwaderführer, der in nächtlicher Höhe den Befehl zum Bombenangriff erteilt, kennt keinen Unterschied zwischen Kämpfern und Nichtkämpfern mehr, und die tödliche Gaswolke zieht wie ein

---

schen Realismus"' – Best soll den Begriff in diesem Beitrag in die Diskussion eingeführt haben –, aber auch für die Folgen, die ein konsequenter Nietzscheanismus in der Rechtsphilosophie zeitigt, ist der Beitrag von Best aufschlußreich für die Geistesgeschichte der Dreißiger Jahre und für die Genese des Nationalsozialismus.

Element über alles Lebendige dahin. Die Möglichkeit solcher Bedrohungen aber setzt weder eine partielle, noch eine allgemeine, sie setzt eine *Totale* Mobilmachung voraus, die sich selbst auf das Kind in der Wiege erstreckt." (*TM* 134; 7,128)

Die totale Mobilmachung aller Kräfte ist das eigentliche Gesicht des Fortschritts und der Moderne, und die Völker sind siegreich in dem Maße, in dem sie zur Mobilmachung fähig sind. „So konnte die Mobilmachung in den Vereinigten Staaten, einem Lande von sehr demokratischer Verfassung, mit Maßnahmen von einer Schärfe einsetzen, wie sie im Militärstaate Preußen, dem Lande des Klassenwahlrechtes, nicht möglich gewesen wäre. [...] Schon in diesem Kriege kam es nicht auf den Grad an, in dem ein Staat Militärstaat war oder nicht, sondern auf den Grad, in dem er zur Totalen Mobilmachung befähigt war." (*TM* 138f.; 7,131f.) Deutschland mußte den Krieg verlieren, weil es aufgrund seines Charakters nicht zur totalen Mobilmachung in der Lage war.

Damit kommt Jünger zu Schlußfolgerungen, die auch heute noch von großer Aktualität sind, wenn sie auch kontrovers bleiben werden. Die erste Schlußfolgerung lautet: Die ideologische Gegnerschaft zwischen den West- und den Mittelmächten war vor allem deshalb kriegsentscheidend, weil sie unterschiedliche Mobilmachungspotentiale verursachte, nicht weil der konsequent durchgeführte Liberalismus und Modernismus der Westmächte in sich die klare innere oder geistige Überlegenheit über den halbherzigen Liberalismus und Modernismus der Mittelmächte getragen hätte. Die zweite Schlußfolgerung ist, daß der konsequente Liberalismus und die konsequente Mobilmachung der Westmächte diese nicht berechtigten, den Sieg über die Mittelmächte zu einem moralischen Sieg der einen Seite und zu einer durch Unmoral verdienten Niederlage der anderen Seite zu erklären. Die aus der Ideologisierung des Krieges abgeleitete Moralisierung von Sieg und Niederlage hält Jünger für eine moralische Überhebung der Siegerseite und ein Unrecht an den Besiegten.

„Versetzen wir uns für einen Augenblick in die groteske Vorstellung, ein Reklamechef von größtem Format hätte die Propaganda für einen modernen Krieg vorzubereiten, und es ständen ihm zwei Mittel zur Verfügung, die erste Welle der Erregung auszulösen, nämlich der Mord von Serajewo oder die Verletzung der belgischen Neutralität, so kann kein Zweifel sein, von welchem er sich die größere Wirkung versprechen würde. Dem äußeren Anlaß des Weltkrieges, wie zufällig er auch anmuten möge, wohnt eine symbolische Bedeutung inne, insofern in den Tätern von Serajewo und ihren Opfern, den Erben der habsburgischen Krone, das nationale Prinzip mit dem dynastischen zusammenstieß – das sehr moderne ‚Selbstbestimmungsrecht der Völker‘ mit dem auf dem Wiener Kongreß durch eine Staatskunst alten Stiles mühsam restaurierten Prinzip der Legitimität." (*TM* 140; 7,132)[6] Der Zusammenstoß zweier unvereinbarer Rechtsprinzipien und damit Moralprinzipien war die Ursache des Weltkrieges. Jünger räumt ein, daß Deutschland leider halb zeitgemäß, halb unzeitgemäß und mit Sicherheit inkonsequent war, *daß in Frankreich in diesem Konflikt „das geheime Urmeter der Zivilisation" aufbewahrt wurde (*TM* 150)*, daß Bethmann-Hollweg nicht von dem „Fetzen Papier" hätte sprechen dürfen, sondern wissen müssen, daß „für den Liberalismus ein Stück Papier, etwa eins, auf dem eine Verfassung steht, etwas Ähnliches bedeuten kann wie eine geweihte Oblate innerhalb der katholischen Welt, und daß es zwar dem Absolutismus wohl anstehen kann, Verträge zu zerreißen, daß aber die Stärke des Liberalismus darin beruht, sie *auszulegen*." (*TM* 141f.; 7,133f.) All diese Fehler und Unzeitgemäßheiten, Verspätetheiten und Ungeschicklichkeiten Deutschlands können jedoch den Westmächten nicht das völkerrechtliche und moralische Recht geben, den Kriegsverlierer zum unmoralischen Menschen, ja zum Verbrecher zu machen.

3. Leiden an Deutschland

Die Liberalismus-Kritik Jüngers rührt aus der tiefen Verbitterung über die Moralisierung einer Frage, die nicht moralisch gestellt werden konnte, die Kriegsschuldfrage des Ersten Weltkrieges. Da die Deutschen an ihrem Rechtsprinzip der Legitimität nach dem Mordanschlag von Sarajewo ebenso festhielten, wie die Westmächte an ihrem nationalen und demo-

---

[6] Die Provokation der Ermordung des Thronfolgers findet bei Ekstein, *Tanz über Gräben*, aaO. 355, keine hinreichende Berücksichtigung, der sich bei der Aufzählung der „Provokationen", die zum Ersten Weltkrieg geführt haben, auf Österreichs Angriff auf Serbien und Deutschlands Einmarsch in Belgien beschränkt. – Selbst ein Philosoph vom Range Bergsons ließ sich 1915 hinreißen, von Deutschlands „barbarie scientifique" und „barbarie systématique" zu sprechen: „Oui, barbarie qui s'est renforcée elle-même en captant les forces de la civilisation." (H. Bergson: *La Signification de la Guerre*, Paris [Bloud & Gay] 1915, 19). – In welchem Ausmaß Jünger vom Erlebnis des Ersten Weltkriegs geprägt ist, wird in E. Jünger: „Vorwort" zu: F. G. Jünger: *Aufmarsch des Nationalismus*, Leipzig („Der Aufmarsch" Verlagsges.) 1926, X f.), sichtbar: „Wir ahnen das Auftreten dieses (neuen, stahlharten) Menschenschlages bei allen Völkern Europas, denn wie der Krieg nicht den Deutschen allein traf, so ist auch der neue Nationalismus keine Folge, die sich auf Deutschland beschränkt. [. . .] Aber *das* dürfen wir doch wohl für uns in Anspruch nehmen: daß *uns* der Krieg am härtesten getroffen hat. [. . .] Der Krieg ist unser Vater, er hat uns gezeugt im glühenden Schoße der Kampfgräben als ein neues Geschlecht, und wir erkennen mit Stolz unsere Herkunft an."

* In SW nicht aufgenommen.

kratischen Prinzip nach dem Einmarsch der Deutschen in Belgien, brachte der Krieg die Entscheidung, wie dies bereits in anderen Kriegen geschah. Aber nach keinem anderen Krieg zwischen europäischen Staaten war man hinterher auf den Gedanken verfallen, den Besiegten, weil er einen Krieg geführt hatte, zum Verbrecher zu erklären.[7] Die Bitterkeit des in die Tiefe des Konflikts sehenden Dichters und seine Trauer sind unverkennbar: *„Der Deutsche hat den Krieg geführt mit dem für ihn allzu billigen Ehrgeiz, ein guter Europäer zu sein. Da aber so Europa gegen Europa Krieg führte, – wer anders als Europa konnte Sieger sein?"* (TM 156) Wenn aber Europa über Deutschland Sieger geworden war, mußte dann nicht Deutschland aus Europa heraustreten oder herausgedrängt werden? Der erste europäische Bruder- oder Bürgerkrieg endet damit, die unterlegene Partei zu proskribieren, die unterlegene Seite zum Verbrecher an der Menschheit zu erklären. Was konnte anderes daraus erwachsen als eine Desavouierung der Ideen des Siegers, der Ideen Europas, in den Augen des Besiegten? Jüngers Liberalismus-Kritik ist Kritik an der Unaufrichtigkeit des Moralismus der Siegermächte: „Man studiere den Notenwechsel, der dem Eintritt Amerikas in den Krieg vorausging, und man wird in ihm auf ein Prinzip von der ‚Freiheit der Meere' stoßen, das ein gutes Beispiel dafür bietet, in welcher Art in einer solchen Zeit dem eigenen Interesse der Rang eines humanitären Postulats, einer allgemeinen, die Menschheit berührenden Frage zu verleihen ist. *Ja, wenn wir in Belgien irgend jemand hätten befreien können!* Natürlich hätten wir dort jemand befreien können, nämlich die Flamen, aber um das glaubwürdig verkünden zu können, hätten wir bereits über eine *deutsche* Ideologie verfügen müssen, an der es eben mangelte."[8]

---

[7] Vgl. WG (1951) 117; SW 7,357: „Noch Bismarck lehnte den Vorschlag ab, den Kaiser Napoleon (III.) vor ein Gericht zu ziehen. Er hielt sich als Gegner nicht für zuständig. Inzwischen ist es üblich geworden, den Besiegten rechtsförmig zu verurteilen. Die Streitigkeiten, die sich an solche Sprüche knüpfen, sind überflüssig und entbehren der Grundlage. Parteien können nicht urteilen. Sie setzen den Gewaltakt fort. Sie entziehen auch den Schuldigen seinem Gericht."

* In SW nicht aufgenommen.

[8] TM 142; 7,134. Vgl. auch Arb (1932), 199: „Prinzipiell ist zu bemerken, daß die Monopolisierung von Mitteln, und zwar selbst dort, wo sie als reiner Handelsvorgang auftritt, dem Wesen des liberalen Nationalstaates zuwiderläuft. Der Nationalstaat ist auf Konkurrenz angewiesen, und daraus erklärt es sich, daß man Deutschland nicht etwa völlig entwaffnet hat, sondern ihm Soldaten, Schiffe und Kanonen in gerade dem Maße beließ, das wenigstens die Fiktion einer Konkurrenz aufrecht zu erhalten vermag. Das Ideal im liberalistischen Raume ist nicht etwa die unverhüllte, sondern die verschleierte Übermacht und entsprechend die verschleierte Sklaverei; es ist der schwächere Konkurrent – ist der ökonomisch Unterlegene, der durch den

Deutschland unterlag in diesem Krieg, weil in ihm „der *Raum* des Fortschritts nur unvollkommen mobil gemacht werden konnte" (*TM* 145), während Frankreich in der weitaus günstigeren Lage war, den Krieg als Feldzug zur Befreiung Deutschlands von sich selbst zu führen. Dies werde am Beispiel von Barbusse erkennbar: „Dieser, an sich ein ausgesprochener Gegner des Krieges, sah doch keine andere Möglichkeit, seinen Ideen zu entsprechen, als *diesen* Krieg zunächst zu bejahen, da er sich in seinem Bewußtsein als ein Kampf des Fortschritts, der Zivilisation, der Humanität, ja des Friedens selbst gegen ein all' diesem widerstrebendes Element spiegelte. ‚Der Krieg muß im Bauche Deutschlands getötet werden.' **Hier begegnen wir einer der geschichtlichen Thesen des Liberalismus, die diesem Kriege eine Gloriole zu verleihen weiß, indem sie ihn als einen uneigennützigen Kreuzzug darstellt, der der Erlösung des deutschen Volkes selbst aus dem Zustande seiner Unterdrückung gewidmet ist.** (*TM* 145; 7,136) Jünger übersieht nicht den Einfluß und die Berechtigung der Ideologie in der friedlichen und kriegerischen Auseinandersetzung. Auch seine klare und von heute aus nicht akzeptierbare antidemokratische Position ist unübersehbar. Ebenso eindeutig ist jedoch seine Hellsichtigkeit und Sensibilität gegenüber dem Unrecht der Moralisierung des Kriegsergebnisses und gegenüber dem schweren Unrecht, das die westeuropäischen Siegermächte im Namen des Liberalismus mit dieser Moralisierung dem besiegten Deutschland zufügten.

Es kann nach Jünger nicht angehen, daß die Mahnmale des Unbekannten Soldaten, die in Paris und anderen Metropolen Europas errichtet wurden, nur jenen Soldaten ehren, der für die Prinzipien der Französischen Revolution und des Liberalismus gefochten hat, nicht aber den Soldaten der Gegenseite. Sie dürfen nicht nur den Märtyrer der Prinzipien des Liberalismus und des Fortschritts ehren. Jünger setzt dagegen die Notwendigkeit des Prinzips **„Ehre den Kriegern, für welche Sache sie immer gefochten haben!" (*TM* 154)** Die Moralisierung der deutschen Niederlage erscheint bei Jünger als ein Unrecht, man könnte mit einem Wort eines theologischen Zeitgenossen Ernst

---

Besitz eines Schrebergartens, der politisch Schwächere, der durch Abgabe eines Stimmzettels den allgemeinen Zustand garantiert. Dies beleuchtet das ganz unverhältnismäßige Interesse, das die Welt auch am Bau des kleinsten deutschen Panzerschiffes nimmt – es sind dies Stimulantien, deren man bedarf. Dies beleuchtet ferner den wichtigen Fehler im System, der darin liegt, daß man dieses Land *aller* Kolonien beraubte; eine kleine Konzession in der Südsee, in China oder in Afrika hätte den Zustand weit besser garantiert und wird sehr wahrscheinlich als Danaergeschenk nachgeholt."
* SW 7,136: „Geist."
** In SW nicht aufgenommen.

Jüngers, Erik Petersons, fast sagen als „Unrecht der Nationalstaaten am Reich." Die Moralisierung der Kriegsniederlage ist ein Unrecht des Nationalismus, den Jünger ab 1932 für überholt hielt und ablehnte.[9]

„Die riesenhaften Anstrengungen der Nationalstaaten laufen im Ergebnis auf die fragwürdige Angliederung von Provinzen hinaus; und dort, wo imperiale Ansätze zu beobachten sind, handelt es sich um einen Kolonialimperialismus, der der Fiktion bedarf, daß es Völker gibt, die, wie etwa Deutschland, noch der Erziehung bedürftig sind.[10]

---

[9] Vgl. auch STEFAN BREUER: „Die ‚konservative Revolution' – Kritik eines Mythos", in: Politische Vierteljahresschrift, 31 (1990), 585-607, hier 593, der diese Differenz in der Bejahung des Nationalismus zwischen Jünger und den anderen Theoretikern der „konservativen Revolution" herausstellt.

[10] Vgl. auch JÜNGER: „Die liberalistische Phrase", in: Arminius, 8. Jg., H. 24 (1927), 4f.: „Die Geschichte der Kolonialkriege, der ‚friedlichen Durchdringung', die eine Erfindung dieser Epoche sind, bietet ein gutes Beispiel dafür. Bei allen diesen Konflikten kommt es darauf an nachzuweisen, daß man selbst den Forderungen einer imaginären Humanität entspricht, indem man sich als Verteidiger etwa der ‚Kultur' oder der ‚Freiheit der Meere' erklärt. Die logische Folge ist, daß der andere, der diesen hohen Grad des Fortschrittes noch nicht erreicht hat, eigentlich auch noch gar nicht als Mensch zu betrachten ist. Ist dieser Nachweis mit Hilfe der Mittel des Fortschrittes, vor allem der Presse und der Parlamentstribünen gelungen, dann dürfen auch die technischen Errungenschaften dieses Fortschrittes, Maschinengewehre, Tanks und Giftgase unter allgemeinem Beifall im Namen der Humanität in die Erscheinung treten. Land, Waffen und Geld, alles, was man früher ohne weitere Umstände, indem man das Schwert in die Wagschale warf, beanspruchte, pflegt man heute ebenfalls nur im Namen der Menschlichkeit zu nehmen, etwa um den Besiegten zum wahren Geist des Friedens zu bekehren oder um dem ‚Selbstbestimmungsrecht der Völker' Genüge zu tun. Allerdings hätte selbst zur Zeit der so verrufenen Kabinettskriege ein so raffiniertes Auspowerungsverfahren, wie es heute Friedensschlüsse mit sich bringen, für unsittlich und unritterlich gegolten. Indessen ist die Demokratie ein Zustand, der die Ritterlichkeit überwunden hat. [. . .] Man könnte sich, da der Endeffekt, das freie Spiel des Willens zur Macht, hier wie überall dasselbe bleibt, mit der liberalistischen Phrase als einer durch die Zeit bedingten Tatsache abfinden. Man könnte sich sagen: Wer die öffentliche Meinung hat, kann machen, was er will, also kommt es heute darauf an, die öffentliche Meinung zu beherrschen, um die Forderungen des Blutes mit der ganzen Fülle einer geistig-technischen Apparatur vertreten zu können. Mit der großen Plattheit, die mit allem verbunden ist, was mit der öffentlichen Meinung zusammenhängt, könnte man sich zur Not befreunden, da ja das, was gemeint ist, viel tiefer und lebendiger ist als das, was auf dem Papiere steht und das nur insofern Sinn hat, als es Machtziele in die Sprache des liberalistischen Spießers übersetzt. Selbst die Geschmacklosigkeit, die vorgibt, dem Gegner nicht zu schaden, sondern ihn befreien zu wollen, also im Grunde einen Freundesdienst zu erweisen, indem etwa Kolonialvölkern mit Fliegerbomben die Kultur gebracht wird, oder indem ein Herr Barbusse den ‚Krieg im Bauche Deutschlands töten' möchte – selbst das ließe sich für den Eingeweihten noch in Kauf nehmen."

Die Nation findet ihre Grenze in sich selbst, und jeder Schritt, der sie darüber hinausführt, ist durchaus zweifelhaft. Der Gewinn eines schmalen Grenzstreifens auf Grund des Nationalitätenprinzips ist weit weniger legitim als der eines ganzen Reiches durch Heirat im dynastischen Kräftesystem. Bei Erbfolgekriegen handelt es sich daher nur um zwei Auslegungen eines von beiden Partnern anerkannten Rechtes, bei National-Kriegen um zwei Arten des Rechtes überhaupt. So führen auch Nationalkriege eher dem Naturzustande zu." (*Arb* 193; 8,197)

Jüngers Affekt gegen den Liberalismus und sein vermeintliches „Allgemeines" entspringt einer Erfahrung von Unaufrichtigkeit und Leid:

„Die Verkündung der Menschenrechte springt aus derselben Quelle wie die allgemeine Wehrpflicht oder das allgemeine Wehrrecht, durch das die verheerenden Formen des letzten Krieges erst möglich wurden. Auch haben wir alle erfahren, daß durch das allgemeine Wahlrecht die politischen Kämpfe und Härten sich nicht im Geringsten gemildert haben – im Gegenteil.

Wenn wir an das Besondere glauben und an den Vorrang der besonderen Notwendigkeit vor der allgemeinen, so bewegt uns dazu vor allem ein Gefühl des Ekels gegenüber den zu oft vorgekauten Phrasen der Aufklärung. Es ist verständlich, daß man unter den Fahnen der Freiheit, Gleichheit und Brüderlichkeit zu Felde zieht, daß man eine schönere und gerechtere Welt aus den Trümmern der alten aufrichten will, aber es ist unerträglich zu sehen, wie man die Härte dieser Welt hinter einem Brei von Redensarten zu verstecken sucht."[11]

Jüngers Essays jener Jahre sind nicht nur kritisch gegenüber den Westmächten, sondern auch gegenüber dem eigenen Land. Sie sind gezeichnet von einem Leiden an Deutschland: „Wir besitzen in der Welt den Ruf, daß wir Kathedralen zu zerstören imstande sind. Das will viel heißen zu einer Zeit, in der das Bewußtsein der Unfruchtbarkeit ein Museum neben dem andern aus dem Boden treibt." (*AH 1,* 115) Deutschlands Schwäche war, daß sein Heroismus auf Nihilismus gründete: „Wir haben stramm nihilistisch einige Jahre mit Dynamit gearbeitet und, auf das unscheinbarste Feigenblatt einer eigentlichen Fragestellung verzichtend, das 19. Jahrhundert – uns selbst – in Grund und Boden geschossen, nur ganz am Ende deuteten sich dunkel Mittel und Männer des 20. an. Wir haben Europa den Krieg erklärt – als gute Europäer mit den anderen einträchtig um eine Roulette geschart, die nur eine einzige Farbe besaß – die des zéro, das die Bank unter

---

[11] JÜNGER: „Das Sonderrecht des Nationalismus", in: *Arminius*, 8. Jg., H. 4 (1927), 3.

allen Umständen gewinnen läßt. Wir Deutschen haben Europa keine Chance gegeben zu verlieren. Da wir aber keine Chance zu verlieren gaben, so gaben wir im wesentlichen Sinne auch nichts zu gewinnen; wir spielten gegen die Bank mit ihrer eigenen Substanz." (*AH 1,* 133) Jüngers Modernismus ist konservativ und sein Konservativismus modernistisch. Seine für Deutschland geforderte Totale Mobilmachung, sein konservativer Modernismus, ist Teil der Moderne, die Revolution in Deutschland soll eine konservative Revolution[12] sein: „Unsere Hoffnung ruht in den jungen Leuten, die an Temperaturerhöhung leiden, weil in ihnen der grüne Eiter des Ekels frißt, in den Seelen von Grandezza . . . Sie ruht im Aufstand, der sich der Herrschaft der Gemütlichkeit entgegenstellt und der der Waffen einer gegen die Welt der Formen gerichteten Zerstörung, des *Sprengstoffes,* bedarf, damit der Lebensraum leergefegt werde für eine neue Hierarchie." (*AH 1,* 153f.) Der Modernismus nährt sich aus der kalten, niemals zu sättigenden Wut der Arbeit auf die erdhafte Gemütlichkeit, auf die Landschaften alten Stils und die historische Biedermeierei, „ein sehr modernes Gefühl, das im Spiel mit der Materie schon den Reiz gefährlicherer Spiele ahnt", ein Gefühl, das man empfindet, „wenn man nächtlich im D-Zug sich durch die zyklopische Landschaft des Ruhrgebietes stürzt, während die glühenden Flammenhauben der Hochöfen das Dunkel zerreißen und inmitten der rasenden Bewegung dem Gemüte kein Atom mehr möglich scheint, das nicht *in Arbeit* ist." (*AH 1,* 154) Der konservative Modernismus ist Vorausanpassung an die totale Modernisierung, von der der Konservative zugleich

---

[12] Vgl. zu diesem Begriff Armin Mohler: *Die Konservative Revolution in Deutschland (1918-1932),* Darmstadt (Wiss. Buchgesellschaft) 3. Aufl. 1989, Bd. 1, vor allem 96 ff. Mohlers Begriff der „Konservativen Revolution" scheint mir für Jünger nur für die kurze Zeitspanne von 1926 bis 1930 zuzutreffen, während der Begriff „Konservativer Modernismus" umfassender die Jüngersche Position umschreibt. Er ist nicht nur auf Jüngers Phase der „konservativen Revolution" und des „revolutionären Nationalismus", sondern auch noch auf die des planetarischen Internationalismus des *Arbeiter* anwendbar. – Die Revolutionsrhetorik Jüngers ist in jenen Jahren unübersehbar. Vgl. Jünger: „Die nationalistische Revolution", in: *Standarte. Wochenschrift des neuen Nationalismus,* 1. Jg., H.8, Berlin 1926, 172-4, 173: „Revolution, Revolution! Das ist es, was unaufhörlich gepredigt werden muß, gehässig, systematisch, unerbittlich, und sollte dieses Predigen zehn Jahre lang dauern." In seinem Vorwort zu Jünger (Hrsg.): *Der Kampf um das Reich,* aaO. 7f., schreibt er, daß die „Unterscheidung zwischen rechts und links in wesentlichen nicht mehr gültig ist" und daß „Verschwörer in einem Stil (erwuchsen), den man in Deutschland, diesem ‚unrevolutionärsten' Lande der Welt, früher nicht einmal hätte träumen können." Insofern ist der Kritik Breuers, aaO., daß der Begriff „Konservative Revolution" nicht glücklich sei, zu widersprechen, obgleich ihm zuzustimmen ist, daß der Begriff und die Bewegung der „Konservativen Revolution" kein wirkliches politisches Programm enthalten.

ahnt, daß sie ihn verschlingen wird: „O du stählernste Schlange der Erkenntnis – du, die wir verzaubern müssen, wenn du uns nicht erwürgen sollst!" (*AH 1,* 154)

Der heroische Nihilismus erfordert den einsamen Kampf: „Man kann sich heute nicht in Gesellschaft um Deutschland bemühen; man muß es einsam tun wie ein Mensch, der mit seinem Buschmesser im Urwald Bresche schlägt und den nur die Hoffnung erhält, daß irgendwo im Dickicht andere an der gleichen Arbeit sind." (*AH 1,* 114) Der nihilistische Heroismus Deutschlands hat nicht nur den einzelnen, sondern das ganze Land vereinsamen lassen. „Wir müssen . . . sehen lernen, . . . daß die Juden außer uns die einzigen verdächtigen Europäer sind – freilich mit einer ganz anderen Nachtseite, mit anderen Träumen im Hintergrund. (. . . die gefährlichen Bankiers und mystischen Wucherer Balzacs: deutsche Juden). – Von außen gesehen: Man traut uns nicht. Man hegt den Verdacht geheimer Waffenübungen und stählerner Manöver zwischen Truppen, die nur durch bunte Armbinden unterschieden sind. [. . .] Man spürt keine gute Witterung – einen foetor germanicus, in dem der Hauch künftiger, chaotischer Schlachtfelder zu schlummern scheint. Daher auch die konsequenten Versuche der Humanität, in jedem Buschmann eher den Menschen anzuerkennen als in uns, daher auch (insofern wir Europäer sind) unsere immer wieder durchbrechende Scheu vor uns selbst. Vorzüglich, und nur kein Mitleid mit uns! Dies ist eine Position, aus der sich arbeiten läßt." Das Leiden an Deutschland und seinen europäischen Nachbarn bricht hervor: „Dieses Maßnehmen an dem geheimen, zu Paris aufbewahrten Urmeter der Zivilisation – das bedeutet für uns, den verlorenen Krieg zu Ende zu verlieren, bedeutet die konsequente Durchführung eines nihilistischen Aktes bis zu seinem notwendigen Punkt. Wir marschieren seit langem einem magischen Nullpunkt zu, über den nur der hinwegkommen wird, der über andere, unsichtbare Kraftquellen verfügt." (*AH 1,* 134f.)[13]

Der Erste Weltkrieg war ein Krieg zwischen Nationen und zwischen Rechtsprinzipien. Die kriegsführenden Parteien standen nicht nur in einem subkonträren Gegensatz innerhalb eines Rechtsprinzips, son-

---

[13] Im Gegensatz zu Krockow, aaO. 49, kann der Verfasser aus diesen Zitaten keine antieuropäische Haltung Jüngers, sondern nur die Verzweiflung darüber erkennen, daß Deutschland nach dem verlorenen Krieg durch die einseitige Lösung der Kriegsschuldfrage und durch die Ächtung des Kriegsverlierers aus Europa herausgedrängt wurde. Vgl. aber auch die Polemik in Jünger: Vorwort zu Jünger (Hrsg.): *Der Kampf um das Reich,* aaO., 9: „Der späte Liberalismus, der Parlamentarismus, die Demokratie als Herrschaft der Zahl, ein geistiges Franzosentum und ein Europäertum, dessen Metaphysik die des Speisewagens ist, ein Amerikanismus mit der Gleichsetzung von Fortschritt und Comfort."

54

dern in einem kontradiktorischen Widerstreit zweier unterschiedlicher Rechtsprinzipien zueinander. Der Sieg des einen Rechtsprinzips kann jedoch nicht bedeuten, daß das andere dadurch als von Anfang an unmoralisch erklärt werden kann. Dieses Verfahren hat nach Jünger zu einer „humanitären Farbenblindheit" geführt. „Es hat sich ein Verfahren entwickelt, wie es die theoretische Konstruktion solcher Rechtsräume notwendig nach sich ziehen mußte, nämlich das Verfahren der nachträglichen Sanktion von Gewaltakten durch die Jurisprudenz ... Dieselbe Blindheit besteht auch gegenüber der Entwaffnung Deutschlands, die als machtpolitischer Akt ebenso verständlich ist wie infam in der Begründung, die diesem Akte unterschoben ist." (Arb 194; 8,198)
Die humanitäre Farbenblindheit zeigt sich auch im Verhältnis zum neugeborenen Leben: „Wenn man das Eindringen des Schmerzes in den Bereich der Zeugung betrachtet, darf man auch nicht den Angriff gegen die Ungeborenen vergessen, *in dem sich ohne Zweifel der bestialische Charakter eines individualistischen Zeitalters am deutlichsten entlarvt*. Ein Geist freilich, dessen völliger Mangel an Unterscheidungskraft sich in der Verwechslung des Krieges mit dem Morde oder des Verbrechens mit der Krankheit offenbart, wird notwendig im Kampf um den Lebensraum die Art der Tötung wählen, die am gefahrlosesten und erbärmlichsten ist. In einem advokatorischen Zustande vernimmt man nur die Leiden der Ankläger, nicht aber die der Schutzlosen und Schweigenden." (Schm 1934, 173; 7,157f.)

4. Schmerz

Jünger beschreibt das Deutschland der Zwischenkriegszeit als ein vom Leiden gezeichnetes Land. „Überall, wo die Welt leidet, hat sie eine Verfassung erreicht, in der das Messer des Arztes als das einzig mögliche Mittel empfunden wird." (Arb 284; 8,288)[14] Der Schmerz ist die Signatur des Zeitalters: „Die Abstraktheit, also auch die Grausamkeit aller menschlichen Verhältnisse nimmt ununterbrochen zu ... Im Faschismus, im Bolschewismus, im Amerikanismus, im Zionismus, in den Bewegungen der farbigen Völker setzt der Fortschritt zu Vorstößen an, die man bisher für undenkbar gehalten hätte; er überschlägt

---

* Die Ausgabe der SW hat stattdessen: „der den zugleich schwachen und bestialischen Charakter des letzten Menschen kennzeichnet."

[14] W. MÜLLER SCHELD: "Im Westen nichts Neues" eine Täuschung. Studie, Idstein (Georg Grandpierre) 1929, 6, spricht von „einer ungeheuren Verbitterung des deutschen Volkes über den Zustand, in dem es sich befindet, und man glaubt in dem Buche eine Deutung der Quellen zu sehen, aus denen uns alles Leid zuströmt."

sich gleichsam, um nach einem Zirkel der künstlichsten Dialektik seine Bewegung auf einer sehr einfachen Ebene fortzusetzen." (*TM* 152; 7,140) Der Schmerz, der den Menschen zugemutet wird und den sie ertragen müssen, hat zugenommen. „Der Geist, der seit über hundert Jahren an unserer Landschaft formt, ist ohne Zweifel ein grausamer Geist ... Wir sehen auch den Einzelnen immer deutlicher in einen Zustand geraten, in dem er ohne Bedenken geopfert werden kann. Bei diesem Anblick erhebt sich die Frage, ob wir hier der Eröffnung jenes Schauspiels beiwohnen, in dem das Leben als der Wille zur Macht auftritt, und als *nichts* außerdem?" (*Schm* 213f.; 7, 188f.)

Die Moderne ist der Wille zur Totalen Mobilmachung, ist Wille zur Macht und zu nichts außerdem. Die Totale Mobilmachung als der eigentliche Inhalt des Fortschritts, der sich hinter der Maske der Vernunft und Humanität verbirgt, bringt den Schmerz, das Opfer und den Nihilismus hervor. Die Totale Mobilmachung und nichts außerdem ist der vollendete Nihilismus. Jünger vollzieht nun in der Diagnose der Moderne mit dem Buch *Der Arbeiter* von 1932 eine Wende. Er tritt die Flucht nach vorn an. Wenn die Krise Deutschlands und der Moderne durch die mangelhafte Mobilmachung aller Kräfte verursacht wurde, kann sie nur durch die Totale Mobilmachung überwunden werden. Der menschliche Typus, der sie trägt, ist der Arbeiter. In der Totalen Mobilmachung vollzieht sich das Vorherrschendwerden des Typus des Arbeiters. Der Held des Krieges wird durch den Held der Arbeit abgelöst. Der heroische Charakter des Arbeiters tritt an die Stelle des heroischen Charakters des Kriegers. Nicht der totale Kriegscharakter, sondern der totale Arbeitscharakter der Gesellschaft leistet die vollständige Mobilmachung. Der Krieger wird zum Arbeiter. Die mythologische Genealogie der Helden der Moderne wird durch ein neues Heldengeschlecht, das des Arbeiters ergänzt.

Die Moderne ist das Zeitalter des Schmerzes und der Opfer für den Fortschritt. Für ihre totale Realisierung muß daher das Vermögen zunehmen, Macht auszuüben, und die Fähigkeit wachsen, Schmerz und Macht zu ertragen. Voraussetzung des vollendeten Willens zur Macht und für das Ertragen von Schmerz ist die Fähigkeit der Distanznahme zum eigenen Leib. Die Mobilmachung der Moderne erfordert daher und bringt hervor „den gegenständlichen Charakter sowohl des Einzelnen als auch seiner Gliederungen." (*Schm* 192; 7,172) Sie erzeugt nicht nur den gegenständlichen Charakter im Verhältnis des einzelnen zu sich selbst, sondern auch ein „Pathos der Distanz" zum anderen. Der gegenständliche Charakter und das Pathos der Distanz sind nach Jünger nicht Kennzeichen der Moderne und ihrer mobilisierten Macht, sondern sie sind Kennzeichen des *Willens* zur Macht (*Schm* 195; 7,174). Sie müssen gewollt werden und erzeugen erst aus sich die wirkliche Macht. „Es ist dies die technische Ordnung selbst, jener große Spiegel, in dem die wachsende Vergegenständlichung unseres Lebens am deutlichsten erscheint, und die gegen den Zugriff des Schmerzes in besonderer Weise abgedichtet ist. *Die Technik ist unsere Uniform.*" (*Schm* 194; 7,174) Die Mobilmachung in der Gegenwart schafft so, wie der moderne Krieg Räume der totalen Vernichtung erzeugte, „in denen der Mensch den Untergang als *ein totales Ereignis** anerkennt" und „mit wehender Flagge" vollzieht (*Schm* 197; 7,176f.), Räume technischer Naturbeherrschung, „in denen der Schmerz zu den unmittelbaren und selbstverständlichen Erfahrungen gehört." (*Schm* 192; 7,172) Der Schmerz und die Ausformung des gegenständlichen Charakters des Menschen sind ein „Merkmal gesteigerter Rüstung und Mobilmachung." (*Schm* 192; 7,172) Der konservative Modernist Jünger fordert vom heldischen Charakter des Arbeiters das Martyrium für den Fortschritt und den Willen zur Macht. Die Selbstvergegenständlichung und Bereitschaft zum Opfer für die Mobilmachung der Moderne finden ihr Vorbild im frühchristlichen Martyrium: „So wird in den Rundschreiben der Kirche von Smyrna über den Märtyrertod des heiligen Polykarp die unberührte Haltung der Verurteilten, gegen die man die Löwen losläßt, mit dem Satze erklärt: ‚Dadurch bewiesen die Märtyrer Christi uns allen, daß sie zur Stunde der Folter vom Fleische abwesend waren' [. . .] Wir betrachten es also als ein Kennzeichen der hohen Leistung, daß das Leben sich von sich selbst abzusetzen oder mit anderen Worten, daß es sich zu opfern vermag." (*Schm* 192f.; 7,172f.)

II. Kapitel: Der Arbeiter

Die Moderne verlangt das nihilistische Opfer. Das Opfer für den Willen zur Macht ist die Opferung der Unmittelbarkeit und Leiblichkeit der Person. Die Askese der Totalen Mobilmachung ist der totale Arbeitscharakter und das Vergessen des Leibes. „Dieses Verfahren setzt freilich eine Kommandohöhe voraus, von der aus der Leib als ein Vorposten betrachtet werden kann, den man gewissermaßen aus großer Entfernung im Kampf einzusetzen und aufzuopfern vermag. In diesem Raume laufen alle Maßregeln nicht darauf hinaus, dem Schmerze zu entrinnen, sondern ihn zu *bestehen.* Wir finden daher sowohl in der heroischen als auch in der kultischen Welt ein ganz anderes Verhältnis zum Schmerz als in der Welt der Empfindsamkeit." (*Schm* 174; 7,158f.) Für die moderne Empfindsamkeit ist der Leib mit dem Werte selbst identisch, für den modernen

---

* SW: „Schicksal."

Heroismus ist der Leib Vorposten, den die Empfindsamkeit gar nicht erreicht. *(Schm* 175; 7,159) Die Verwandlung des Individuums in den Arbeiter stellt sich „als eine Operation dar, durch welche die Zone der Empfindsamkeit aus dem Leben herausgeschnitten wird." *(Schm* 178; 7,162)

1. Das nihilistische Opfer des heroischen Realismus

Der Typus der heroischen Moderne, der Arbeiter, ist der Mensch, der sich und seine Empfindsamkeit für den Willen zur Macht und für die Mobilmachung opfert. „Das tiefste Glück des Menschen besteht darin, daß er geopfert wird, und die höchste Befehlskunst darin, Ziele zu zeigen, die des Opfers würdig sind." *(Arb* 74; 8,78) Das Opfer ist in der heroischen, brutalistischen Moderne der Dreißiger Jahre die Sinngebung des Sinnlosen, das Sichverzehren für den Willen zur Macht. Das Opfer der Moderne besteht im Opfer der Subjektivität und Leiblichkeit für die Mobilmachung der Materie durch die Gestalt des Arbeiters. Die Mobilmachung der Materie geschieht in der Mobilmachung der Technik und des Menschen, des Raumes und des Typus.

„Ihre letzte Stufe besteht in der Verwirklichung des totalen Arbeitscharakters, die hier als Totalität des technischen Raumes, dort als Totalität des Typus (des Arbeiters) erscheint. [. . .] Dies bedeutet nichts anderes, als daß auch unserer Zeit die letzten Möglichkeiten nicht verschlossen sind, die der Mensch zu erreichen vermag. Dies ist durch Opfer bezeugt, die umso höher geschätzt werden müssen, als sie am Rande der Sinnlosigkeit dargebracht worden sind. [. . .] Diese Zeit ist reich an unbekannten Märtyrern, sie besitzt eine Tiefe des Leidens, dessen Grund noch kein Auge gesehen hat. Die Tugend, die diesem Zustande angemessen ist, ist die des heroischen Realismus, der selbst durch die Aussicht der völligen Vernichtung und der Hoffnungslosigkeit seiner Anstrengungen nicht zu erschüttern ist." *(Arb* 178; 8,181f.)

Der Heroismus ist ein Mittel, den Schmerz zu bestehen, der heroische Realismus der Versuch, den Schmerz in einer Welt, die keinen Sinn kennt als denjenigen des Willens zur Macht, zu verwinden. Der Held der Moderne bedarf des heroischen Realismus, der zugleich heroischer Nihilismus ist, um dem Angriff zu trotzen, der darin besteht, daß kein Sinn außer der Mobilmachung und des Willens zur Macht mehr existiert. Das heroische Opfer wird in der Moderne für die Mobilisierung des totalen Arbeitscharakters des Menschen und des technischen Raumes erbracht.

Voraussetzung der Verwirklichung des totalen Arbeitscharakters und der Transformation des „Bürgers" zum Typus „Arbeiter" ist das Opfer der Empfindsamkeit und der Individualität. Das Individuum ist nach Jünger das Leitbild des Bürgertums, der „Typus" das Leitbild des neuen „Arbeiters." Der Typus des Arbeiters verlangt das Opfer der Individualität, das in dem Hervortreten des gegenständlichen Charakters und des Schmerzes in der Gegenwart sichtbar wird. Beide zeigen an, daß die Kennzeichen der Individualität, daß sich nämlich das Individuum empfindsam dem Anderen seiner selbst, seinem einmaligen Ort und Eigentum, und der „Entwicklung" seiner Persönlichkeit verdankt, im Schwinden begriffen sind und durch die Gegenständlichkeit und Härte des Typus ersetzt werden. Damit ist zunächst eine umfassende Nivellierung des menschlichen Bestandes und eine polemische Wendung gegen die bürgerliche Individualität verbunden.

Das Thema des bürgerlichen Individuums ist immer das gleiche: die Entwicklung und das einmalige Erlebnis:

„Derselbe Maßstab überträgt sich dann auch auf das wirtschaftliche Individuum, das im Mittelpunkt der ökonomischen Betrachtung steht. [...] So verleiht ein bestimmter Eigentumsbegriff den wirtschaftlichen Individuen eine große Verfügungsgewalt, die weder der Gemeinschaft noch der Vergangenheit und Zukunft verantwortlich ist. Ein Rüstungslieferant kann Kriegsmittel herstellen für jede beliebige Macht. Eine neue Erfindung ist ein Teil der individuellen Existenz; sie fällt folgerichtig dem Meistbietenden zu. Eine der ersten Maßnahmen, die nach dem endgültigen Siege des Individuums in Deutschland getroffen wurden, bestand nicht etwa in der Verstaatlichung des großen Grundbesitzes, sondern in der Aufhebung des Fideikommisses und des Majorats, das heißt: in der Überschreibung des Eigentums vom Geschlecht auf das Individuum." (Arb 141f.; 8,145f.)

Da das Individuum sich immer zugleich dem Anderen, dem Eigentum und der „Entwicklung" verdankt, hat es im Gegensatz zum Typus stets die Tendenz, sich als einmalig und als Ausnahme anzusehen. „Theoretisch ist jeder Bürger vor dem Gesetz gleich, praktisch aber besteht das Bestreben, jeden Fall als Ausnahmefall, also als einmaliges Erlebnis, zu sehen. Der Nachweis der Individualität ist zum mindesten ein Milderungsgrund; daher schiebt sich in die Rechtspflege immer stärker das medizinische, in letzter Zeit auch das psychologische, Gutachten ein, ebenso in gewissen Fällen die soziale Indikation." (Arb 142; 8,146) Das Bürgertum führt zu einer Höherbewertung der Individualität über den Typus, und es setzt die Individualität als Waffe gegen die Ansprüche des Typus ein. „Die Bewertung der individuellen Existenz, wie sie in dem erbitterten Kampf um die Todesstrafe zum Ausdruck kommt und die zur Zahl der Tötung der Ungeborenen in seltsamem Mißverhältnis steht, wurde bereits gestreift. – Dies alles bestätigt die

Tatsache, daß man in diesem Raum in demselben Maße Rang besitzt, in dem man über Individualität verfügt." (*Ebenda*)

2. *Arbeiter-Typus und Bürger-Individualität*

Der Bürger als Typus ist bestimmt durch das Sicherheitsstreben, das aus der Not, seine Individualität zu erhalten, entspringt. „So gibt es auch eine spezifisch bürgerliche Vernunft, die sich eben dadurch auszeichnet, daß sie mit dem Elementaren unvereinbar ist. [...] So ist die Schlacht für den Krieger ein Vorgang, der sich in hoher Ordnung vollzieht, der tragische Konflikt für den Dichter ein Zustand, in dem der Sinn des Lebens besonders deutlich zu erfassen ist, und eine brennende oder vom Erdbeben verwüstete Stadt für den Verbrecher ein Feld gesteigerter Tätigkeit [...] Es gibt hohe und niedere Beziehungen, die dem Menschen zum Elementaren gegeben sind, und viele Ebenen, auf denen sowohl die Sicherheit wie die Gefahr von ein und derselben Ordnung umschlossen sind. Der Bürger dagegen ist zu begreifen als der Mensch, der die Sicherheit als einen höchsten Wert erkennt und demgemäß seine Lebensführung bestimmt. – Die oberste Macht, durch die er diese Sicherheit gewährleistet sieht, ist die Vernunft." (*Arb* 50; 8,54) Die „Vernunft an sich" ist dem Bürger der Cordon sanitaire, der ihm das Gefährliche und Abenteuerliche, das Elementare, vom Hals hält und ihm Sicherheit gibt.

Es wird hier sichtbar, daß Jünger „Bürger" und „Arbeiter" nicht als soziologische oder ökonomische Kategorien, sondern als „Existentiale", als Formen des Verhältnisses zum eigenen Sein, als „Typen der Existenz" verwendet. Der Typus „Bürger" sucht die Gefahr, das *abenteuerliche Herz* und die *gefährliche Begegnung,* mit Hilfe der „Vernunft an sich" aus seinem Leben zu verbannen. „Dennoch ist die Gefahr immer vorhanden; sie sucht ewig, wie ein Element, die Dämme zu durchbrechen, mit denen die Ordnung sich umringt. [...] Denn die Gefahr will nicht nur Anteil an jener Ordnung haben, sondern sie ist auch die Mutter jener höchsten Sicherheit, deren der Bürger niemals teilhaftig werden kann. – Der ideale Zustand der Sicherheit dagegen, den der Fortschritt zu erreichen strebt, besteht in der Weltherrschaft der bürgerlichen Vernunft, die die Quellen des Gefährlichen nicht nur vermindern, sondern zuletzt auch zum Versiegen bringen soll. Der Akt, in dem dies geschieht, ist eben der, daß das Gefährliche sich im Scheine der Vernunft als das Sinnlose offenbart und damit seines Anspruches auf Wirklichkeit verlustig geht. [...] Fast ist es dem Bürger gelungen, das abenteuerliche Herz davon zu überzeugen, daß das Gefährliche gar nicht vorhanden ist und daß ein ökonomisches Gesetz die Welt und ihre Geschichte regiert." *(Arb 51 und 55; 8,55 und 59)* Die Vernunft an sich des Bürgers sucht das Gefährliche um der gesicherten Entwicklung der eigenen Individualität willen aus der Existenz zu verbannen. Es gibt aber, so Jünger, keine Vernunft an sich und keine Technik an sich. „Das Wort vom Siegeszuge der Technik ist ein Überrest der Aufklärungsterminologie. Es mag passieren, wenn man die Leiden sieht, die dieser Zug auf seinem Weg hinterläßt. Es gibt ebensowenig eine Technik wie eine Vernunft an sich; jedes Leben hat die Technik, die ihm angemessen, die ihm angeboren ist." *(Arb 76; 8,80)* Die Rede der Aufklärung von der Vernunft an sich ist eine Täuschung über das hinter ihr stehende philiströse Sicherheitsstreben und über den partikularen Charakter der „Vernunft" der Aufklärung. Die bürgerliche Vernunft ist nicht die Vernunft schlechthin, ist nicht das Allgemeine, sondern die Vernunft eines bestimmten Charakters, die Vernunft des Menschen als Individuum. „Einer der Schachzüge des bürgerlichen Denkens nämlich läuft darauf hinaus, den Angriff auf den Kultus der Vernunft zu entlarven als den Angriff auf die Vernunft und ihn damit als unvernünftig abzutun." *(Arb 50; 8,53f.)* Die Aufklärung setzt den Kultus der Vernunft, die Vernunft als Religion, die Göttin Vernunft, an die Stelle der Vernunft, die entweder im Dienst des Religiösen oder wie bei Jünger im Dienst des Lebens und des Elementaren steht. Sie macht das Instrument ihres Sicherheitsstrebens zum Absoluten selbst.

Das Sicherheitsstreben des Bürgers läßt ihn auch als den *Schuldigen* der Kriegsniederlage erkennen. – Hier verläßt Jünger allerdings sowohl die Desinvoltura wie die Logik seiner Analyse des Ersten Weltkrieges, wie er sie in *Die Totale Mobilmachung* vorgelegt hat. „Die Kriegsschuld des Bürgers beruht darin, daß er weder fähig war, den Krieg wirklich, das heißt: im Sinne einer Totalen Mobilmachung, zu führen, noch ihn zu verlieren – also seine höchste Freiheit im Untergange zu sehen." *(Arb 40; 8,44)* Der „Typus" ist im Gegensatz zum „Individuum" zu beidem, zur totalen Mobilmachung wie zur totalen Niederlage, bereit, weil er sich in Sieg und Untergang nach Jünger als Typus, wenn auch nicht als Individuum, erhält. Daraus ergibt sich, daß der Soldat und der Arbeiter den Typus als Waffe verwenden, während der Bürger die Individualität als Kampfmittel einsetzt. „Daß es hier wie überall Kampfregeln gibt, ist selbstverständlich: die Individualität ist eben die Waffe, die zur Anwendung gelangt, und diese Tatsache hat vielleicht ihren treffendsten Niederschlag gefunden in dem berühmt gewordenen Wort von der freien Bahn für den Tüchtigen." *(Arb 143; 8,146f.)*

Der Typus steht zwischen der gestaltlosen Masse und jener hypertrophen Singularität der Individualität, die sich immer der singulären Situation, dem singulären Anderen ihrer selbst, dem Eigentum, der „Errungenschaft", dem Zufall verdankt. Der Typus ist dagegen die Gestalt, der maskenhafte Charakter, die ursprüngliche Gemeinsamkeit, das räumliche Bestreben nach Gleichförmigkeit und das zeitliche Streben nach Rhythmus und Wiederholung. „Das Individuum beruft sich, um die Identität des eigenen Ich festzustellen, auf Werte, durch die es sich unterscheidet – also auf seine Individualität. Der Typus dagegen zeigt sich bestrebt, Merkmale aufzuspüren, die außerhalb der Einzelexistenz gelegen sind." (Arb 144; 8,148) Der Typus fällt unter die Herrschaft der Gestalt, die nur durch den organischen Begriff einer Totalität zu begreifen ist, während das Individuum unter der Herrschaft des Besonderen steht, das sich durch die Unendlichkeit der Entwicklung und der singulären Situation realisiert.

Der Natur ist der Typus wichtiger als das Individuum: „Alles, was das einzelne Geschöpf in seinem Leben wirkt und genießt, kommt ihm nicht zu auf Grund einer einmaligen individuellen Ausrüstung, sondern der typischen Bildung, die ihm übertragen ist." (Arb 230; 8,234) Deshalb sieht der Arbeiter auch in der Natur den Primat des Typus und der Konstanz der Form, nicht jedoch wie der Bürger den Primat der Entwicklung und der Abweichung. Die bürgerliche Individualität strebt „die Gestaltungskraft der Natur nicht in ihren festgefaßten Bildern, sondern gerade in ihren Schwankungen, Variationen und Abirrungen aufzusuchen." (Arb 231; 8,235) Das Individuum sucht sich und seinen Freiheitsbegriff in der Natur zu bestätigen. Die Auffassung, welche die Formen und Typen unter dynamische Prinzipien stellt, gehört der Geschichte des Individuums an. „Sie korrespondiert mit der Lehre von der Konkurrenz in der Ökonomie, vom Fortschritt in der Geschichte und von der Souveränität des schöpferischen Individuums. In der Lehre von der natürlichen Zuchtwahl folgt die Naturwissenschaft den Spuren der Entdeckung des individuellen Liebesverhältnisses durch den bürgerlichen Roman." (Arb 231; 8,235)

Für die Individualität ist das Leben immer Zweck und Absicht, niemals wie im Typus ruhender Ausdruck seiner selbst. In der Individualität realisiert sich das Leben immer im anderen seiner selbst und im anderen der Form, während es im Typus rein bei sich selbst ist. „Ohne Zweifel ist jene Anschauung, über welche der naturwissenschaftliche Dünkel sich weit zu erheben glaubte, die Anschauung nämlich, daß jede Form ihren Ursprung einem besonderen Schöpfungsakte verdankt, der natürlichen Wirklichkeit weit angemessener als die mechanische Entwicklungstheorie, die für ein Jahrhundert das

Wissen von der ,lebenden Entwicklung' verdrängte. [...] – Hinter der Lehre von den Mutationen verbirgt sich übrigens eine der Wiederentdeckungen des Wunders durch die moderne Wissenschaft." (*Arb* 232; 8,236)

Der Typus des Arbeiters ist nach Jünger in der Gegenwart der Dreißiger Jahre die einzige repräsentative Gestalt, die Herrschaft auszuüben vermag und in der die Mittel des Menschen mit seiner Existenzweise und seinem Typus in Übereinstimmung stehen. Der ungeheure Machtzuwachs des Menschen in der Moderne erfordert eine Gestalt, die dieser totalen Mobilmachung gewachsen ist. Die Individualität und Empfindsamkeit des „Individuums" ist nicht in der Lage, die Mobilisierung und den Schmerz der neuen Herrschaftsweise des Menschen zu ertragen. Die Mittel müssen zu ihrem Herrn, zu demjenigen, der über sie verfügt, passen. „Die Gleichzeitigkeit bestimmter Mittel mit einem bestimmten Menschentum hängt nicht vom Zufall ab, sondern ist eingefaßt in den Rahmen einer übergeordneten Notwendigkeit. Die Einheit des Menschen mit seinen Mitteln ist daher der Ausdruck einer Einheit von übergeordneter Art." (*Arb* 240; 8,244)

3. Die Technik als Gewand des Arbeiters

Die Verhältnisse der Moderne erfordern eine neue Einheit von Mensch und Welt, einen Typus, der zur Ausübung der unendlich gewachsenen organischen und mechanischen Herrschaft, zur Vereinigung jener „vergiftenden Gegensätze von Macht und Recht, Blut und Geist, Idee und Materie, Liebe und Geschlecht, Mensch und Natur, Körper und Seele, weltlichem und geistlichem Schwert" (*Arb* 238; 8,242) fähig ist. Die Überwindung dieser Gegensätze ist nur möglich durch das Vermögen der „organischen Konstruktion", „der Verschmelzung des Unterschiedes zwischen organischer und mechanischer Welt." (*Arb* 177; 8,181)

Die Moderne erfordert einen Typus, der „sich seinen Mitteln mit jener naiven Sicherheit verwachsen fühlt, mit der sich das Tier seiner Organe bedient. – Dies aber ist beim Typus der Fall, das heißt: bei jenem Menschentum, das die Gestalt des Arbeiters repräsentiert. Ihm sind auch die Mittel natürlich, mit denen diese Gestalt die Welt revolutioniert, und es ist einer seiner Ausweise, daß er zu ihnen nicht im Gegensatz steht. Daher wird er auch durch ihr Vorhandensein in seiner Leistung nicht behindert, gleichviel wie immer sie beschaffen sei." (*Arb* 239; 8,243)

Die Mittel der Technik sind revolutionierend in alle Gebiete des Lebens eingedrungen, verwandeln das Angesicht der Erde und des

Menschen, verursachen den Schmerz im Antlitz der Moderne. „Diese Mittel zwingen dazu, ihnen Rechnung zu tragen durch die bloße Tatsache ihrer Existenz, das heißt, sie sind von höchstem revolutionärem Rang, dessen Angriff die eigentümlichen Formen sowohl der Masse wie des Individuums weder auf den Schlachtfeldern noch in der Wirtschaft noch aber in Bezug auf die Gestaltung gewachsen sind. Es kommt aber nicht nur darauf an, ihnen gewachsen zu sein, sondern sich ihrer zu bedienen als der natürlichen und gegebenen Instrumente der Beherrschung und der Gestaltung der Welt. Diese Fähigkeit ist der Nachweis, daß das Leben zu der einzigen Macht in Beziehung steht, die heute Herrschaft zu gewährleisten vermag, nämlich zur Gestalt des Arbeiters." (*Arb* 240; 8,244) Nur der Arbeiter ist der Herrschaft des Menschen über die Erde noch gewachsen. „Die Technik ist die Art und Weise, in der die Gestalt des Arbeiters die Welt mobilisiert. Das Maß, in dem der Mensch entscheidend zu ihr in Beziehung steht, das Maß, in dem er durch sie nicht zerstört, sondern gefördert wird, hängt von dem Grade ab, in dem er die Gestalt des Arbeiters repräsentiert." (*Arb* 156; 8,160)

Der Arbeiter ist als Typus planetarischer technischer Herrschaft aus dem technischen, einheitlichen Charakter der Vernichtung in den totalen Kampf- und Todesräumen des Ersten Weltkrieges entstanden. Sein Typus wird alle anderen partikularen Gestalten wie den Bürger, den Christen, den Nationalisten, die außerhalb des planetarischen Arbeitsraumes und seiner Totalen Mobilmachung stehen, verdrängen. Es ist „in die Technik der offene oder geheime Angriff auf solche Bindungen eingeschlossen." (*Arb* 157; 8,161)

Der Arbeiter ist der eigentliche Held der Moderne, der einzige, der ihr gewachsen ist. Jüngers *Arbeiter* ist der Versuch, gegenüber den depersonalisierenden Mächten der Moderne, der Technik und der Wirtschaft, einen personalistischen Typus zu setzen, der in der Lage ist, die anonymen Mächte der Technik zu beherrschen, sie in persönliche Herrschaft zu nehmen. Der Arbeiter ist die heldische Gestalt, die fähig wäre, Herr der Moderne und nicht nur ihr Opfer zu sein. *Der Arbeiter* ist das Epos dieses Helden, ist eine personalistisch-mythologische Utopie der Moderne, die sich von den depersonalisierten Mythologien und Utopien des Marxismus und Sozialismus abgrenzt, aber im Gegensatz zum ebenfalls personalistischen Liberalismus das Element des Mythischen und Utopischen enthält. Der Arbeiter ist das „Erscheinen der mythischen Gestalt. Diese ist ruhend; die Ökonomie und selbst die Technik sind nur der Faltenwurf, der das Gewand bewegt."[15]

---

[15] Brief ERNST JÜNGERS an WALTER PATT vom 6. Februar 1980, in: *Arb* 318; 8,392.

Weder „die Vernunft an sich" noch „der Fortschritt" noch die „Dialektik der Geschichte" noch „das Proletariat" sind in der Lage, die planetarisch gewordene Macht der Technik personal zu beherrschen. Die Moderne verlangt zu ihrer Beherrschung einen personalen Typus, und nur der Typus „Der Arbeiter" ist fähig zu dieser planetarischen Herrschaft.

4. Der Gesamtarbeiter des Weltgeistes

Jüngers *Arbeiter* ist kein politisches Buch im engeren Sinn, sondern eine geschichtsphilosophische und mythische Anthropologie des Typus des Zeitalters. Sie ist zugleich Kulturtheorie und Metaphysik der Totalen Mobilmachung. Ihre metaphysische Mythologie des Typus ist konservative Utopie. Sie ist ebenso Kritik der progressistischen Utopien der Linken, wie sie als modernistischer Entwurf Kritik des klassischen Konservatismus und Traditionalismus und als technokratisch-nihilistische Utopie Kritik des Positivismus und Liberalismus ist. Jüngers konservativer Modernismus oder modernistischer Konservativismus ist eine antiutopische Utopie, ist der Entwurf eines Menschentypus, eines heldischen Typus, der fähig wäre, die Macht der Moderne zu beherrschen, ohne im Niemandsland der Utopie angesiedelt zu sein.

Seine Kritik des Liberalismus weist auf Schwachstellen des liberalen Entwurfes hin, obgleich sein eigener Entwurf keinen Ansatz einer ausgearbeiteten Theorie alternativer politischer Institutionen enthält. Der *Arbeiter* ist, entgegen dem Anschein, ein unpolitisches Buch. Ein nationalbolschewistischer Kritiker, Wolf Lerson, hat es bei seinem Erscheinen Ende 1932 ein „im tiefsten apolitisches Buch" genannt.[16] Jünger selbst bedauert im Rückblick, „daß Zeitkritik, besonders hinsichtlich des ‚Bürgers', eingeflossen ist. Sie hat mit der Sache wenig zu tun."[17] Der „antibürgerliche Affekt" im *Arbeiter* ist ebenso wenig zu übersehen wie die Tatsache, daß er zu einigen Ungerechtigkeiten führt. Diese sind jedoch im *Arbeiter* und in *Die Totale Mobilmachung* weit weniger weitreichend als die nationalrevolutionären Extremismen und Verkrampfungen, die Jüngers publizistische Arbeiten jener Jahre auszeichnen.

Hans-Peter Schwarz hat diese politisch-publizistischen Arbeiten ei-

[16] W. Lerson: „Ernst Jüngers ‚Arbeiter'", in: *Die Sozialistische Nation*, 2. Jg., Nr. 11/12, Berlin 1932/33, 11–12, 12. Lerson fährt fort: „Die planetarische Ausbreitung der Herrschaftsform des Arbeiters, die nur noch in Räumen denkt, die den Begriff der heutigen Völkerwelt völlig sprengen, wird an keiner Stelle begründet durch eine Sinngebung, aus der heraus der imperiale Rang dieses Anspruches abgeleitet wird". Lerson erkennt richtig, daß *Der Arbeiter* den Nationalismus hinter sich gelassen hat.

[17] Brief Jüngers an Henri Plard, 24. September 1978, in: *Arb* 315; 8, 390.

ner genauen Analyse unterzogen, die hier nicht wiederholt werden soll, weil nicht die politische, sondern die metaphysisch-poetische Seite des Jüngerschen Werkes der Gegenstand dieses Buches ist. Jünger ist kein politischer Denker, nicht einmal ein politischer Dichter. Er ist vielmehr ein Metaphysiker und Gnostiker, ein „metaphysischer Dichter." Auch Schwarz schreibt als Fazit seiner Untersuchung: „Jüngers Dichtung ist wesentlich Metaphysik."[18] Daß Jünger dennoch in den Jahren 1926-1930 zum nationalistischen Pamphletisten wurde, ist nur zu erklären durch die Leidenserfahrung des Deutschland der Zwanziger Jahre und durch die tiefe persönliche Kränkung, die der Verlust des Ersten Weltkrieges und das Gefühl, umsonst in den Todesräumen dieses Krieges gestanden zu haben, in Jünger hervorgerufen hatten. Das tiefe Gekränktsein Jüngers scheint in seinen Arbeiten jener Jahre stets durch und ist ihm kein guter politischer Ratgeber. Seine Parteinahme für den „revolutionären Nationalismus" und „heroischen Realismus" trägt die Anzeichen einer Flucht aus der politischen Wirklichkeitsbewältigung in den politischen Mythos und die Fiktionalität, die aber beide in ihrem fiktiven Charakter nicht mehr durchschaut werden.

Dennoch kann Jünger nicht zum Theoretiker des Nationalsozialismus gemacht werden, wenn auch nicht zu übersehen ist, daß seine publizistischen Arbeiten bis 1933 ein geistiges Klima und eine Stimmungslage förderten, die vom Nationalsozialismus benutzt werden konnten. Auch wird man Jünger nicht anlasten können, daß die Machtübernahme des Nationalsozialismus seine nationalrevolutionäre Rhetorik und Mythologie in eine verbrecherische politische Wirklichkeit übersetzte, die Jünger weder erdacht noch hatte voraussehen können.

An zwei schrecklichen Beispielen sei dies kurz erläutert. In *Der Arbeiter* heißt es: „Es gehört ferner in diesen Zusammenhang, daß das Sterben einfacher geworden ist. Diese Beobachtung ist überall zu machen, wo man den Typus am Werke sieht." (*Arb* 148; 8, 152) Nach Auschwitz hat dieser Satz eine ganz andere Bedeutung gewonnen als 1932 und ist unsagbar geworden. Jünger bezieht jedoch diesen Satz auf den Typus des Arbeiters, der dem technischen Fortschritt dient und ihn erst ermöglicht, auf den Flieger und andere „Arbeiter", und nicht auf Volks- oder rassische Gruppen. Das zweite Beispiel dafür, daß Jüngers nationalistischer Standpunkt von der Wirklichkeit des Nationalsozialismus schrecklich überboten wurde, stellt eine Äußerung Jüngers „Über Nationalismus und Judenfrage" dar. Dort heißt es: „Im gleichen Maße jedoch, in dem der deutsche Wille an Schärfe und Gestalt gewinnt, wird für den Juden auch der leiseste Wahn, in

---

[18] Schwarz, *Der konservative Anarchist*, aaO.26.

66

Deutschland Deutscher sein zu können, unvollziehbarer werden, und er wird sich vor seiner letzten Alternative sehen, die lautet: in Deutschland entweder Jude zu sein oder nicht zu sein."[19] Abgesehen von der unhaltbaren Vermengung von Nationalitätenzugehörigkeit einerseits und Zugehörigkeit zu Volkstum, Rasse oder Religion andererseits ist dieser Aufsatz im Rückblick erschreckend, weil die Alternative, die Jünger den deutschen Juden vorstellt, vom Nationalsozialismus gerade ausgeschlossen wurde: die Juden konnten in Deutschland nicht nur als Deutsche nicht mehr sein, sie konnten in Deutschland überhaupt nicht mehr sein. Es wurde ihnen nicht nur das Recht, Deutscher zu sein, sondern auch das Recht, Jude zu sein, und schließlich das Recht, überhaupt zu sein, aberkannt.

Jünger konnte diese Entwicklung nicht voraussehen, weil es vor der Moderne eine ähnlich umfassende Aberkennung des Existenzrechtes von Volks- oder sozialen Gruppen, wie sie im Nationalsozialismus und Stalinismus vollzogen wurde, noch nicht gegeben hatte, und er hat sie weder 1930 noch später gewollt. Freilich hätte er voraussehen müssen, daß, wer einer Minderheit das Recht abspricht, zur Nation zu gehören, ihr auch das Recht abspricht, dasjenige zu sein, was sie ist, und schließlich mit dem Absprechen der Nationalitätszugehörigkeit auch ihr Existenzrecht, ihr Sein gefährdet. Jünger war nicht Antisemit. Dieser Vorwurf kann ihm nicht gemacht werden. Er hat jedoch die Gefährlichkeit und Entschlossenheit des völkischen Antisemitismus unterschätzt. Dies zeigen Bemerkungen von 1929, in denen er sich über den nationalsozialistischen Antisemitismus lustig macht: „Auch ist es nicht etwa ein Hauptkennzeichen des Nationalsozialisten, daß er schon zum Frühstück drei Juden verspeist – der Antisemitismus ist für ihn keine Fragestellung wesentlicher Art."[20]

Das Buch *Der Arbeiter* steht nicht im Bannkreis der völkischen Variante des Nationalismus jener Jahre: „Es wird binnen kurzem keine politische Größe mehr geben, die nicht durch den Appell an den Sozialismus und an den Nationalismus zu wirken sucht, und es muß gesehen werden, daß diese Phraseologie jedem offensteht, der den Gebrauch der vierundzwanzig Buchstaben beherrscht" (*Arb* 249; 8,253). Daß *Der Arbeiter* mit solchen Sätzen und aufgrund seiner These, daß sein Held, der Typus „Arbeiter", auf planetarische, übernationale Herrschaft ausgerichtet ist, der nationalsozialistischen und vor allem der völkischen Ideologie nicht entgegenkam, ist offensichtlich. Jüngers

[19] JÜNGER: „Über Nationalismus und Judenfrage", in: *Süddeutsche Monatshefte*, 27 (1930), 843-845, 845.
[20] JÜNGER: „Nationalismus und Nationalismus", in: *Das Tagebuch*, 21. September 1929, 1554.

Selbsteinschätzung ist hier überzeugend: „In Deutschland hat sich das Buch einer angenehmen Windstille erfreut. Es erschien in der zweiten Hälfte des Jahres 1932, kurz vor dem Dritten Reich (Das Vorwort des Buches ist vom 14. Juli 1932 datiert, die Machtergreifung der Nationalsozialisten fand am 30. Januar 1933 statt, Einfügung von P.K.), aber weder die Nationalsozialisten noch ihre Gegner konnten etwas damit anfangen. Am Schluß des ‚Arbeiters‘ wurde gesagt, daß dessen Gestalt weder national noch sozial begrenzt ist, sondern planetarischen Charakter trägt. ‚Die Technik ist die Uniform des Arbeiters.‘ Das wurde auf der Rechten wie der Linken unlieb vermerkt. Im ‚Völkischen Beobachter‘ erschien eine Besprechung, in der es hieß, daß ich mich jetzt ‚in die Zone der Kopfschüsse‘ vorwagte."[21]

Jüngers Kritik im *Arbeiter* am Nationalismus, daß in ihm noch zuviel vom „Individuum", und am Sozialismus, daß in ihm noch zuviel von der „Masse" wirksam sei, daß es sich bei beiden „um Anstrengungen handelt, an denen sowohl das Individuum wie die Masse noch maßgebend beteiligt sind" (*Arb* 249; 8, 253), gilt a forteriori um so mehr für den Nationalsozialismus. Michael Hulse schreibt über Jünger und den *Arbeiter*: „It was he who wrote the book that would later be described 0as ‚the constitution of National Socialism‘ (Fritz Raddatz): *Der Arbeiter* (1932; *The Technocrat*). It is difficult to see why the *Völkische Beobachter* should have given a bad review to (the) book."[22] Es ist nicht schwer zu erkennen, warum der *Völkische Beobachter* Jüngers *Arbeiter* schlecht rezensieren mußte. Raddatz‘ Bezeichung des *Arbeiters* als „Verfassung des Nationalsozialismus" verkennt die tatsächliche Lage bei Erscheinen des Buches.

Der Verriß von Thilo von Trotha im *Völkischen Beobachter* benannte präzise den Punkt der Differenz zwischen Jünger und dem Nationalsozialismus: Jünger sei kein Anhänger der Blut- und Boden-Lehre, sondern ein Intellektualist. Der Rezensent schrieb: „Wie steht Jünger zu der Grundfrage alles Daseins, zu dem Problem von Blut und Boden? – Die Antwort kann nur sein: überhaupt nicht." Jünger werden in dieser Rezension „eine gefährliche Neigung zum Zerdenken" und „französische Einflüsse" vorgeworfen. „Am Ende bleibt doch nur", so der Renzensent, „besonders für unsere junge Generation, das unfaßbare Rätsel, wie aus dem Frontsoldaten Jünger ein Mensch werden konnte, der mit den bei Tee und Zigaretten nächtelang die Grundprobleme des Lebens beredenden russischen Intellektuellen Dostojewskis eine verzweifelte Ähnlichkeit besitzt." Jünger behaupte zwar, „den Begriff Ar-

---

[21] Brief Jüngers an H. Plard, 24. September 1978, in: *Arb* 315; 8,389.
[22] Michael Hulse: „In cold blood", in: *Times Literary Supplement*, August 10-16, 1990, 842.

beiter soweit zu fassen, wie etwa wir Nationalsozialisten es tun, andererseits ist er fest in der marxistischen Klassenlehre befangen." Die Voraussetzungen der Betrachtungen seien „alle falsch." Weil das Werk nicht auf der Daseinsfrage von Blut und Boden gründe, „bestätige sich wiederum die lebensfremde Literatenhaftigkeit dieser Weltbetrachtung." Der Autor stehe nicht auf dem Boden der Rassenlehre: „Wenn Jünger ernsthaft von einer ,Rasse des Arbeiters' spricht u. vom Bauern behauptet, sobald er eine Maschine gebrauche, sei er schon kein Bauer mehr, so wissen wir, daß wir hier wieder einmal die Tragödie eines Menschen erleben, der den Weg zu den Urgründen alles Seins verloren hat. Nicht ein ,Zeitalter des Arbeiters' [...] ist im Entstehen begriffen, sondern ein rassisch-völkisches Zeitalter." Der nationalsozialistische Rezensent holt dann zu dem erstaunlichsten Schlag aus: „Ernst Jünger hat mit diesem seinem letzten Werk bewiesen, daß er im Liberalismus zutiefst und wohl unrettbar befangen ist." Liberalismus sei es auch, daß er „die Entwicklung in China und Rußland mit der unseren auf eine Stufe stellt." Die Besprechung kommt zu dem Ergebnis: „Es tut uns leid um Ernst Jünger. Wir zählten ihn einmal zu den besten unseres Schrifttums."[23]

Der Arbeiter war mit der Blut- und Boden-Ideologie des Nationalsozialismus nicht zu vereinbaren, weil sein Typus des Arbeiters ebenso transnational wie transsozialistisch und transkapitalistisch ist. Deshalb ist auch Schwarz' Einschätzung des *Arbeiters* irreführend: „Mit ungleich mehr Recht als Alfred Rosenbergs Ideenkonglomerat hätte Jüngers Buch den Titel ,Der Mythos des zwanzigsten Jahrhunderts' für sich in Anspruch nehmen dürfen. Hätte die NSDAP nicht gut daran getan, wenn sie diesen ungleich geschickteren Autor als Ideologen ihrer Weltanschauung gewählt hätte?"[24] Der Nationalsozialismus konnte seinen völkischen Mythos im nationalbolschewistischen Typus des Jüngerschen Arbeiters ebenso wenig wiedererkennen, wie Jünger seine Vorstellung von der Totalen Mobilmachung in Hitlers totaler Machtübernahme verwirklicht sehen konnte.[25]

---

[23] THILO von TROTHA: „Das endlose dialektische Gespräch", in: *Völkischer Beobachter*, Bayernausgabe, 45. Jg., Nr. 296, 22. Oktober 1932, 2. Beiblatt. – Im Gegensatz zu SCHWARZ, aaO. 114, kann ich diesen Verriß nicht als „Familienkrach" interpretieren.

[24] SCHWARZ, aaO. 93.

[25] Eindrucksvoll zeigt dies Jüngers Ablehnung der Berufung in die „gesäuberte" Deutsche Akademie für Dichtung in seinem Schreiben vom 16. November 1933: „Ich beehre mich, Ihnen mitzuteilen, daß ich die Wahl in die Deutsche Akademie für Dichtung nicht annehmen kann. Die Eigenart mei-

Da der Nationalsozialismus eine der Bewegungen des Modernismus darstellt und *Der Arbeiter* der Mythos der Moderne schlechthin ist, bestehen Berührungspunkte zwischen beiden insoweit, als der Nationalsozialismus modernistisch ist. Dieses Verhältnis von Berührung und Distanz gilt auch für die Beziehung des *Arbeiters* zur anderen Seite des Modernismus, zum Bolschewismus. *Der Arbeiter* ist – insofern ist Jünger zurecht häufig als „Nationalbolschewist" bezeichnet worden[26] – zugleich Mythos der bolschewistischen Totalen Mobilmachung wie implizite Kritik des bolschewistischen Sozialismus und seines klas-

---

ner Arbeit liegt in ihrem wesentlich soldatischen Charakter, den ich durch akademische Bindungen nicht beeinträchtigen will. Im besonderen fühle ich mich verpflichtet, meine Anschauungen über das Verhältnis zwischen Rüstung und Kultur, die ich im 59. Kapitel meines Werkes über den Arbeiter niedergelegt habe, auch in meiner persönlichen Haltung zum Ausdruck zu bringen. Ich bitte Sie daher, meine Ablehnung als ein Opfer aufzufassen, das mir meine Teilnahme an der deutschen Mobilmachung auferlegt, in deren Dienst ich seit 1914 tätig bin." (zitiert nach Heimo Schwilk: *Ernst Jünger. Leben und Werk in Bildern und Texten*, Stuttgart [Klett-Cotta] 1988, 143). Jünger hatte im 59. Kapitel des *Arbeiters* scharf den Kulturbetrieb und die staatliche Kulturpropaganda in Deutschland angegriffen.

26 Nach Schwarz, aaO. 78, wurde es bei der liberalen und konservativen Literaturkritik rasch Sitte, Jüngers Ideen als „preußischen Leninismus" einzuordnen. Friedrich Muckermann SJ: „An Ernst Jünger. Zu seinem Buch: Der Arbeiter, Herrschaft und Gestalt", in: *Der Gral. Monatsschrift für Dichtung und Leben*, November 1932, 82, schrieb in einem offenen Brief an Jünger: „Wissen Sie, daß ich je und je zwischen Ihren Zeilen das Antlitz Lenins sah?" und fuhr fort: „Es hat (in der Sowjetunion, P. K.) weder der Mut zur Zerstörung gefehlt, noch der Mut zum Aufbau. Ja, man hat jene Ingenieure, die mit den harten Ziffern der Berechnung kamen und die von den veralteten Theorien der Rentabilität ausgingen, einfach für Schädlinge erklärt und zum Teil sogar hingerichtet . . . Stalin ist Papst, Kaiser und Generaldirektor in einer Person. Der Kreml dämmert düster in einer neuen Herrlichkeit, die ihren mystischen Glanz für die Beherrschten gegen früher noch überhöht hat." (*Ebd.* 82 f.) Muckermann anerkennt das Mühen Jüngers um eine neue Ordnung: „Was Sie von Gestalt und Lebenssinn sagen (ist) der Idee nach im Katholizismus vollkommen verwirklicht" (*Ebd.* 84), aber Jüngers neuer Ordnung des Arbeiters fehlt das Worumwillen: „Das Wort Gestalt ist keine Metaphysik. Es ist ein Symbol. Nirgendwo sagen Sie, wofür es eigentlich Symbol sein soll. Wenn Sie aber sagen, es sei Symbol für den Staat als des Höchsten, was die Menschheit hervorgebracht habe, so wandeln Sie gewiß getreulich in den Spuren Hegels, aber doch in den gleichen, in denen der Liberalismus und Sozialismus und die von Ihnen so geschmähten Bürger gewandelt sind. Es liegt etwas Tragisches in Ihrem Ringen [. . .] Der totale Staat . . . ist ungefähr der Inbegriff alles dessen, was eine bald zweitausend Jahre alte und immer noch lebendige christliche Kultur endlich überwunden haben sollte [. . .] Eine Hybris brütet über dem Ganzen" (*Ebd.* 85). Vgl.

sen kämpferischen Arbeitsbegriffs. Jüngers Arbeiter zeigt die Universalität des Arbeiters als Existential und Typus auf und weist damit nach, daß die ökonomische marxistische Kategorie des „Arbeiters" als Proletariat unzureichend ist und der Ubiquität des „Arbeitscharakters" in der Moderne nicht gerecht wird. Jünger schreibt am 24. September 1978 in dem bereits zitierten Brief an Henri Plard: „Auf welches Wagnis ich mich mit der Konzeption eingelassen hatte, konnte ich damals nicht voraussehen. Die antimarxistische Auslegung muß ich ablehnen. Marx paßt in das System des ‚Arbeiters', doch füllt er es nicht aus. Ähnliches läßt sich über sein Verhältnis zu Hegel feststellen. – Ich darf vermuten, daß Hegel mit der ‚Gestalt' des Arbeiters eher einverstanden wäre als mit dessen Reduktion auf die Ökonomie, die einer der Sektoren bleibt. Die ‚Gestalt'. . . repräsentiert den Weltgeist für eine bestimmte Epoche, und zwar herrschend, unter anderem auch hinsichtlich der Ökonomie. Das Grundproblem ist die Macht; sie bestimmt das Detail." (Arb 316; 8,390)

„Der Arbeiter" ist die Gestalt, die der Weltgeist im Höhepunkt der Moderne annimmt, und die hegelianisch-idealistische und die marxistisch-materialistische Deutung der Gestalt des Arbeiters sind nur die zwei Seiten derselben Medaille. Denn: „Hinter der Repräsentation des Weltgeistes steht die Materie, nicht die Idee. Die Theorie bestimmt nicht, wie Hegel oft und entschieden betont, die Wirklichkeit, sondern

---

auch die Rezension des *Arbeiters* durch Gustav Gundlach SJ in: *Stimmen der Zeit*, 63. Jg., April 1933, 69f.: „Genau besehen, sind die Bestandteile des Jüngerschen Weltbildes nicht neu. Wir finden sie durchgängig in allen Büchern unserer leidigen antiliberalen Zeit und Konjunktur bis hin zur bolschewistischen Ideologie. Vielleicht nirgendwo ist die enge Beziehung dieses jungen deutschen Nationalismus zum Bolschewismus so greifbar wie im Jüngerschen Buche. Begriffe wie ‚totale Mobilmachung' oder ‚Arbeiterstaat', die Auffassung des Arbeiters und der Arbeit selbst, die Rolle der Technik und Kunst erinnern an das bolschewistische Weltbild. Nur ist dies alles bei Jünger noch viel militärischer und sachlicher gedacht, und die Entgeistung und religionsabgewandte Säkularisierung des Lebens überbieten noch das bolschewistische Vorbild. Klassengegensätze, Persönlichkeitswerte, unverrückbare Normen des individuellen und gesellschaftlichen Seins werden einfachhin wegkommandiert. Das Weltbild, das dann entsteht, ist ebenso einfach wie trostlos. Furchtbar und verhängnisvoll ist zudem der Irrtum der gesamten neuen nationalistischen Literatur, mit dem Wort vom Nationalen die sozialen Spannungen wegzusuggerieren. Im Grunde ist dieses Bemühen ein Zeichen, daß man das Nationale veräußerlicht und in seiner Tiefe und Verantwortungsfülle niemals begriffen hat. Aber als eindringlichen Beweis für den weitreichenden Einfluß der bolschewistischen Ideenwelt verlangt das jedenfalls anregende Buch Jüngers ernste Aufmerksamkeit."

die Wirklichkeit gebiert Ideen und ändert sich aus sich selbst. Sogar die technische Erfindung folgt ihrem Zwang. Sie ist letzthin weder erdacht noch zufällig. – Dem entspricht eine Auffassung der Materie, die hinter Plato zurückführt – sie ist nicht materialistisch, sondern materiell." (*Ebenda*)

Die ökonomische Deutung des Arbeiters trifft nur ein Segment der Totalen Mobilmachung der Moderne. „Daß ökonomische Wertungen sich sehr weitgehend, ja scheinbar absolut ausdehnen lassen, erklärt sich daraus, daß Arbeit auch ökonomisch zu deuten, nicht aber daraus, daß sie mit Ökonomie gleichbedeutend ist. Sie ragt vielmehr gewaltig über alles Wirtschaftliche hinaus, über das sie nicht einfach, sondern vielfach zu entscheiden vermag und aus dessen Bereiche nur Teilergebnisse zu erzielen sind. [. . .] Ein Arbeiter also, auf eine einsame Insel verschlagen, würde ebenso Arbeiter bleiben, wie Robinson ein Bürger geblieben ist." (*Arb* 90; 8, 94) Durch die Mobilmachung der Moderne wird der Mensch zum „ideellen Gesamtarbeiter", für den die Welt nur mehr der Stoff der technischen Aneignung und Beherrschung ist.

Diese Mobilmachung beginnt mit Hegels Theorie des Weltgeistes als desjenigen, der in der Tätigkeit des subjektiven Geistes, des Menschen, den Prozeß der Weltgeschichte vorantreibt. Auch Hegel kennt keine Differenz zwischen der Entwicklung der menschlichen Arbeit und der Entwicklung der Welt mehr. Die Welt ist vollständig in die Hand des Menschen und seiner Arbeit gegeben. Die Hegelianische Sicht des Prozesses der Weltgeschichte und der menschlichen Arbeit gelangt jedoch erst mit dem totalen Arbeitscharakter in den drei Jahrzehnten des 20. Jahrhunderts zum Durchbruch, die zwischen dem Anfang des Ersten und dem Ende des Zweiten Weltkrieges liegen. Die Hegelianische Deutung der Weltgeschichte als Totalaneignung der Geschichte durch den Menschen erlebt mit dem reaktionären Modernismus des Nationalsozialismus und dem stalinistischen Modernismus des Sowjetmarxismus einen, wenn auch gewiß in bezug auf Hegels Intentionen pervertierten Höhepunkt. Der totale Arbeitscharakter dieser Epoche erfährt seine äußerste Perversion in den arbeitsmäßig organisierten Menschenopfern jener Zeit.

Jünger hat prophetisch diese sich überschlagende Dialektik des totalen Arbeitscharakters zum totalen technischen Todesraum vorhergesehen: „Für den Typus dagegen ist das Schlachtfeld der spezielle Fall eines totalen Raumes; er vertritt sich daher im Kampfe durch Mittel, denen ein totaler Charakter eigentümlich ist. So taucht der Begriff der Vernichtungszone auf, die durch Stahl, Gas, Feuer oder andere Mittel, auch durch politische oder wirtschaftliche Einwirkung, geschaffen wird. In diesen Zonen gibt es de facto keinen Unterschied zwischen Kombattanten und Nichtkombattanten mehr. [...] Dies aber ist das Kennzeichen einer sehr gesteigerten, einer sehr abstrakten Grausamkeit." (*Arb* 149; 8,153) „Seine (des Einzelnen) Kampfkraft ist kein individueller, sondern ein funktionaler Wert; man fällt nicht mehr, man fällt aus." (*Arb* 111; 8,115) Jüngers Prophetie ist ohne moralisches Engagement, aber nicht mitleidslos. Auch wenn man, wie Jünger fordert, den Seismographen nicht für das Erdbeben schlagen darf, das er Ende 1932 angezeigt hat und das 1933 eintrat, bleiben das Verhängnis und die Hybris des brutalistischen Modernismus bestehen.

Jünger ist kein kritikloser Berichterstatter der totalen Selbstermächtigung der Moderne und ihres Willens zur Macht. Im Gegensatz zum Machtrausch der totalen Geschichtsdialektik hält er eine Legitimation für den Herrschaftsanspruch des Arbeiters „Mensch" an sich für erforderlich. Der Arbeiter Mensch benötigt eigentlich einen Auftrag für seine Macht. „Nun aber erhebt sich die Frage nach der Legitimation, einer besonderen und notwendigen, jedoch keineswegs willensmäßigen Beziehung zur Macht, die sich auch als Auftrag bezeichnen läßt [...] Das Maß an Legitimation entscheidet über das Maß an Herrschaft, das durch den Willen zur Macht erreicht werden kann [...] Der reine Wille zur Macht dagegen besitzt ebensowenig Legitimation wie der Wille zum Glauben – es ist nicht die Fülle, sondern ein Gefühl des Mangels, das in diesen beiden Haltungen [...] zum Ausdruck kommt." (*Arb* 70f.; 8,74f.)

Wer oder was vermag den totalen Machtwillen der Moderne zu legitimieren? Wer kann die totale Herrschaft, die in der Moderne „auf der Straße" zu liegen scheint, – de Gaulle sagte, daß jede politische Macht auf der Straße liege – legitimerweise aufgreifen? Die Gegenwart der Dreißiger Jahre ist nach Jünger durch einen „wütenden Wille zur Allmacht, Allgegenwart und Allwissenheit, zu einem verwegendsten ‚Eritis-sicut-Deus'" gekennzeichnet. In ihr „ist der Geist gleichsam über sich selbst hinausgeeilt ... Es ist so ein Chaos von Tatsachen, Machtmitteln und Bewegungsmöglichkeiten entstanden, das bereit liegt als Instrumentarium für eine Herrschaft im großen Stil." (*Arb* 72; 8,75ff.) Die mobilisierte Welt wartet auf ihren Herrn, der die Macht ergreifen wird: „Der eigentliche Grund für das sehr gesteigerte, sehr allgemein gewordene Leiden der Welt liegt darin, daß eine solche Herrschaft noch nicht verwirklicht ist und daß wir daher in einer Zeit leben, in der die Mittel bedeutender erscheinen als der Mensch." (*Arb* 72; 8,76) Die Welt wartet auf den Helden, dem die Rüstung der Moderne endlich paßt, der groß genug für sie ist.

Wer kann dieser neue Machthaber der Welt legitimerweise sein?

73

„Macht innerhalb der Arbeitswelt kann daher nichts anderes sein als Repräsentation der Gestalt des Arbeiters. Hier liegt die Legitimation eines neuartigen und besonderen Willens zur Macht. Diesen Willen erkennt man daran, daß er der Herr seiner Mittel und Angriffswaffen ist und daß er zu ihr kein abgeleitetes, sondern ein substantielles Verhältnis besitzt. Solche Waffen brauchen nicht neu zu sein; eine originale Kraft zeichnet sich vielmehr gerade dadurch aus, daß sie im Bekannten ungeahnte Reserven entdeckt." (*Arb* 73f.; 8,77f.)

Hier zeigt sich der Mythos der Moderne in seiner ganzen Gestalt, und das Geheimnis des Arbeiters wird offenbar. Der Held der Moderne, der Arbeiter, ist zur totalen Herrschaft legitimiert, weil er allein die Waffe der Moderne, die Technik, als die ihm passende Waffe und Rüstung zu handhaben vermag. Indem der Held mit seiner neuen Waffe und Rüstung die Macht von der Straße aufhebt, gibt er durch seine Lebensführung zugleich das Vorbild für den Lebensstil seines Äons: „Je zynischer, spartanischer, preußischer oder bolschewistischer im übrigen das Leben geführt werden kann, desto besser wird es sein. Der gegebene Maßstab liegt in der Lebensführung des Arbeiters vor. Es kommt nicht darauf an, diese Lebensführung zu verbessern, sondern darauf, ihr einen höchsten, entscheidenden Sinn zu verleihen." (*Arb* 210f.; 8,214f.)

Das Buch *Der Arbeiter* ist auf weite Strecken von einer fast rauschhaften Vorausanpassung an die Machtübernahme des Typus des Arbeiters gekennzeichnet, in der das Mitmachenwollen als Versuch erscheint, die Entfremdung und Entzweiung des Menschen durch Überanpassung zu kompensieren.[27] Der einzelne stellt sich vollständig in die Leiden und Triumphe des mythischen Helden, des Gesamtarbeiters. Jünger setzt auch hier den Hegelianischen Versuch fort, die Entzweiung durch das Sich-Hingeben an den und Versöhnen mit dem Gang des Weltgeistes in der Geschichte zu überwinden. Der Nihilismus ist jedoch stets der Schatten, der den Monismus des Weltgeistes begleitet. Auch Jünger weiß insgeheim, daß die organische Konstruktion des Arbeiters ihre Leere und ihren bloßen Ermächtigungscharakter nur schwer verbergen kann. Aus der Haltung des Heroischen Realismus „ergibt sich jenes äußerste Maß an Angriffskraft, dessen wir bedürftig sind. Ihre Träger sind vom Schlage jener Freiwilligen, die den großen

---

[27] Vgl. Jüngers eigene Kennzeichnung von 1943, „Der Arbeiter" sei „eine scharf gestochene Medaille [. . .] Die Rückseite fehlt." Und in *AH2:* „Ich glaube, dem damals in Deutschland allgemein und tief begründeten Bedürfnis, aus der Realität in einen siedenden Kessel des Rausches zu stürzen, mit einer gewissen Systematik nachgekommen zu sein." (Zitiert nach François

Krieg mit Jubel begrüßten und die alles begrüßen, was ihm folgte und folgen wird." (*Arb* 37; 8,41) Die Totale Mobilmachung begrüßt alles, was mobil macht. Hier deutet sich bereits die Zustimmung zu Léon Bloys Satz an: „Tout ce que arrive est adorable", den Jünger später häufig zitieren wird.[28] Für den Willen zur Macht und zur Mobilmachung ist alles, was aus ihr folgen, was kommen wird, verehrenswert. Ob damit jedoch der Legitimation der Macht und der Überwindung des Nihilismus genüge getan ist, ist mehr als zweifelhaft. In dem auf den *Arbeiter* folgenden Buch *Über den Schmerz* heißt es über die Lage der Moderne: „Hieraus ziehen wir den Schluß, daß wir uns in einer letzten, und zwar in einer sehr merkwürdigen Phase des Nihilismus befinden, die sich dadurch auszeichnet, daß neue Ordnungen bereits weitgehend vorgestoßen, daß aber die diesen Ordnungen entsprechenden *Werte* noch nicht sichtbar geworden sind [. . .] Man begreift das Nebeneinander von hoher organisatorischer Fähigkeit und der völligen Farbenblindheit gegenüber dem Wert, den Glauben ohne Inhalte, die Disziplin ohne Legitimation, – kurzum, den *stellvertretenden* Charakter der Ideen, Einrichtungen und Personen überhaupt. [. . .] Innerhalb einer solchen Lage aber ist der Schmerz der einzige Maßstab, der sichere Aufschlüsse verspricht. Wo kein Wert standhält, bleibt die auf den Schmerz gerichtete Bewegung als ein erstaunliches Zeichen bestehen; in ihr verrät sich der negative Abdruck einer metaphysischen Struktur." (*Schm* 216; 7,190f.) Der Schmerz ist ebenso die Folge des Nihilismus wie das Anzeichen der metaphysischen Mobilmachung.

Was ist aus dieser Lage zu folgern? „Praktisch ergibt sich aus dieser Feststellung für den Einzelnen die Notwendigkeit, sich trotz allem an der Rüstung zu beteiligen – sei es, daß er in ihr die Vorbereitung zum Untergange erblickt, sei es, daß er auf jenen Hügeln, auf denen die Kreuze verwittert und die Paläste verfallen sind, jene Unruhe zu erken-

---

BONDY: „Ernst Jünger vor Augen. Ansprache bei einer Feier", in: *Merkur*, 27 [1973], 968-973, hier 970.) Bondy weist in seinem Aufsatz auch überzeugend auf die Nähe zwischen Jüngers Begriff des Typus und dem Begriff der Struktur im französischen Strukturalismus, etwa bei Foucault, hin. – Andererseits ist prophetische Charakter des *Arbeiter* von 1932, wenn man die Entwicklung in Deutschland und in der Sowjetunion der Jahre 1933-1945 ansieht, nicht zu übersehen. Vgl. MUCKERMANN „An Ernst Jünger" (1932), *aaO.*, 86: „Sie haben die Tragödie der Zukunft geschrieben, die Tragödie des neuen Babylonischen Turmbaus, den Sang der Nibelungen des 20. Jahrhunderts, das Ende Siegfrieds, des Sonnenkindes, Treubruch und Untergang Hagens von Tronje".
[28] Zum Beispiel in ZM (1959) 631: „Alles, was geschieht, ist verehrenswert."

nen glaubt, die der Errichtung neuer Feldherrenzeichen vorauszuge-
hen pflegt." (*Schm* 216; 7,191)

Der heldische Charakter, der heroische Realismus, besitzt im Zeitalter des Arbeiters zwei Möglichkeiten, den Nihilismus zu vernichten.
Der heldische Charakter kann den Nihilismus dadurch vernichten,
daß er zugleich den Menschen vernichtet oder dadurch, daß er neue
Feldzeichen errichtet. Mit ihrem Schlußkapitel, das in der Forderung
gipfelt, neue Kreuze und neue Feldzeichen zu errichten, stellt die
Schrift *Über den Schmerz* klar, daß der Arbeiter der Totalen Mobilmachung noch nicht die Überwindung des Nihilismus ist, sondern nur der
Weg dahin. Der Arbeiter entspricht zwar seinen Mitteln und ist daher
zur Herrschaft fähig, aber er besitzt keinen wirklichen Auftrag. Das
Wozu seiner Herrschaft liegt im Dunkeln, und der Schmerz, der bleibt,
zeigt an, daß der Arbeiter die schmerzlose Übereinstimmung seiner
Mittel und seiner Gestalt noch nicht erreicht hat. Beide Momente der
Unvollständigkeit des Typus des Arbeiters, nämlich der Mangel eines
wirklichen Auftrages für seine Macht und die Anwesenheit des
Schmerzes, werden erst durch die Wandlung des Arbeiters zum Titanen geheilt werden.

Teil B. Zwischen Urwald und Wüste

III. Kapitel: Zwischenspiel I:
Der Waldgänger – Zwischen Anarchie und Nihilismus

Den von Jünger in der Schrift *Über den Schmerz* diagnostizierten stellvertretenden Charakter der Ideen, Einrichtungen und Personen und den darin zum Ausdruck kommenden Nihilismus sucht in den Dreißiger Jahren eine Macht zu übertünchen, die, wie es die Widerstandserzählung *Auf den Marmorklippen* beschreibt, die Rolle der Ordnungsmacht in den von ihr selbst verursachten Wirren spielt (*Mar* [1939] 52; 15,280). Der Oberförster, in dessen Maske Jünger Hitler beschreibt, gleicht „einem bösen Arzte, der zunächst das Leiden fördert, um sodann dem Kranken die Schnitte zuzufügen, die er im Sinne hat."
(*Ebenda*)
In der Herrschaft des Nationalsozialismus drückt sich nach Jünger eine Doppelgesichtigkeit von ausgeformtem Nihilismus und wilder Anarchie aus. Die Ordnungsmacht versucht Anarchie und kalte nihilistische Ordnung in sich zu vereinigen, schwankt zwischen Urwald und Wüste, weiß selbst nicht, „ob die Menschen-Siedlung zur Wüste oder zum Urwald umgewandelt werden soll." (*Mar* 106; 15,317) Die Truppe des Oberförsters setzt auf Anarchie, die Gruppe der Mauretanier, seine Funktionäre, in ihrem „späten Nihilismus", ihrer „kalten, wurzellosen Intelligenz" und ihrer Neigung zur Utopie verläßt sich auf eine Uhrwerksordnung des Kalten Schreckens.

Unter dem Datum des 17. Januar 1944 vermerkt Jünger im *Zweiten Pariser Tagebuch*: „Nihilismus und Anarchie. Die Unterscheidung ist schwierig wie die von Aalen und Schlangen. Doch unentbehrlich zur Kenntnis des eigentlichen Spiels. Entscheidend ist die Beziehung zur Ordnung, die dem Anarchisten fehlt, den Nihilisten auszeichnet. Der Nihilismus ist daher auch schwerer zu durchschauen, ist besser getarnt. Ein gutes Kennzeichen ist das Verhältnis zum Vater: der Anarchist haßt, der Nihilist verachtet ihn ... Sodann die Unterschiede gegenüber der Mutter und der Erde im besonderen, die der Anarchist in Sumpf und Urwald, der Nihilist in Wüste verwandeln will. Die Untersuchung müßte beginnen mit der Klärung der theologischen Konstellation."(*Stra II*, 213) In *Die Schere* von 1990 wird die Wüste theologisch aufgewertet und nicht mehr als Pendant des Urwaldes gefaßt: Die Wüste des Mönches und des Beters ist der Raum, in dem die Schere nicht schneidet, die Wahrnehmung besonders geschärft ist. „In der Wüste sind Raum und Zeit noch näher am Ursprung als selbst in den Wäldern – die Heimat des Sehers ist die Wüste, die des Täters der Wald." (*Sche* 29)

Die Herrschaft des Oberförsters erweist, daß der Nihilismus mit ausgedehnten Ordnungssystemen harmonieren kann, daß eine Wüste, die keine Wüste des prophetischen Sehens, sondern des Nichts ist, mit einem Urwald, der kein Wald der Freiheit ist, sehr wohl zusammenbestehen kann. 1950 heißt es in *Über die Linie*, daß der Nihilismus weder Chaos noch Anarchie, weder Wüste noch Urwald besitzt. Die etwas altväterische Idylle des Schreckens des Oberförsters in den *Marmorklippen* ist von der Wirklichkeit der kalten nihilistischen Vernichtung an Grausamkeit weit überholt worden[29] und wurde nicht einmal durch die Anarchie des Verbrechens gebremst: „Selbst an Plätzen, an denen der Nihilismus seine unheimlichsten Züge aufweist, wie an den großen physischen Vernichtungsstätten, herrscht Nüchternheit, Hygiene und strenge Ordnung bis zuletzt." (*ÜdL* 1950, 250) Die Kälte der Untat macht sie noch gefährlicher und heimtückischer. „Wenn sich der Nihilismus als spezifisch böse ansprechen ließe, dann wäre die Diagnose günstiger. Gegen das Böse gibt es bewährte Heilmittel. Beunruhigender ist die Verschmelzung, ja selbst völlige Verwischung des Guten und des Bösen, die oft dem schärfsten Auge sich entziehen." (*ÜdL* 256) Der nihilistische, affektlose Charakter der Untat macht sie noch ungreifbarer und damit gefährlicher als das gewöhnliche Verbrechen, das an sich mit dem Nihilismus nichts zu schaffen hat, sondern aus der Leidenschaft entsteht: „Ja es bildet sogar eine Zuflucht vor dessen das Selbstbewußtsein zerstörenden Aushöhlung, einen Ausweg aus jener Einöde. Schon Chamfort sagte: ‚L'homme, dans l'état actuel de la société, me parait plus corrompu par sa raison que par ses passions.' " (*WG* 124; 7,361)

Der Nihilismus und die Anarchie sind eine Verbindung eingegangen, die eine totale geistige Verwirrung hervorgerufen hat. Der Knoten aus Nihilismus und Anarchie kann nur noch theologisch gelöst, sozusagen theologisch durchhauen werden. Die Lage, die im Nationalsozialismus aus der Vermengung von Urwald und Wüste entstanden ist, erfordert den Beistand der Königin der Wissenschaften – der Theologie (*Stra II*, 234). Jünger selbst schließt seine Gesamtlektüre der Bibel, die er am 3. September 1941 begonnen hatte, am 28. Mai 1944 ab (*Stra II*, 271).

Die vollendete schwarze Hochzeit von Nihilismus und Anarchie hat

---

[29] Jünger schreibt 1972 selbst: „Vielleicht habe ich die Schinderhütte noch etwas zu rosig ausgemalt." (*PhuB* 470) Vgl. unten S. 119.

den Typus des Arbeiters und den Typus des Kriegers denaturiert und mißbraucht zu einer Mobilmachung und einem Vernichtungsprozeß, die schließlich den Krieg selbst vernichteten. Die nihilistische Mobilmachung hat eine Lage heraufbeschworen, in der der Krieg nicht mehr führbar ist, ohne zum Verbrechen zu werden: „Mit wachsendem Automatismus gewinnen die Heere eine insektenhafte Perfektion. Sie kämpfen dann in Lagen weiter, die aufrecht zu erhalten die Kriegskunst alten Stiles als Verbrechen betrachtete." (ÜdL 247)

Über Deutschlands Zweifrontenkrieg vermerkt Jünger am 23. Januar 1945: „Die Energie, die Willensathletik bleibt erstaunlich; freilich entfaltet sie sich nur auf der Schiefen Ebene, mit dem einzigen Zug und Gelingen zum Geistlosen und Schlimmeren. Das ist kein Krieg mehr, weshalb es auch nach Clausewitz die Politik zu solchen Lagen nicht kommen lassen darf." (Stra II, 362) Die Totale Mobilmachung hat eine anarchisch-nihilistische Wendung zum Bösen genommen, die sowohl den Mythos vom Krieger wie denjenigen vom Arbeiter obsolet gemacht hat. „Die besten Köpfe im Generalstab waren ... gegen die forcierte Rüstung überhaupt ... Die Lage ließe sich paradox umschreiben: die Kriegerkaste möchte zwar den Krieg behalten, doch in archaischer Form. Heute führt ihn der Techniker."[30]

In *Jahre der Okkupation* heißt es über die Situation Deutschlands im Jahre 1945: „Zum ersten Mal hörte ich hier die Äußerung, daß die Atombombe dem vorzuziehen sei." (JdO [1958] 191; 3,563) Die Not der Okkupation bewegt Jünger zur Bemerkung: „Wenn mich der Anblick des Deutschen während seiner Triumphe oft traurig stimmte, so flößt er mir jetzt, in seinem Unglück, die höchste Achtung ein." (JdO 202; 3,572)

Die Frage des Mitleids ist Ernst Jünger immer wieder zum eigenen Problem und zum Verhängnis bei seinen Kritikern geworden. Seine Tagebuch-Eintragung vom 27. Mai 1944 in Paris: „Alarme, Überfliegungen ... Beim zweiten Mal, bei Sonnenuntergang, hielt ich ein Glas Burgunder, in dem Erdbeeren schwammen, in der Hand. Die Stadt mit ihren roten Türmen und Kuppeln lag in gewaltiger Schönheit, gleich einem Kelche, der zu tödlicher Befruchtung überflogen wird. Alles war Schauspiel, war reine, von Schmerz bejahte und erhöhte Macht" (Stra II, 271), ist oft als mitleidlos, grausam und arrogant ge-

---

[30] Tagebucheintragung vom 29. März 1944, Stra II, 244. Diese Entwicklung hatte allerdings bereits auch der Autor des *Arbeiters* vorhergesehen: „In den modernen, mit den letzten technischen Mitteln gerüsteten Heeren ficht nicht mehr ein ständisches Kriegertum, das sich dieser technischen Mittel bedient, sondern diese Heere sind der kriegerische Ausdruck, den die Gestalt des Arbeiters sich verleiht." (Arb 76; 8,80)

rügt worden.[31] Sie darf fairerweise nicht ohne die Eintragung des Vortages gelesen werden. Denn der ästhetisierenden Distanznahme von der Betroffenheit durch das Bombardement der Stadt an diesem Tage geht die Eintragung vom Vortag voraus: „Ich muß die Maximen ändern; mein moralisches Verhältnis zu den Menschen wird auf die Dauer zu anstrengend. So etwa gegenüber dem Bataillonskommandeur, der äußerte, daß er sich den ersten ergriffenen Deserteur vor die Front führen lassen wolle, um ihn dort mit eigener Hand zu erledigen. Bei solchen Rencontres ergreift mich eine Art von Übelkeit. Ich muß indessen einen Stand erreichen, von dem aus ich dergleichen wie das Wesen von Fischen in einem Korallenriff oder von Insekten auf einer Wiese oder auch wie der Arzt den Kranken betrachten kann." (*Stra II*, 270)

Den Zweiten Weltkrieg erfährt Jünger als den endgültigen Untergang des Kriegerideals. Schlaglichtartig wird dies sichtbar in dem Besuch bei seinem arrestierten Sohn. „Als ich ihn so in seinem Matrosenjäckchen vor mir sitzen sah, erinnerte ich mich, wie sehr er als Kind auf kriegerischen Lorbeer hoffte und wie sein Sinnen und Trachten auf das Bestehen der Feldschlacht gerichtet gewesen war. Er wollte sich des Vaters würdig erweisen – und daher zog es ihn zum gefährlich-

---

[31] So zuletzt NIKOLAUS MEIENBERG: „Zum Flammentod bereit", in: *Der Spiegel*, 44. Jg., Nr. 24 (11. Juni 1990), 182-195, hier 189, in einer höchst einseitigen Kritik an Jünger. Über diese Tagebuchstelle schreibt Meienberg: „Letaler saurer Kitsch. Narzißtische Brunst wabert in seinen Tagebüchern, aber auch in den Vergewaltigungsphantasien während einer Bombardierung von Paris." – Die Bereitschaft, in dem ohnmächtigen, natürlich zum Scheitern verurteilten ästhetisierenden Versuch, die eigene Ohnmacht angesichts der Beobachtung eines Bombardements zu bewältigen, eine Vergewaltigungsphantasie zu erkennen, fällt auf den Kritiker zurück. Man vergleiche die Würdigung von ALFRED ANDERSCH: „Amrisweiler Rede auf Ernst Jünger", in: *Frankfurter Rundschau* vom 16. Juni 1983, Zeit und Bild, S. VII, der die *Stra II* trotz ihrer dandystischen Elemente als ein bedeutendes Werk bezeichnet. – Diese Tagebucheintragung scheint Jünger zum Schicksal zu werden. Sie taucht auch in der ihm gegenüber merkwürdig zwiespältigen Rezension von MICHAEL HULSE, „In cold blood", *aaO.* auf und spielt eine zentrale Rolle bei PETER DE MENDELSSOHN: *Der Geist in der Despotie. Versuche über die moralischen Möglichkeiten des Intellektuellen in der totalitären Gesellschaft*, Berlin (F.A.Herbig) 1953, 4. Kap.: „Über die Linie des geringsten Widerstandes. Versuch über Ernst Jünger." De Mendelssohn schreibt zu dieser Tagebucheintragung: „Bei Jünger jedoch schrumpft sie (die Distanz) [. . .] auf den Horizont jenes Mussolini-Sohnes zusammen, der in Abessinien Bomben auf Negerdörfer setzte und das Auseinanderstieben der Eingeborenen und das Aufschießen der Flammen dem Aufgehen einer Rose verglich." (207f.) – Hier wird nun doch die Differenz zwischen der Perspektive des Beobachters und potentiellen Erleidenden eines Bombenangriffes mit der des Täters und Bombenden übersehen und Jünger in die Rolle des genießenden Täters gerückt.

sten Punkt. ‚Wie gut hast du ihn doch getroffen, mein Junge', dachte ich bei mir, ‚und wie gut, daß ich das auch als Vater zu verstehen weiß'. Der Krieg, soweit er zwischen den Nationen spielt, stellt doch nur die grobe Kulisse dar – um andere, gefährlichere Preise geht der Kampf. Und gut erschien mir, daß ich mit den hohen Orden aus dem Ersten Weltkrieg diese bescheidene Zelle aufsuchte. Wir haben doch noch einen Glanz gekannt, der diesen Jungen nicht mehr beschieden ist, und darum ist ihr Verdienst das größere."[32]

Die Kriegsniederlage Deutschlands und der Niedergang des ritterlichen Kampfes im modernen Krieg führen bei Jünger zu einem Gestaltwandel des Ideals des Kriegers. Die Gestalt des Waldgängers tritt als dritte Gestalt neben diejenige des Kriegers und diejenige des Arbeiters. Diese Rolle des einsamen Waldgängers ist nach Jünger freier und schwieriger als diejenige des befehlsgehorsamen und in Gemeinschaft kämpfenden Soldaten und des in die Mobilmachung eingefügten Arbeiters.

Vor dem Entwurf des Waldgängers liegt jedoch Jüngers Klage um Deutschland in *Jahre der Okkupation*, die deshalb eindrucksvoll ist, weil sie ohne Selbstmitleid und ohne falsche Schuldbeflissenheit ist: „Schlaflose Nacht. Bedingungslose Kapitulation: Sie ist ein notwendiges Ergebnis der totalen Anstrengung und ihrer gesteigerten Vernichtungstendenz. – Wenn Clausewitz als Ziel des absoluten Krieges bezeichnet, dem Gegner den Willen aufzuzwingen, so wird dieses Ziel durch den ‚wirklichen' Krieg eingeschränkt. Er setzt voraus, daß der Gegner noch einen Willen hat und eine Regierung, ihn zu vertreten, daß er also noch existiert. [. . .] Sprüche wie der napoleonische ‚Das Haus Braunschweig hat aufgehört zu existieren' gehen schon darüber hinaus. Aber Napoleon hätte noch nicht *das Land* Braunschweig gesagt. Der Anspruch auf bedingungslose Kapitulation kündet die Absicht an, den Feind unter Sachenrecht zu stellen; Menschen- und Völkerrecht, einschließlich der Unverletzlichkeit der Gefangenen, sind aufgehoben – es wird eine physikalische, zoologische oder technische Tatsache konstatiert. Man kann den Besiegten ausrotten und austreiben, wie es in unseren Ostprovinzen geschieht."[33]

Jünger sieht die Not, die im besetzten Deutschland fast zum Kannibalismus führt: „Vorstufen, Übergänge zum intelligenten Kannibalismus deuten sich an, oft sogar unverhüllt. Jede rein ökonomische Anschauung muß notwendig darauf zuschreiten."[34] Er analysiert aber auch, was dem vorausging: „Es ist ohne Zweifel nicht nur einsichtiger,

---

[32] Kirchhorst, 13. April 1944, *Stra II*, 251.
[33] Kirchhorst, 22. August 1945, *JdO* 133; 3,511f.
[34] Kirchhorst, 12. September 1945, *JdO* 160; 3,535.

sondern auch würdiger, auf die Seite der Kirchen zu treten als auf die Seite jener, die sie angreifen. Das hat sich erst kürzlich gezeigt und zeigt sich auch heute noch. Immerhin ist es außer einigen Soldaten wohl nur der Kirche zu verdanken, daß es nicht unter dem Jubel der Massen zum offenen Kannibalismus und zur begeisterten Anbetung des Tieres gekommen ist. Zuweilen stand es ganz dicht davor." (*ÜdL* 267)

Jünger sieht eine Asymmetrie in der Wahnehmung des Unrechts des Besiegten und des Siegers des Zweiten Weltkrieges. Deren Ursachen erkennt er in einer politischen Einseitigkeit: „Die Welttendenz hat seit langem eine Linksrichtung, die seit Generationen wie ein Golfstrom die Sympathien bestimmt. Die Linke ordnet sich seit über hundertfünfzig Jahren die Rechte unter, nicht umgekehrt. [. . .] Zur bürgerlichen Reaktion gehört der Faschismus, wenigstens in seinen Anfängen. Der Bürger sieht, daß seine Klasse in einem großen Reiche ausgerottet wird und daß im eigenen Lande Kräfte auftreten, die das billigen und anstreben. Er sieht das ihm zugedachte Schicksal voraus. Er erkennt auch, daß die Mittel des Rechtsstaates zu seiner Sicherung nicht ausreichen, weder die Regierung, noch die Volksvertretung, noch die Polizei. Er beginnt seinerseits den Rechtsgrund zu verlassen und tritt bald aus der Rolle des Provozierten in die des Provozierenden ein. Zugleich verliert er an Weltsympathie. Seine Untaten werden strenger beurteilt, erregen in viel stärkerem Maße die Weltmeinung als die der anderen . . . Der weiße Schrecken ist nicht geringer als der rote und ebensowenig zu billigen. Aber er ist mit einem stärkeren Odium belastet, und das ist, objektiv gesprochen, ein Anzeichen dafür, daß er der Welttendenz und ihren Sympathien widerspricht. Napoleon sagte einmal Ähnliches, etwa: ‚Ich lasse ein Dorf anzünden, und alle Welt ist entsetzt. Die Engländer verwüsten ein Land, und niemand spricht davon.' So erklärt sich auch, daß die Beurteiler und Aburteiler unserer Greuel sich nicht an der Tatsache stoßen, daß sie mit notorischen Menschen- und Völkerschlächtern an einem Tisch sitzen."[35]

---

[35] Kirchhorst, 22. August 1945, *JdO* 133, 136; 3,513. – Bereits 1929 hatte Jünger trotz seiner Sympathien für den sozialrevolutionären Nationalismus und die Nationalbolschewisten und anders als diese bereits die Grenzen des Bündnisses zwischen Nationalisten und Sozialisten gesehen. Er war der Meinung, daß sich die radikale Linke dem Nationalen und die Rechte der Besitzumverteilung verschließe: „Andererseits muß zugegeben werden, daß die den Nationalismus bis heute vertretenden Kräfte sich vom Legitimismus, von den Parteien, vom Ressentiment einer in ihren Ansprüchen bedrohten Klasse, vom ewig Bürgerlichen überhaupt, nicht klar genug abzutrennen wußten, daß es ihnen noch an Rücksichtslosigkeit und unbedenklichem Selbstbewußtsein mangelte. So konnte leicht, wenigstens, wo sie im Lande

Die *Jahre der Okkupation* lassen einen dritten Typus der Moderne erscheinen, der nach dem Soldaten und dem Arbeiter als Übergangstypus und Zwischenspiel der Epoche auftritt: der Waldgänger. 1951 veröffentlicht Jünger seinen Essay *Der Waldgang*, der wieder einen tröstenden Mythos für eine Gestalt der Epoche, diesmal für den geächteten „Arbeiter", schafft. Waldgänger nennt Jünger jenen, der, durch den großen Prozeß der Moderne, durch Weltkrieg und Mobilmachung der Erde vereinzelt und heimatlos geworden, sich endlich der Vernichtung ausgeliefert sieht (*WG* 44; 7,308). Der Waldgänger ist der Mensch, der sich der Wüste der nihilistischen Zivilisation und dem Urwald der Anarchie in den Wald als Hort der Freiheit entzieht: „Es kann nicht schaden, daß der Ausdruck bereits als eines der alten Isländerworte Vorgeschichte hat, wenngleich er hier weiter gefaßt werden soll. Der Waldgang folgte auf die Ächtung; durch ihn bekundete der Mann den Willen zur Behauptung aus eigener Kraft. Das galt als ehrenhaft und ist es heute noch, trotz aller Gemeinplätze. – Der Ächtung war meist der Totschlag vorausgegangen, während sie heute automatisch, gleich der Umdrehung der Roulette, den Menschen trifft. Niemand weiß, ob er nicht schon morgen zu einer Gruppe gezählt wird, die außer dem Gesetze steht. Dann wechselt der zivilisatorische Anstrich des Lebens ... Der Luxusdampfer wird zum Schlachtschiff, oder die schwarzen Piraten- und roten Henkersflaggen werden auf ihm gehißt." (*WG* 59; 7,318)

Der Waldgänger entzieht sich der Totalen Mobilmachung in einen heiligen Raum, der nicht von der Technik, dem Arbeitscharakter oder dem Krieg beherrscht wird. Er entzieht sich der Wüste, die wächst. Er

---

selbst auftraten, ihr Kampf für die Nation mit Kämpfen lediglich innerhalb der Nation verwechselt werden." (JÜNGER: Vorwort zu *Der Kampf um das Reich*, aaO., 7) – Der sozialrevolutionäre Nationalismus, in dessen Organen wie „Die Kommenden" auch Jünger publizierte, hattte bereits 1919/20 in einem „Deutschen Manifest" geschrieben: „Die Demokratie, die schmachbeladene Schuldige von Versailles, Spa und London, muß durch andere Verfassungsformen ersetzt werden, in denen nicht die Stimmen, Geld und Geschwätz, sonder Kräfte zur Auswirkung kommen . [...] Das Bündnis mit Sowjetrußland ergibt sich schon aus dieser Einstellung mit Notwendigkeit." – In einem Text „Sozialistische Revolution" heißt es: „Wir Sozialrevolutionären Nationalisten sehen den Weg zur deutschen Freiheit in der Überwindung der kapitalistischen Ordnung ... Wir lehnen jedes Bündnis mit dem faschistischen Italien deshalb ab, weil der Faschismus nichts weiter ist, als eine nationale Organisationserscheinung innerhalb des Kapitalismus. Wir sozialrevolutionären Nationalisten fordern das Bündnis mit der Sowjetunion." Beide Texte in K.O. PAETEL (Hrsg.): *Sozialrevolutionärer Nationalismus*, Flarchheim (Verlag Die Kommenden) 1930, 28 und 30.

stellt sich dem Nichts, das wissen will, „ob ihm der Mensch gewachsen ist, ob Elemente in ihm leben, die keine Zeit zerstört." (WG 85, 87; 7,335, 336) Der Waldgänger ist der Mensch der Einsamkeit, ist das Bild des sich selbst begegnenden Menschen: „Und zwar soll hier der Mensch auf dem Schiff an dem im Walde sich das Maß nehmen – das heißt der Mensch der Zivilisation, der Mensch der Bewegung und der historischen Erscheinung an seinem ruhenden und überzeitlichen Wesen, das sich in der Geschichte darstellt und abwandelt." (WG 100; 7,345) Der Waldgang ist die Prüfung des Menschen des Krieges und des Menschen der zivilisatorischen Arbeit, die Prüfung der Einsamkeit: „Der Mensch ist souverän in dieser Einsamkeit, vorausgesetzt, daß er seinen Rang erkennt. In diesem Sinne ist er der Sohn des Vaters, der Herr der Erde, das wunderbar erschaffene Geschöpf." (WG 101; 7,345) Diese Prüfung des Waldgängers ist von der soldatischen verschieden: „Sein Leben ist zugleich freier und härter als das soldatische." (WG 111; 7,352)

Mit dem „Waldgänger" hat Jünger seinen dritten Mythos und seinen dritten mythischen Helden geschaffen, in welchem sich der geächtete Held der Mobilmachung der Moderne, der gescheiterte Arbeiter und Krieger, als Anarch und Einsamer wiederzuerkennen vermag. Auch hier ist das Sich-Wiedererkennen-Können in der Tragödie der Beginn der Befreiung oder Erleichterung vom Leiden. Die Mythologie der Moderne wird um eine dritte, jedoch eher randständige Heldengestalt ergänzt.

Der Mythos, der Wald, ist das zweite zeitlose Reich neben dem ersten Reich der Geschichte, dem bebauten Land oder dem Schiff. Während dieses ein schnell sich bewegendes Gefährt ist, das bald Komfort-, bald Schreckenszüge zeigt, bald Titanic, bald Leviathan ist, ist das Reich des Mythos „Hafen, Heimat, Friede und Sicherheit, die jeder in sich trägt. Wir nennen es Wald." (WG 54; 7,315) Der Mythos ist für Jünger nicht Vorgeschichte: „Er ist zeitlose Wirklichkeit, die sich in der Geschichte wiederholt. Daß unser Jahrhundert in den Mythen wieder Sinn findet, zählt zu den guten Vorzeichen ... Mythisches wird ohne Zweifel kommen und ist bereits im Anzuge. Es ist ja immer vorhanden und steigt zur guten Stunde wie ein Schatz zur Oberfläche empor ... Zum Mythischen kehrt man nicht zurück, man begegnet ihm wieder, wenn die Zeit in ihrem Gefüge wankt, und im Bannkreis der höchsten Gefahr." (WG 54, 60f.; 7,315, 319) Auch die zentrale Stellung des Opfers bei Jünger wiederholt sich im Mythos vom Waldgänger: „Es sind die Opfer, auf denen sie (die Welt) beruht." (WG 122; 7,360)

Es wäre ein Leichtes, den Waldgang als Fluchtmythos der Fünfziger Jahre beiseite zu tun und manche etwas schwülstige Formulierung zu beanstanden. Die Bedeutung des kleinen Buches zeigt sich in seinem zeitdiagnostischen Wert und in seiner Stellung als Mittelglied in der großen Jüngerschen Mythologie der Moderne, als Brücke zwischen den *Stahlgewittern* und dem *Arbeiter* einerseits und *Heliopolis* und *An der Zeitmauer* andererseits.

So wie die *Stahlgewitter* und der *Arbeiter* die Ilias der Jüngerschen Mythologie bilden, stellen *Heliopolis* und *An der Zeitmauer* das Äquivalent zur homerischen Odyssee dar. Das Jüngersche Epos als Tagebuchroman oder Roman wird jeweils durch den Essay als philosophisch-mythologische Deutung des Äons ergänzt, erläutert und weitergeführt. Der *Arbeiter* vollendet als philosophische Dichtung und poetischer Diskurs den Tagebuchroman der *Stahlgewitter* ebenso, wie *An der Zeitmauer* in einer poetischen Philosophie jene Überlegungen entfaltet, die in *Heliopolis* in der Darstellung der Irrfahrten seines Helden Lucius de Geer angedeutet werden. Zwischen den beiden großen philosophisch-poetischen Entwürfen *Der Arbeiter* und *An der Zeitmauer* bildet *Der Waldgang* den Übergang vom Arbeiter als dem technischen Herrn der Welt zum Arbeiter als dem Sohn der Erde. Der Typus des Waldgängers ist bereits ein Stück Rückkehr des Helden der Moderne zur Erde.

IV. Kapitel: Zwischenspiel II: Der Liebende – Zwischen Gnostizismus und Christentum

Heliopolis nimmt im Jüngerschen Epos die Stelle ein, welche die *Odyssee* im homerischen Epos hält.[36] Die geistigen Abenteuer und Suchfahrten des Helden von *Heliopolis*, Lucius de Geer, entsprechen denen des Odysseus. Der odysseische Held de Geer entspricht als heldische Figur allerdings fast mehr dem Äneas als dem Odysseus. Er tritt nicht als Sieger, sondern eher als Besiegter auf. Der besiegte Held findet die Optionen der Zukunft im Rückblick auf eine Stadt, auf Heliopolis. In der Zeitlosigkeit der Anlage des Romans werden die Umrisse der Zeitmauer, an der die Zeit im Äon des Posthistoire, in der Epoche nach der Totalen Mobilmachung, steht, sichtbar. Ebenso wird durch den Orientalismus des Romans die Ort- und Zeitlosigkeit der nachgeschichtlichen Stadt und Epoche noch verstärkt. Heliopolis ist die Stadt zwischen Okzident und Orient, zwischen dem Ende des Fortschritts und dem Anbrechen des nachgeschichtlichen Äons.

Spielt der Name „Heliopolis" auf das alte Baalbek und später hellenisierte und romanisierte Heliopolis des Libanon an? Das Vorherrschen des Religionssynkretismus und des Gnostizismus im Heliopolis des Romans legt die Parallele zum schwer zu christianisierenden und stets dem Heidentum wieder zugeneigten antiken Heliopolis nahe.

Die Gefährtin des Helden von *Heliopolis*, Budur Peri, ist Parsin, Anhängerin der letzten Gemeinschaft, die noch Zoroaster, dem Erzhäresiarchen, anhängt. Mit ihr hat Jünger seine wohl schönste Frauengestalt geschaffen – Mittlerin zwischen der Ratio des christlichen und griechischen Westens und der Magie und hermetischen Gnosis des Orients. „Was ihn an dieser Frau erstaunte, das war ein androgynes Element – die Mischung männlicher und weiblicher Begabungen. Männlich war ihre Geistigkeit, die leicht und frei gleich einer Klinge war, wie man sie con amore kreuzt. Doch kam noch eine Art der Einfühlung hinzu, die Männern nicht gegeben ist. Man hatte den Eindruck, daß sie mit dem ganzen Körper denken könne, so wie man mit dem ganzen Körper tanzt." (*Hel* [1955] 329; 16,275)

---

[36] Der Titel dieses Kapitels „Zwischenspiel II" sollte nicht den Eindruck erwekken, bei *Heliopolis* handele es sich nicht um ein zentrales Werk Jüngers. Nur im Fortgang des Mythos des Jahrhunderts stellt die Problemlage von *Heliopolis* ein Zwischenspiel dar. Ansonsten ist GERHARD LOOSE: *Ernst Jünger. Gestalt und Werk*, Frankfurt (V. Klostermann) 1957, 250, zuzustimmen, daß „*Heliopolis* die Summe der Jüngerschen Wissenschaft ist."

Budur Peri weiht den Helden der Moderne in die Arcana der östlichen Gnosis ein, in Geheimnisse, die alle im zoroastrischen Dualismus wurzeln, in eine Gnosis, die die verborgenen Welten, den mundus occultus, zu erkennen sucht. Sie lehrt den Helden vor allem die Vorsicht, die anschmiegende Vernunft und Erkenntnis: „Das Böse galt ihm (ihrem Volk) als gleichstarker Partner, als Zwilling der Lichtmacht, mit der es sich durch die Äonen in wechselnden Triumphen maß. *Das war die Lehre ihrer Ghâtâs und alten Lieder, die auch durch die jüngere Avesta nie völlig erschüttert war. Sie wachte als große Weltangst bei jeder neuen Bedrohung wieder auf . . . Hier war, geistig gesehen, die Durchdringung östlicher und westlicher Metaphysik gelungen, und zwar am selben Reise, am alten Indogermanenstamme, in der Begegnung der beiden fernsten Hochländer."* (Hel 331; 16,276) Heliopolis ist die Antwort auf die Totale Mobilmachung des rationalistischen, atheistischen Humanismus. In der Antwort auf den atheistischen Humanismus wendet sich der Arbeiter zurück auf eine Rationalitätsform, die über die „mobilmachende Vernunft", über die „Vernunft an sich" hinausführt zu einer vorsichtigen, behutsamen, nichtanthropozentrischen Vernunft.

Woran leiden wir? „Am Occident, an seinen Ungeheimnissen, folglich Unheimlichkeiten."[37] Die Flachheiten des Okzidents entstehen aus seinem linearen Geschichtsdenken, das alles das, was eigentlich gleichzeitig da sein müßte, nacheinander zu verwirklichen sucht. Das eigentliche Vermögen des Geistes ist jedoch die Gleichzeitigkeit des Differenten, die wechselseitige Durchdringung mehrerer Denkebenen und Begriffe, die Vereinigung des Nichtidentischen. Heliopolis ist die Suche des Helden der Moderne nach einer Welt, in der der Mensch dem Menschen nicht das höchste Wesen und der Gesamtarbeiter der Welt ist, in der er jedoch auch nicht vernichtet wird wie im vorchristlichen Mythos.

Daß der Mensch das Maß aller Dinge sei, ist der Irrtum des atheistischen Humanismus, der jedoch zugleich einen Keim des Wahren enthält. Anläßlich einer Diskussion über das „Seminar zur Kenntnis der staatenbildenden Insekten" sagt Pater Foelix zu Lucius de Geer: „Sie fußen dort auf der alten Weisheit, daß der Mensch das Maß der Dinge sei. Das ist einer der gewaltigen Sprüche, der gewaltigen Irrtümer, die sich durch die Jahrtausende fortschleppen. *Er könnte die Fahne

---

* In SW nicht aufgenommen.
[37] J. W. RITTER: Brief an F. v. Baader vom 18. November 1807, in: FRANZ VON BAADER: Sämtliche Werke, hrsg. v. F. Hoffmann u.a., 2. Neudruck der Ausgabe Leipzig 1857, Aalen (Scientia) 1987, Band 15, 216.

schmücken, die der Humanismus durch die Zeiten führt; er ist seine tiefste Sentenz.* Ein Deutscher hat Ähnliches, doch weit bescheidener gesagt: ,Auf den Menschen reimt sich die ganze Natur.' Das ist sehr gut, denn es erhebt sich sogleich die Frage nach dem, der das Gedicht geschaffen hat." (*Hel* 244; 16,207f.) Der Krieger und Arbeiter entdeckt in *Heliopolis* die Natur und das Weibliche, das Andere der „organischen Konstruktion" und des „totalen Arbeitscharakters."

Mit dieser Einsicht ist auch ein neues, hermetisches und ästhetisches Verständnis des Politischen verbunden. *Heliopolis* beschreibt ein Reich, das mit subtileren Mitteln als denen der Rüstung und Technik der Mobilmachung regiert wird. Budur Peri fragt Lucius:

**„Es wundert mich indessen, wie Sie das Land solange halten konnten, inmitten der Machtkämpfe, die ohne Rüstung nicht zu bestehen sind'.

Lucius sann über ihre Frage nach.

,Sie schneiden da freilich ein kompliziertes Thema an. Doch müßten Sie versuchen, die Dinge von der anderen Seite, gewissermaßen vom Hintergrund des Spiegels aus zu sehen, von dem sich die Dinge ablösen. Der Mensch in seinen Träumen, in seiner ungeformten und vorgeformten Bildwelt, in der Placenta der Ideen ist ungeheuer stark. Es gibt nichts Mächtigeres als den Geist, der träumt. Man nennt den Krieg den Vater aller Dinge, doch man könnte sagen, daß der Traum noch tiefer reicht, daß er die Mutter der Dinge ist. Der Krieg ist immer auf das Vorhandene angewiesen, der Traum realisiert das Unvorhandene.' "** (*Hel* 341)

Der heroische Realismus wird in *Heliopolis* durch einen magischen und hermetischen Realismus abgelöst. Die Ablösung des heroischen durch den hermetischen Realismus drückt sich ebenso in der Wandlung der Haltung des Helden wie im Charakter der politischen Mittel und Ziele aus. Der magische, hermetische Realismus ist wie der heroische Realismus darauf aus, sich der Wirklichkeit unter Zurückstellung der Subjektivität, ja bis zum Opfer der Subjektivität, zu stellen, aber er erkennt diese Wirklichkeit als eine vielschichtigere, nicht nur offenstehende, sondern okkulte an, in der die Rückseite des Spiegels magisch ebenso präsent und machtvoll ist, wie dasjenige, was im Spiegel erscheint. Magisch-hermetisch sind daher auch die Mittel der Politik, die damit eher gefährlicher als harmloser werden. Lucius zu Budur Peri:

*„Die Mauretanier (sind) durch die Technik hindurchgegangen

---

* In SW nicht aufgenommen.
** In SW nicht aufgenommen.

88

und erreichten Punkte, die über die Illusionen des Fortschritts hinaus-führten.' [...]
,Sie wiederholen also', fragte Budur Peri, ,den Versuch Chateaubriands?'
,Mit nichten, denn sie sind die Gegen- oder besser die Überspieler der Romantiker. Das heißt, sie lassen auch die Romantik zu, im weit-gespannten Rahmen ihrer Absichten ... Chateaubriand erstrebte die alte Ordnung aus Sehnsucht und auf der inneren Bahn. Die Maureta-nier dagegen halten auf logische Durchdringung; sie bauen die Paläste künstlich wieder auf [...]'
,Wenn ich es recht begreife, handelt es sich also um die letzte Prie-sterschaft?'
,Ganz recht, um eine Priesterschaft, die zwar die ungeheuren Kräfte des Glaubens kennt, doch ihnen nicht unterworfen ist. Sie dünken sich als die Vollender des höchsten Angriffs, den die Technik wagen kann, und den der heilige Ignatius begonnen hat ... Der Aufstand der Massen mündet notwendig in die Tyrannis, die bald die Sehnsucht nach wiederhergestellter Legitimität erweckt –, nach jener Wendung, mit der sich Geister wie de Maistre, Donoso Cortes und Don Capisco beschäftigten. Die Mauretanier dagegen sind auf einen weiteren Schritt bedacht, den man als Überführung der sichtbaren in unsicht-bare Tyrannis bezeichnen kann.' "* (Hel 344-346)

Jünger beschreibt deutlich die Gefahren des Hermetismus. Der Hermetismus und Gnostizismus neigen dazu, eine Priesterschaft zu bilden, die nicht glaubt, was sie zu glauben vorgibt, und eine Freiheit zu verwirklichen, die nur Hingabe an eine unsichtbare, okkulte Tyran-nis der hermetischen Mächte dieser Welt ist.[38] Mit diesen Gefahren ist jedoch das Anliegen einer echten Gnosis und hermetischen Politik nicht erledigt und kann nicht zugunsten einer flachen Aufklärung und technischen Politik aufgegeben werden.

Lucius fährt im Bericht über die „Staatskunst" und ästhetische Poli-tik der Mauretanier fort:

„Ihr Wirken fällt daher in die Geheimgeschichte, wie sie kein Stu-dium ergründen wird. Sie setzen wahrscheinlich im letzten Viertel des 18. Jahrhunderts an, in kleinen Zirkeln, wie sie sich in Paris und London um Philipp Orléans bildeten. Im 19. Jahrhundet sind sie hinter allen Bewegungen der Linken zu vermuten und wechseln an seinem Ausgang mit ihren besten Köpfen zur neuen Rechten um. Doch sind sie der Ansicht, daß gute Arbeit nur mit beiden Händen geleistet

---

* In SW nicht aufgenommen.
[38] Das Symbol der Mauretanier ist das Kreuz, aber das Koordinaten-Kreuz des Descartes (Hel 38; 16,41).

werden kann und daß die Linke die Leidenschaften, die Rechte die Fakten überschätzt. – Am Ende des 20. Jahrhunderts treten sie in eine erste Blüte ein ... Die Rechte und die Linke haben sich einander angeglichen und wirken wie Licht und Schatten, wie Spiegelungen am gleichen Gegenstand."[39] Lucius de Geer berichtet mit sympathisierender Ablehnung. Der irrfahrende Held von Heliopolis gehörte selbst einmal zu den Mauretaniern, zu den Polytechnikern der Macht, lebt jetzt jedoch zwischen den Fronten. Der hermetische Realismus und die „magische" Politik sind eine gefährliche Möglichkeit jenseits der Totalen Mobilmachung. Magischer Realismus ist nach dem Scheitern des „Totalen Arbeitscharakters" die einzig realistische Option, die der Moderne noch bleibt. Die Magische Mobilmachung ist die andere Seite und das andere, verwandelte Gesicht des heroischen Realismus des Modernismus. Die hermetische Politik ist wirkungsvoller und gefährlicher zugleich als die heroische Politik, weil ihre Kräfte unsichtbare sind. Hinzu tritt die Gefährdung des erleuchteten Hermetikers durch seine unerleuchteten Brüder. Die Abneigung des Intellektuellen und des Technikers richtet sich, wie es Clamor in *Die Zwille* von seinem Mathematiklehrer Dr. Hilpert widerfährt, stets gegen den kreativen Träumer, gegen den Erleuchteten und Erwählten (*Zwi* [1973] 164f., 244f., 264).

Der Theologe und Vertreter einer christlichen Gnosis, Clemens von Alexandrien, schreibt an der Wende des 2. zum 3. Jahrhundert über das Verhältnis des Erleuchteten zu seinen nur suchenden Brüdern in einer allegorischen Deutung der Josephs-Figur des Alten Testamentes: Joseph stellt den Typus des erleuchteten Gnostikers dar, der von seinen weniger erleuchteten Brüdern gehaßt und verfolgt wird. „Seine Brüder sind auf ihn eifersüchtig, weil er mehr als diese in die Zukunft voraussah aufgrund seiner Gnosis."[40] Joseph wird wegen seines bunten Gewandes, das für seine Gnosis steht, von seinen neidischen Brüdern in die Grube geworfen.

Lucius fühlte sich früher zu dem magischen Weltverstehen und der Gnosis des Orients hingezogen. Sein Lehrer Nigromontanus hatte ihn in jene Welt eingeführt, in welcher *„der Glanz der Priester- und

---

[39] *Hel* 346. – Es ist bedauerlich, daß die Abschnitte, die in dieser und den drei letzten Anmerkungen zitiert wurden, in der Ausgabe der Sämtlichen Werke fehlen, in der das Kapitel „Gespräche über Rausch, Macht und Traum" der hier verwendeten Ausgabe von 1955, die mit der Erstausgabe Tübingen (Heliopolis-Verlag) 1949 identisch ist, von 50 auf 25 Seiten gekürzt und mit dem Titel „Gespräche in der Volière" überschrieben ist (SW Bd. 16, 262-288).

[40] CLEMENS ALEXANDRINUS: *Stromateis* V, 53,1.

90

Königsmacht noch ungetrennt war"*. (*Hel* 412) Nigromontan kannte als Magier *„die Macht des Wortes, das die Welt unmittelbar und ohne Instrument regiert . . . Zwar lebte er als Armer, doch waren Schüler von ihm ausgegangen, die sich dank seiner Schlüssel kosmischer Schätze, kosmischen Überflusses bemächtigten."* (*Hel* 412) Die Begegnung mit dem Christentum hat in Lucius den magischen Glanz und die mythische Macht des alten Indogermanen-Hochlandes erschüttert: *„Wie war es gekommen, daß Pater Foelix diesen Einfluß erschütterte? Es war wohl die Begegnung zwischen Güte und Liebe, die hier stattgefunden hatte – die Liebe war die stärkere, doch unberechenbare Macht. Christus war stärker als Plato, als Sokrates. Man sah das am Schicksal all dieser Reiche, die unter dem Kreuze standen; das Leben in ihnen war bewegter, ergreifender, doch unbestimmter und führte immer an den Abgründen vorbei."* (*Hel* 412)

Heliopolis ist die Metapher für die Stadt im Übergangsfeld zwischen Heidentum und Christentum, das Baalbek-Heliopolis, in dem der Kampf ausgetragen wird, ob der Glanz des magischen oder des göttlichen Wortes die Stadt und den Erdkreis erleuchtet. *„Zuweilen hatte Lucius gehofft, daß sich Heliopolis zum alten Glanze, zur feierlichen Würde magischer Städte erheben würde, in denen ein höchstes, eingeweihtes Wissen das Leben bewegte wie ein Uhrwerk, das auf Saphiren schwingt. Das waren Augenblicke, in denen er Christus haßte; der Galiläer hatte für immer diese Möglichkeit zerstört. Er wirkte weiter als die revolutionäre Grundmacht dieser Erde, und würde jedes Bauwerk, jeden Tempel stürzen, der auf irdische Wohlfahrt, irdisches Glück gegründet war."* (*Hel* 412) Der Roman *Heliopolis. Rückblick auf eine Stadt* ist der Rückblick auf die Stadt des modernen Heidentums, die Stadt des totalen Macht- und Arbeitscharakters. Der Mythos des großen Babylon und seines Erbauers, des Arbeiters, ist erschüttert. Die Schwerkraft der Mobilmachung der Welt durch den Weltgeist und seinen Agenten, den Arbeiter, ist gebrochen. Über Christus heißt es weiter: *„Er hatte den Schwerpunkt der Geschichte transzendiert. Er hatte eine Unbekannte in sie eingeführt. Der Mensch war unberechenbar geworden; die alten Gleichungen gingen nicht mehr auf."* (*Hel* 412)

Die Mauretanier, gleich ob in dem kalten Typus der bloß berechnenden Intelligenz, wie sie die *Marmorklippen* schildern, oder in dem fortgeschrittenen, magischen Typus der Heliopolitaner, waren wie jene im Palast und im Zentralamt bemüht, den Menschen zu berech-

---

* In SW nicht aufgenommen.

nen. *„Doch waren es Eispaläste, die man schuf: Sie hielten nur einen Winter lang."* (*Hel* 412) Im Angesicht der Eispaläste, die die technische Mobilmachung schafft, verliert die Magie der Macht des Arbeiters für Lucius de Geer ihren Glanz: *„Zum ersten Male begriff er, daß er eines Menschen und zwar eines bestimmten Menschen bedürftig war."* (*Hel* 413)

Heliopolis ist die dichterische Schilderung des Konfliktes zwischen heidnischem Mythos und christlicher Religion in der Moderne. Die Parsin, die Anhängerin einer Religion des Gnostizismus ist, die Elemente des Theismus und Personalismus mit Elementen des Mythos und des Dualismus vereinigt, wird dem Helden dieses Teiles des Epos der Moderne zum Seelenführer, zum Psychopompos. Der Dualismus der Parsin wird Lucius zur Anzeige desjenigen Dualismus, der in jedem Mythos, auch dem griechischen, vorwaltet. *„Was mochte diese Sorge (der Parsin), den Leichnam der Welt des niederen Fraßes zu überlassen und sich so grell, so sichtbar von ihm zu trennen, zu bedeuten haben, und was verbarg sich hinter diesen Riten, die das Volk von Heliopolis als Greuel verabscheute? [...] Das Eigentümliche der Lehre lag darin, daß sie die dualistische Erkenntnis am reinsten, am unabdingbarsten verkörperte. Die Spaltung des Universums in Gut und Böse, in Licht und Schatten war ohne Übergänge und vollkommen; sie blieb durch eine Fülle magischer Regeln und Reinigungen stets gegenwärtig und bewußt. – Das Leben in seiner natürlichen Verwebung blieb durchaus böse und in der Finsternis ... Wenn nun der Geist, der unerforschlich den Körper zu seiner Residenz erkoren hatte, sich von ihm trennte, so wurde das Böse, das Ahrimanische im Leichnam absolut. Daher die Sorge, ihn von der Reinheit der Elemente ganz zu trennen und weder die Flamme, noch das Wasser, noch Luft und Erde durch seine Berührung zu beleidigen."* (*Hel* 390)

Mit seinen Reflexionen über den Parsismus durchdenkt der Held Lucius den Dualismus von Geist und Natur, von totalem Arbeitscharakter und äußerer Körperlichkeit als dem bloßen Substrat des Geistes, den Dualismus, welcher der Totalen Mobilmachung zugrunde liegt. Wollte nicht die Totale Mobilmachung das Opfer der Natur des Menschen, die totale Vergegenständlichung des Leibes, forderte sie nicht, daß der Körper zu einem weit vorgeschobenen Vorposten des eigenen Geistes werde? Der religiöse Gnostizismus von Budur Peri ist der Spiegel des nihilistischen Gnostizismus der Totalen Mobilmachung, in welchem sich deren Held und Typus wie im Vexierbild wiedererkennt. Allerdings verfügt der Parsismus, womit er sich diame-

---

* In SW nicht aufgenommen.

tral vom modernistischen Monismus des Arbeiters unterscheidet, über ein Jenseits des totalen Arbeitsraumes und Arbeitscharakters. In ihm gibt es eine Gegenwart des ganz Anderen zur totalen Beherrschung des Menschen durch sich selbst. Für den Gnostizismus ist der Dualismus von Gut und Böse nicht nur ein solcher im Menschen, sondern auch ein solcher in der Gottheit selbst. Der Dualismus von Gut und Böse bildet sich nach dem Gnostizismus im Dualismus von weltlicher Leere (*kenoma*) und hyperkosmischer Fülle (*pleroma*) ab, und das Supranaturale des Göttlichen transzendiert in ihm diese Welt – im Gegensatz zum Immanentismus, der die Totale Mobilmachung bestimmt.

Der metaphysische Dualismus interessiert den Helden der Moderne auch deshalb, weil es um das Verstehen des Geschehenkönnens des Bösen in der Mobilmachung der Moderne geht. Der Dualismus ist eine, wenn auch illusionäre, Möglichkeit, der Schuld für das Böse zu entgehen und vor allem eine Möglichkeit zu der Illusion, durch das Böse hindurchgehen zu können, ohne von ihm affiziert zu werden. Lucius sinnt darüber nach, ob nicht der Parsismus das Mittel ist, die Selbstverherrlichung des Menschen in der Moderne in die totale Selbstdämonisierung umschlagen zu lassen, den Knoten des Problems von Anthropodizee und Theodizee mit einem Schlag zu durchhauen. Die Dämonisierung des Menschen wäre eine Weise, der Schuldfrage durch Mythologisierung zu entgehen.

„Das Leben, sann Lucius, wäre also eine Art von Schimmel, von Aussatz, der auf der Erde wuchert, und wo er sich zur höchsten Bildung auswächst, im Menschenleibe, am verruchtesten? Wenn man vernünftig überlegte, was diese Magier behaupteten, schien der Gedanke nicht so absurd. Der Mensch blieb schließlich die eigentliche Plage, der Unheilstifter dieser Welt, die überall vollkommener und glücklicher als dort, wo er sie schändet, sich offenbart. – Die Menschen wären demnach die Todesträger, die dunklen Punkte in einem Meer von Licht. Demgegenüber wären die Elemente in ihrer Reinheit die Träger des wahren Lebens und seiner heiligenden Kraft. Wir würden, ohne es zu ahnen, von Strömen des Überflusses und des ewigen Glückes umbrandet sein. Ein Wassertropfen im Sandkorn wäre mächtiger als wir, die ein Demiurg zu seiner Laune, zu gnostischem Spiel ersonnen hat. Nein, der Gedanke war durchaus würdig, daß man sich mit ihm beschäftigte, und sei es auch nur, damit man einmal gründlich die Optik wechselte und sich gewissermaßen von außen aus dem Lebendigen als Toter sah." (*Hel* 391)

---

* In SW nicht aufgenommen.

Die gnostizistische Verachtung des menschlichen Leibes, die hier zum Ausdruck kommt, ist die äußerste, sich überschlagende Vergegenständlichung des Selbst. In ihr sieht der Mensch seinen Leib und das organische Leben als den Hort des Bösen an und erkennt im Anorganischen, in den Elementen, dem „reinen Stoff" den eigentlichen Ort des Heils und des Seins. Es ist die äußerste Verfügbarmachung des Menschen, wenn er alles in der Welt als lebendig und wertvoll ansieht außer seinen eigenen Leib. In der Verachtung des Leibes im parsischen Gnostizismus von *Heliopolis* tritt die Dialektik der Vergegenständlichung des totalen Arbeitscharakters im Spiegel des dualistischen Mythos wieder auf.

Der metaphysische Dualismus erlaubt es auch, „leichter" durch den Schrecken des Jahrhunderts hindurchzugehen. In dem Drogenexperiment, dem sich Budur Peri und Lucius unterziehen, und in dem aus ihm entstehenden Alptraum eines psychedelischen Marsches durch die Hölle zeigt sich, daß Budur Peri durch das Böse und Unreine unberührt hindurchgeht, während Lucius dem ihn überwältigenden Bösen nicht gewachsen ist. „Es schien, daß Budur dem Angriff nicht im gleichen Maße ausgeliefert war. Das war der große Vorteil dualistischer Lehren – wenn sie im Anstieg auch das All nicht mit der gleichen Kraft umarmten, so konnte doch in der Vernichtung die Lichtwelt nicht völlig untergehen." (*Hel* 402; 16,317)

In *Heliopolis* kehrt das Problem des Bösen und damit des Moralischen, das die Moderne glaubte, aus der Welt verbannt zu haben, zurück. Am 13. Dezember 1933 hatte Jünger an Carl Schmitt geschrieben: „Der Vorgang, den wir als die Moderne bezeichnen, besteht vor allem in der Auflösung des Bösen; alle Amoralisten sind deshalb für uns besonders modern, und es scheint mir, als ob dieser Vorgang weniger der Zeichnung als der Farbe zugute kommt, wie es dem Wesen des Dekompositionsprozesses entspricht. Ihre Unterscheidung von Freund und Feind ist übrigens nicht moderner Natur, entsprechend tritt in dieser Konzeption die Zeichnung, oder wie Ihre guten Freunde behaupten, der ‚romanische Charakter' stark hervor. [. . .] In einer wesentlich amoralischen Welt von ein und derselben Mannigfaltigkeit stellt die Unterscheidung von Freund und Feind ein Grundverfahren dar, mit dem eine wechselnde Reihenfolge konkreter Lagen bearbeitet und in Angriff genommen wird. Dies ist jedenfalls . . . mein Verfahren, und insofern ist mir Ihre These zugänglich. Die Einheit selbst kann die Freund-Feind-Unterscheidung allerdings schon deshalb nicht berühren, weil sie eine Unterscheidung ist."[41]

---

[41] Zitiert nach HEIMO SCHWILK: *Ernst Jünger. Leben und Werk in Bildern und Texte*n,

Der weitere Fortgang der Moderne hatte, entgegen der Ansicht Jüngers von 1933, gezeigt, daß sich das Böse nicht durch den Amoralismus und die Totale Mobilmachung auch tatsächlich auflöst. Die Auseinandersetzung mit dem Bösen im dualistischen Gnostizismus ist deshalb in *Heliopolis* sowohl ein Mittel, sich nach der Katastrophe der Theodizee zu versichern, wie ein Versuch, zur Moralität des Christentums nach dem Amoralismus des Arbeiters zurückzukehren. Lucius: *„„Das Böse wirkt am Weltplan mit, so wie am Licht der Schatten; es mündet, wenn es seinen Lauf im Zeitlichen erfüllt, die Qualität verlierend, in den Urquell ein. Der Vorteil des Bösen liegt darin, daß es schärfer den Mechanismus dieser Welt erfaßt, indes das Gute seine Metaphysik erahnt. Aus diesem Grunde können Macht und Liebe im Diesseits wie Licht und Schatten nicht identisch sein.'*

,Für unsere Lehre', sagte Budur Peri, ,sind sie es auch im Jenseits nicht. Das Gute und das Böse gleichen sich in ewigem Wechsel und unvermischbar aneinander ab.' [...] ,Daher sind eure Priester auch Magier, und daher ist bei euch Reinheit, was bei uns Liebe ist. Das Christentum kennt diese Starre nicht.'" (*Hel* 395; 16, 312)

Der letzte Satz dieses Zitats fehlt in der Ausgabe der Sämtlichen Werke. Die von Jünger vorgenommenen Streichungen zeigen, daß die Bejahung des Christentums, wie sie in den zitierten Passagen von *Heliopolis* zum Ausdruck kommt, Jünger selbst später als zu weitgehend für seine Position erschienen ist. Die im Helden von *Heliopolis* zum Ausdruck kommende Haltung nimmt eine charakteristische Zwischenstellung zwischen Christentum und Gnostizismus ein.

Jüngers Weg zum Christentum war weit. Seine Angriffe gegen das Christentum im *Arbeiter* sind heftig und folgen aus seinem atheistischen Modernismus. „Wir haben zu begreifen, daß zwischen der Gestalt des Arbeiters und der christlichen Seele ebensowenig eine Beziehung bestehen kann, wie sie zwischen dieser Seele und den antiken Götterbildern möglich war." (*Arb* 215; 8,219) Die Technik und der Totale Arbeitscharakter sind als Selbstermächtigung des Menschen

---

aaO., 126f. – CARLO GALLI hat in einem bemerkenswerten Vortrag „Jünger, Heidegger, Schmitt e il problema dell'ordine" auf der Tagung „Conservatorismo e nichilismo nel XXo secolo", Cadenabbia, 25. bis 27. September 1987, auf die Deutung der Moderne in den Arbeiten von Carl Schmitt und Ernst Jünger hingewiesen. Beide gelten ihm als *die* Vertreter der Moderne in Deutschland. Galli zitiert eine Äußerung Carl Schmitts, die deutsche Moderne habe nichts anderes getan, als die Mittel der Moderne gegen England gewendet zu haben. Vgl. auch CARLO GALLI: *Modernità. Categorie e profili critici*, Bologna (Il Mulino) 1988.

* In SW nicht aufgenommen.

die Vernichter des Glaubens. Im „moralischen Schema eines korrum-
pierten Christentums" erscheint „die Arbeit selbst als böse". Das Christentum übersetzt „den biblischen Fluch in das materielle Verhältnis
zwischen Ausbeutern und Ausgebeuteten." Es erweist sich als unfähig,
„die Freiheit anders als im Negativen, als die Erlösung von irgendwel-
chen Übeln zu sehen." (Arb 67; 8,71) Der Arbeiter sieht die Arbeit nicht
als Folge der Erbsünde und als moralische Last, sondern als das Feld
an, auf dem sich der Übermensch und Titan verherrlicht. Daher steht
für den Modernismus Jüngers die Arbeitswelt auch nicht unter Krite-
rien der Moral, sondern der heldischen Bewährung.

In der Erfahrung der Katastrophe des Zweiten Weltkrieges ändert
sich die Einstellung Jüngers zum Christentum, vor allem in der Schrift
Der Friede. Unter dem Datum des 28. Mai 1944 schreibt Jünger im
Pariser Tagebuch über seine bereits erwähnte Gesamtlesung der Bibel:
„Verdienstlich kann ich diese Bemühung besonders insofern erkennen, als sie auf eigenem Entschluß beruht und gegen manchen Wider-
stand sich durchsetzte. Meine Erziehung lief in entgegengesetzter
Richtung; von früher Jugend auf war mein Denken durch den exakten
Realismus und Positivismus meines Vaters bestimmt. Dem leistete
auch jeder bedeutendere Lehrer Beihilfe. Die Religionslehrer waren
meist langweilig, bei manchen hatte ich ein Gefühl, als geniere sie der
Stoff. Holle, der klügste unter ihnen, ließ durchblicken, die Erscheinung Christi auf dem Wasser sei durch eine optische Täuschung zu
erklären; die Gegend sei für ihre Bodennebel bekannt. Die intelli-
genteren Kameraden, die Bücher, die ich schätzte, waren auf densel-
ben Ton gestimmt. Es war notwendig, daß ich diesen Kreis durchlief,
und immer werden Spuren in mir davon zurückbleiben." (Stra II,
272)

Diese Bemerkungen sind nicht nur für Jüngers geistige Biographie,
sondern auch für die Genealogie der Moderne in Deutschland aufschlußreich. Der Positivismus und der agnostische Realismus waren
im Deutschland der ersten Hälfte des 20. Jahrhunderts, vor allem im
protestantisch geprägten Milieu, so beherrschend, daß christliche
Theologie als cognitive Theorie der Gesamtwirklichkeit schlicht außerhalb des Zumutbaren lag. Andererseits läßt Jünger im Arbeiter, wohl
von Driesch beeinflußt, schon 1932, wie oben gezeigt, eine Sympathie
für die Schöpfungstheorie und die Annahme, daß die natürlichen
Arten Schöpfungsideen seien, erkennen.

In der Schrift Der Friede fordert Jünger aus politischen Gründen eine
Renaissance des Christentums. Nihilismus und Liberalismus, so heißt
es dort, haben sich zu einem atheistischen Humanismus vereinigt. Um
zu einem echten Frieden in Europa zu gelangen, der die nationalen

Egoismen dauerhaft zu überwinden vermag, ist ein heiliger Vertrag auf religiöser Grundlage notwendig (*Frie* 225). Die christliche Kirche muß diesen Vertrag stützen: „Denn immer noch ist sie das stärkste der alten Bänder, welche die Zeiten der nationalen Trennung überdauerten." (*Frie* 232) Um diesem Vertrag Geltung zu verschaffen, ist eine theologische Wandlung des Zeitgeistes nötig. Die Politik bedarf der theologischen Dimension. Die besten Geister müssen sich deshalb der Theologie zuwenden. (*Frie* 229ff.)[42]

Anfang 1945 beschäftigt sich Jünger ausgiebig mit der Lektüre Franz von Baaders, des großen christlichen Philosophen.[43] Baader war Jünger, wie eine Tagebuchnotiz zeigt (*JdO* 232), durch Leopold Ziegler bekannt geworden. Ziegler bezeichnet in seinem Buch *Menschwerdung* Baader und Jakob Böhme als die größten noch zu entdeckenden Denker Deutschlands. Baader hat sich – in der Wirkung auf die Nachwelt und die katholische Welt erfolglos, in der Sache aber höchst erfolgreich – in seinem Werk um eine Synthese von Gnosis und Pistis, hermetischer und katholischer Tradition bemüht. *Heliopolis* stellt sich in diese Tradition eines christlichen Hermetismus und einer christlichen Gnosis, wenn auch die Gewichte bei Jünger stärker als bei Baader zugunsten des mythologischen Gnostizismus verschoben sind.

Die Welt von Heliopolis und ihres Helden steht zwischen Mythos und Christentum, zwischen der Rückkehr zum vorchristlichen Glanz des Mythos und der Wiederaufnahme des Christentums. Jünger analysiert die Schwächen des eigenen modernistischen Entwurfes, wenn er die fehlende Vermittlung von Geistigkeit und Sinnlichkeit im preußischen Modernismus der Phase seiner Zugehörigkeit zur Konservativen Revolution kritisiert:

„Was war . . . bei den Preußen die Utopie?' warf Lucius ein. ,Die Preußen? Die standen noch zwischen Mythos und Aufklärung.

---

[42] MARTIN MEYER: *Ernst Jünger*, München (Hanser) 1990, 352, findet das Werk schwer erträglich erbaulich und kritisiert es als unverständlich, daß Jünger in dieser Schrift von jeder konkreten Schuld am Krieg abstrahiere. Nun war aber eben diese Erfahrung der konkreten Schuldlosigkeit des einzelnen, oder besser: vieler einzelner, offenbar die Selbsterfahrung Jüngers in diesem Krieg. Vgl. zu dieser Schrift auch unten 3. Buch, Abschnitt V.

[43] Kirchhorst, 4. Januar 1945: „Lektüre: Baader, der für mich schwierig ist wie alles, was sich von Böhme ableitet. In einzelnen Bildern zündets noch am ersten, wie dort, wo er vom Vorteil selbst des mechanischen Gebetes spricht. Die so erreichte Anheftung vergleicht er dem Druck, mit dem ein Tischler zwei widerstrebende Hölzer so lange zusammenpreßt, bis endlich der Leim sie vereint." (*Stra II*, 353)

Daher das Zwielicht von irrationaler Nüchternheit. Hier fehlte freilich jeder Sinn für Phantasie. Das ist auch der Grund, aus dem sie auf die Dauer den Fortschrittsmächten, die Utopien hatten, unterlegen sind. Der Machtkampf findet ja nur im Vordergrund zwischen Interessen und Heeren statt. Dahinter ist er Bilder-Abgleichung. Das ist der Sinn der alten Feldzeichen, der dann verloren ging. Sie sind Monstranzen. In ihrer Aura fällt das Opfer leicht . . . *Die Utopien dagegen sind das Gesetz der neuen Bundeslade, die Ratio heißt. Sie werden von den Heeren unsichtbar mitgeführt.' "* (Hel 217; 16,184)

Die deutsche Mobilmachung hatte die Mobilmachung der Phantasie versäumt. Ihre Mischung von Mythos und Aufklärung, die irrationale Nüchternheit vermochte es nicht, dem Modernismus der Mobilmachung eine Richtung, ein Ziel zu geben. „Zur Utopie ist jeder Staat verpflichtet, sobald er die Verbindung zum Mythos verloren hat. In ihr gelangt er zum Selbstbewußtsein seiner Aufgabe. Die Utopie ist der Entwurf des idealen Planes, durch den sich die Realität bestimmt." (Hel 217; 16,184)

Der Arbeiter der Totalen Mobilmachung weist, so lautet die Revision des Helden der Moderne in Heliopolis, zwei Mängel auf. Obgleich er in Übereinstimmung mit seinen Mitteln, der Technik, steht, fehlen ihm der Auftrag und das Ziel einerseits und die Phantasie und das weibliche Element andererseits. Der Typus des Arbeiters der Totalen Mobilmachung verfügt über *désinvolture*, aber es fehlt ihm *souplesse*. Seine Desinvoltura bleibt mechanisches Räderwerk.

Jünger zitiert 1938 in Das Abenteuerliche Herz aus Francis Bacons Essays: „Offenbare und augenscheinliche Vorzüge schaffen Lob, geheime und verborgene Tugenden dagegen, das heißt gewisse Charakteräußerungen, für die es keinen Namen gibt, erzeugen das Glück. Das spanische Wort desenvoltura gibt sie zum Teil wieder, falls zwar kein Halt und keine Stetigkeit im Charakter eines Mannes ist, jedoch die Räder seines Geistes mit den Rädern seines Glückes Schritt halten." (AH 2, 127; 9,262)

Das Lob der Desinvoltura wird auch in Heliopolis gesungen, jene „Art der höheren Natur, **wie sie den freien Menschen ziert, der zwanglos sich in dem Kostüm bewegt, das ihm von Gott verliehen ist**." (Hel 101) Das „Räderwerk des Glückes" genügt jedoch nach Heliopolis nicht

---

* In SW nicht aufgenommen.
** In der Ausgabe SW 16,96 ersetzt durch: „zwanglose Bewegung des freien Menschen im angeborenen Gewand."

mehr. Die Metamorphosen des Helden der Moderne erfordern die Ergänzung des herrscherlichen durch den dienenden und musischen Menschen. Für ihn gilt, was Jünger, seinen Bruder Friedrich Georg zitierend, über den Kentauren Chiron sagt: „Durch ihn wird das Heldenleben mit musischen Kräften erfüllt, ohne die es roh und dürftig bleiben müßte." (*Sche* 124) Das Musische und der Dienst müssen zur Desinvoltura treten, um den Heroen vollständig zu machen: *„Doch muß der Desinvoltura die *Souplesse* zur Seite stehen. Das Wort ist in den frühen Ritterzeiten über supplex in die Provençalensprache eingeführt – supplex ist, wer die Knie beugt. Und wenn Desinvoltura ein Zeichen dafür ist, daß dich vertrauter Umgang mit edlen Männern prägte, so kann man aus der Souplesse auf die Frauen schließen, die dich ihrer Neigung würdigten."* (*Hel* 101f.)

Der zugleich utopische und nostalgische Roman *Heliopolis* beschreibt die Suche des Helden zwischen Mythos, Gnostizismus und Christentum. Er ist eine der Stufen der Metamorphosen, denen der Held der Moderne, der Arbeiter, unterworfen ist. Zur Klarheit gelangt diese Suche des Helden der Moderne in der Abhandlung *An der Zeitmauer*, die denjenigen nennt, der dem Arbeiter den Auftrag gibt und ihn zur Herrschaft ermächtigt. Erst hier wird das Rätsel des Nihilismus, das Jünger seit der Widerstandsschrift *Auf den Marmorklippen* von 1939 bewegte, gelöst und die Bestimmung der Moderne vollendet.

---

* In SW 16,96f. ersetzt durch: „Ihr muß *souplesse* zur Seite stehen. Das Wort kommt aus dem Provençalischen – supplex ist, wer die Knie beugt. Désinvolture läßt auf die Männer schließen, die dich ihres Umgangs, Souplesse hingegen auf die Frauen, die dich ihrer Neigung würdigten."

Teil C. Die Rückkehr des Helden zur Erde

V. Kapitel: Der Titan

Die Schriften *Der Arbeiter* (1932) und *Über den Schmerz* (1934) schlossen mit einer offenen Frage: In wessen Auftrag und gegen wen findet die Totale Mobilmachung im planetarischen Maßstab statt? Wer errichtet die neuen Feldzeichen auf jenen Hügeln, auf denen die Kreuze verwittern? Urwald und Wüste, Anarchie und Nihilismus, Waldgang und parsischer Gnostizismus vermochten keine Antwort auf die Frage nach dem Sinn der Mobilmachung zu geben. Fünfundzwanzig Jahre nach der mit einer Aporie über den Sinn der Mobilmachung durch den Menschen schließenden Schrift *Über den Schmerz* gibt Jünger die Antwort in seinem großen Epos *An der Zeitmauer* von 1959. Derjenige, der dem Menschen den Auftrag zur Totalen Mobilmachung erteilt, ist die Erde. Die Mobilmachung des Arbeiters ist Mobilmachung der Erde und im Auftrag der Erde. Sie ist Mobilmachung gegen die Götter des Vaters, gegen die olympischen Götter und den Gott des Alten Testamentes. Die Legitimation der totalen Mobilmachung liegt in ihrem Charakter als von der Erde initiierter Erdrevolution. Der Krieger und der Arbeiter der rationalen Konstruktion sind die heroischen Vorformen und Vorgänger des abschließenden Typus der Menschheitsgeschichte, des Arbeiters als Titanen und Sohnes der Erde.

1. Das Epos der Weltgeschichte als Teil der Gnosis der Erde

Die Äonenspekulation und Genealogie der mythischen Heldenformen des Menschseins in *An der Zeitmauer* faßt die einzelnen Teile des Epos der Moderne zusammen und stellt dieses Epos der Moderne noch einmal hinein in ein größeres Rahmenepos, in das Gesamtepos der Weltgeschichte. *An der Zeitmauer* ist Jüngers Epos und Theorie der Geschichte der Gesamtwirklichkeit.[44] Sie ist monistischer Gnostizis-

---

[44] Auf die Bedeutung von *An der Zeitmauer* hat bereits 1960 Hermann Hesse hingewiesen. H. HESSE: *Gesammelte Werke*, 12. Bd.: *Eine Literaturgeschichte in Rezensionen und Aufsätzen*, Frankfurt (Suhrkamp) 1987, 544: „Das Buch, das mich in letzter Zeit am längsten beschäftigt hat, ist Jüngers ‚Zeitmauer'. Um es gleich zu sagen: es ist ein überaus gescheites und gutes Buch."

mus – im Gegensatz zum dualistischen Gnostizismus des Parsismus. Sie ist chthonischer Gnostizismus, der die Erde zum Zentrum der Erlösung macht – im Gegensatz zum spiritualistischen Gnostizismus der Spätantike, dessen Reich der Erlösung jenseits dieser Welt in der pneumatischen oder spirituellen Fülle (*pleroma*) liegt. Die Schrift *An der Zeitmauer* entfaltet eine „Gnosis" als Geschichtsphilosophie der Erdgeschichte. Die Menschen- und Göttergeschichte wird als Folge von Revolutionen der Erdgeschichte begriffen.

Die Revolution der Moderne, ihre Totale Mobilmachung, richtet sich nach Jünger gegen die Fürsten dieser Welt, die Götter, gegen den Vater und den Demiurgen, nicht jedoch gegen die Mutter, gegen die Erde. Die Revolte der Moderne gegen die Herren dieser Welt gründet daher nicht, wie es die Revolte des antiken dualistischen Gnostizismus von Valentinus, Marcion, Basilides oder Mani darstellt, auf einem Bündnis des Menschen, ja auf der Identität des pneumatischen Menschen, mit dem hyperkosmischen, „fremden" Gott oder Erlöser gegen den Demiurgen, die Planetengötter und die siderischen Mächte dieser Welt, „huius mundi." Dieser Welt zu entgehen und sich „hyperkosmisch" außerhalb der Schöpfung und der Erde zu stellen, strebt der antike Gnostizismus als Ziel der Existenz des pneumatischen Menschen, des „Erwählten", an. Im Gegensatz zum antiken Gnostizismus richtet sich die Revolution der Moderne, die Mobilmachung des Menschen, gegen die Götter schlechthin, gegen die Olympier und gegen den Schöpfergott. Sie ist ein Bündnis des Menschen mit der Erde gegen die Götter. Der Mensch hat sich auf ein Abenteuer eingelassen, dessen Folgen unabsehbar und unausweichlich sind, weil „die Materie, die Erde als Mutter, von sich aus sich zu regen beginnt, und der Mensch als ihr Sohn diese Regung begreift." (*ZM* 635) Die Stahlgewitter der Moderne, die großen Revolutionen und Weltkriege, sind die Erschütterungen, die aus dieser Regung der Erde im Menschenreich bereits bemerklich wurden. „Der Urgrund beginnt sich zu regen; das muß notwendig mit großen Erschütterungen verbunden sein." (*ZM* 639)

Das Sich-Regen des Urgrundes am Ende der Stahlgewitter der modernen Mobilmachung ist der Abschluß der Menschengeschichte, die damit in die Erdgeschichte und im Sinne der humanen Einteilungen der Geschichte in den nachgeschichtlichen Raum, in das „Posthistoire" eintritt. „Der Vorgang ist erdgeschichtlich; er übergreift die Menschengeschichte und schließt sie ab, wenigstens in dem Sinne, in dem wir sie bislang verstanden haben. Das erkärt, warum wir mit der geschichtlichen Erfahrung und den aus ihr entwickelten Methoden nicht auskommen. Wir dürfen darin nicht nur menschliche Fehler sehen.

Der Mensch versagt vor etwas Stärkerem; er muß ihm nachgeben." (ZM 640) Dem Menschen widerfährt, was jedem Eroberer widerfährt: er wird selbst erobert. Der Mensch der Moderne, der Eroberer der Erde, wird von der Erde selbst erobert (ZM 576). „Der Mensch fragt, und die Erde antwortet. Daß der Mensch aber zu fragen begann, beruht auf einer primären Bewegung der Erde als Urgrund, auf einer Mutter und Sohn gemeinsamen Initiationswehe." (ZM 640) Um diese Deutung der Gegenwart als Erdrevolution, als Initiationswehe von Erde und Mensch, als Wiedereroberung ihres Eroberers durch die Erde zu begründen, stellt Jünger seine gesamte bisherige mythische Arbeit in den Dienst des Gesamtmythos von der Erdrevolution als dem Ende der Geschichte, an welchem die Erde in einer *recapitulatio*, einer Wiederzusammenfassung, ihren Sohn zu sich zurückholt. Der Mythos des Kriegers und der Mythos des technischen, konstruierenden Arbeiters werden zu Teilzyklen eines größeren Zyklus, zu Abschnitten in der Genealogie des Titanen Mensch, zu Vorstufen des großen Schlußmythos der Menschheit.

Der Dichter ist nach Jünger der Verkünder dessen, was in der Erde geschieht und der Spender ihres Überflusses: „Andererseits ist der Dichter nicht nur Künder, sondern auch Spender des Überflusses; daher ist er notwendiger als alle Ökonomen, und das Gedicht ist wichtiger als jede Wissenschaft. Der Dichter schöpft noch aus dem Unaufgeteilten; er leidet früher, wenn es sich vermindert, spürt aber eher auch seine Wiederkehr." (ZM 506)

Der Sänger der Moderne kann seine Vision nicht nur verkünden, sondern muß sie begründen, damit der „wissenschaftliche Geist, der ja an allen Schranken Wache hält, sie passieren lassen kann." (ZM 401) Der Dichter muß in der Moderne Meßbares und Mythisches, die Einsicht der Wissenschaft und die Deutung der dichterischen Rede, die meßbare Zeit und die Schicksalszeit vereinigen.[45] Der Gang der Begründung für die These vom Ende der Geschichte und der Rückkehr der Titanen im Menschen als dem Sohn der Erde muß der Gang der Geschichte sein. Nur die Deutung der gesamten Menschen- *und*

---

[45] „Ich versuchte den Vorgang bereits vor dreißig Jahren in einer kurzen Betrachtung zu schildern im ‚Sizilischen Brief an den Mann im Mond'. Hier wurde ausgeführt, daß der Mond Gegenstand sowohl der astronomischen wie der mythischen Annäherung sein kann und daß seine Oberfläche sowohl einen meßbaren realen als auch einen physiognomischen Charakter besitzt. Dann ist der Sprung, der Rücksprung zum Ursprung, gelungen, und der perspektivischen Deckung der Gegensätze entspringt stereoskopisch eine neue Dimension, die sie nicht nur räumlich vereint, sondern auch qualitativ erhöht." (ZM 402).

Erdgeschichte vermag die These vom Ende der Geschichte zu rechtfertigen.

Das Ende der geschichtlichen Welt, das Ende der humanen Einteilungen und der Übergang zu den siderischen oder chthonischen Einteilungen der Zeit zeigt sich nach *An der Zeitmauer* im Hervortreten von
Äonenspekulationen und astrologischen Beobachtungen in der Gegenwart. Aus dem Wiederaufleben der Astrologie und einer diffusen
„Zweiten Religiosität" der Epoche läßt sich auf „eine heraufwallende
gnostische Grundströmung schließen, die sich auch durch andere
Zeichen ankündet." (*ZM* 424f.) Die Astrologie und die Gnostizismen
entspringen dem Wunsch, die Zeit und die Geschichte als Schicksalszeit zu deuten und zu beherrschen. Die Einteilungen der Geschichte
und die Versuche ihrer Deutung sind zu unterscheiden in humane
Einteilungen und siderische Einteilungen, in Menschengeschichte und
Erdgeschichte. Die humanen Einteilungen der Menschengeschichte
gliedern die Geschichte nach der vormythischen, der mythischen und
der geschichtlichen Epoche. Die siderischen Einteilungen sehen dagegen den Zyklus der humanen Einteilungen, die Menschengeschichte,
als eine Stufe in einem Zyklus höherer Ordnung, den der Zyklus der
Erdgeschichte als Gestirnsgeschichte bildet, an. Die Abschnitte dieses
größeren Zyklus der siderischen Einteilungen lassen sich gliedern in
kosmogonische, geologische und metereologische Abläufe (*ZM* 522).

Daß wir „an der Zeitmauer" stehen, bedeutet, daß die humanen
Einteilungen nicht mehr greifen, sondern ein neuer „Erdsinn" der
Epoche gefunden werden muß. Am Ende des Zyklus der humanen
Einteilungen ist herauszutreten in einen neuen und größeren, siderischen Zyklus. Die humanen Einteilungen der Geschichte vermögen
diese nicht mehr zu deuten, weil der Träger des Mythos, der Held, und
die Träger der geschichtlichen Welt, der historische Mensch als Person
und die Nation, bis zur Unwirksamkeit geschwächt aus den Stahlgewittern der Moderne hervorgegangen sind.

2. Das Ende des Helden und der Abschluß des mythischen und geschichtlichen Zeitalters

Mythisches und geschichtliches Zeitalter gehören im Rückblick stärker
zusammen, als es die Epoche der Geschichtlichkeit selbst wahrneh-
men konnte, weil sich innerhalb dieser Epoche die geschichtliche Welt
von der mythischen Welt abzugrenzen suchte. Der Heros des Mythos
besitzt auch personale Züge. Er trägt im Gegensatz zum Märchenhel-

den, der ein Erdsohn ist, einen Namen. Er ist Vorbild. Schon im Namen des mythischen Helden wird der personale Zug des Mythos sichtbar. Daß der Heros als Vorbild schwindet, ist aus dem Ermatten geschichtsbildender Kraft zu erklären (ZM 473).

Zwar hat sich die nachherodotische, geschichtliche Welt gegen den Mythos konstituiert, aber das Personale des Mythos bewirkt, daß er der geschichtlichen Welt zugeordnet bleibt. Der Mythos hatte auch im historischen Raum seinen besonderen Ort und seinen besonderen Turnus innerhalb der historischen Zeit. Erst im atheistischen Staatswesen wurde der mythische Ort und Turnus aus der Linearität der historischen Zeit verbannt (ZM 471). Der historische Mensch war nicht gegen den Mythos an sich gewandt, sondern gegen die Herrschaft der mythischen Mächte. Der geschichtliche Mensch lebte mit der Integration des Mythos in die lineare Zeit, auch wenn diese Hegung des Mythos nur als ständiger Kampf gegen mythische Mächte zu erreichen war: „Eine der großen Anstrengungen der nachherodotischen, also der abendländischen Kultur im weiteren (nicht im Spenglerschen) Sinne besteht daher in der Wahrung ihrer geschichtlichen Struktur, sei es der des Staates, des Denkens oder der Person und ihres Freiheitsanspruchs, gegen den Angriff mythischer Mächte und ihrer Wiederkehr. Das, und nicht der Kampf zwischen Nationen und Wirtschaftsformen, gehört zur wesentlichen Erfassung des Abschnittes, der hinter uns liegt. Von Geschichtswahrung, von Geschichtsbewußtsein überhaupt in diesem Sinne, kann nur in ihm die Rede sein." (ZM 469)

Voraussetzung von Geschichtlichkeit, von Mythos und Geschichte, ist der Vater, die Eindeutigkeit der Abstammungsrelation. Der Vater ist wiederum die Voraussetzung des Typus des Kriegers. Beide wurden im Zweiten Weltkrieg durch den „Unbekannten Soldaten" abgelöst, der sich bereits im Ersten Weltkrieg andeutete: „Der Unbekannte Soldat ist daher nicht Heros, nicht Held. Er hat weder Personalität noch Individualität, um seine Taten knüpft sich kein Epos, kein Bericht. Er hat keinen Namen, im Grunde kein Vaterland. Er ist ein Erdsohn, ein dunkler Heimkehrer, ist weder Stifter noch Gründer, ist eher Befruchter der Erdmutter." (ZM 474)

Der Mensch als Held und der Mensch als Person sind in den großen Blutopfern des Zweiten Weltkrieges nicht mehr als die tragenden geschichtsmächtigen Akteure erkennbar. Die Opfer sind heldenlos, vorhomerisch. „Das Geschehen trägt einen elementarischen, titanisch-tellurischen Zug, bei dem die materielle Ordnung die paternitäre überwiegt, altes Recht, alte Sitte, alte Freiheit fragwürdig wird." (ZM 474) Der elementarische, titanisch-tellurische Charakter des Zweiten

Weltkrieges hat den geschichtlichen, heldischen Krieg des paternitären Kriegers und damit sowohl die mythische wie die geschichtliche
Epoche abgelöst.

Weil die mythologische und die geschichtliche Epoche durchaus
verbunden waren, ist der Abschied von der Geschichtlichkeit tiefgrei-
fender, als es der Übergang vom Mythos zur Historie innerhalb der
Epoche der Geschichtlichkeit war. „Vieles läßt darauf schließen, daß
der Abschied von der Geschichte einschneidender und folgenschwe-
rer sein wird, als es jener vom Mythos war. Das läßt vermuten, daß ein
noch größerer Zyklus abgelaufen ist. Wird der Mensch nicht noch
mehr als damals opfern, nicht noch mehr zurücklassen müssen – am
Ende das Menschentum selbst?" (*ZM* 480f.)

Der Mythos gehört zur Geschichtlichkeit, weil sich in ihm der
Mensch als ein sich wandelndes und sich selbst ergänzendes Wesen
deutet. Jünger verweist auf den Mythos vom Goldenen Zeitalter, nach
welchem das Goldene Zeitalter vor dem eigentlich mythischen lag. In
diesem Mythos des vormythischen Zeitalters, der also eine Form des
Protomythos *und* der Protohistorie darstellt, begreift sich der Mensch
als ein Seiendes, das sich von einem Teil seines Wesens getrennt hat.
Der Mensch hat das Goldene Zeitalter des Kronos und der Erdtitanen
verlassen, um mit den Göttern gegen die Titanen zu kämpfen. „Es
muß eine große Trauer über die Welt gekommen sein, als der Mensch
sich von diesem Teil seines Wesens trennte oder von ihm getrennt
wurde. Beides bedingt sich ja, man muß dann zum Untergang im
Innersten Ja sagen, ihm zustimmen. Der Mensch sucht sich auf neue
Weise zu ergänzen: er wird zum Halbgott und kämpft im Bündnis mit
den Göttern gegen die Söhne der Erdmutter. Daß die Götter ohne die
Hilfe des Herakles die Titanen nicht besiegen können, ist eine Weisheit des Mythos; auch können sie sie nicht vernichten, nur einschlie-
ßen. Bei jeder Wende klopft es aus der Tiefe an." (*ZM* 515)

Der Mensch konnte die Wende vom Goldenen Zeitalter zum Erzer-
nen Zeitalter des Mythos, der Geschichte und der Technik nur durch
die Absetzung der Thronfürsten jenes Äons, der Titanen, vollziehen,
und er war auf die Ergänzung und Unterstützung durch die olympischen Götter zu dieser Wandlung angewiesen. Wenn der Mensch
heute an einer ebenso einschneidenden Wende seines Geschicks, an
der Schwelle zur Nachgeschichtlichkeit und an der Zeitmauer steht,
wenn er „in die Nacht des nachhistorischen Zeitalters schaut" (*ZM*
471), muß er wieder gegen einen Thronfürsten kämpfen und benötigt
er wieder einen Bundesgenossen. Der Mensch muß sich an der
Schwelle zum nachgeschichtlichen Zeitalter, wenn er ein neues Zeitalter gründen will, gegen den Fürsten des alten Äons, gegen die Götter

oder den Gott wenden, mit denen er einst verbündet war, und er muß für diesen Kampf neue Bundesgenossen finden. Indem der Mensch die Götter angreift, wird er zum Titan.

„Es ist sinnvoll, daß der Mensch, indem er die Gottheit angreift, Titan wird – ja diese Absetzung mußte notwendig seiner neuen Machtbefugnis vorausgehen. Eine andere Frage bleibt es, welche Mächte ihm dabei behilflich sind." (*ZM* 531) Zunächst ist es offen, mit wem sich der Mensch gegen die Götter verbindet, er kann sich ebenso mit den satanischen wie mit den chthonischen, mit den unternatürlichen wie mit den natürlichen Mächten gegen die Götter verbünden. Daß der Mensch mit der Technik und dem Nihilismus die Götter schon längst angegriffen hat, ist für Jünger ausgemacht: „Die Welt als brennbares Haus, als große Scheuer, die Menschen als Kinder mit Streichhölzern darin – auch das gehört zum Austritt aus dem historischen Raum, zu seinen Indizien." (*ZM* 531)

Indizien des Angriffs des Menschen auf die alte Weltordnung und die Götter sind die „Bauhütten" der neuen Welt, jene technischen Werkstätten mit ihrer Monotonie (*ZM* 543f.), in denen die Menschenopfer, die für die Technik gebracht werden müssen, stattfinden. Die Freiheitsminderung und Entfremdung des Menschen in der technischen Welt folgen aus seinem Angriff auf die Götter und die Weltordnung (*ZM* 562). Ein nicht nur weltgeschichtliches, sondern auch erdgeschichtliches und theologisches Ereignis ersten Ranges und eine Anzeige für den Aufstand gegen die Götter stellt die Erfindung des Blitzableiters im Jahre 1752 dar: „Mythologisch ist sie ein erstes Signal des titanischen Aufstandes, ein neues Aufbegehren der Urmutter gegen den Allvater. [...] Ein wenig später werden die Stadtmauern geschleift ... Die Städte schirmen sich wie große Tiere, die die Haare sträuben." (*ZM* 568, 571)

Die Entdeckung der Elektrizität ist nicht nur ein neuer Akt der Selbsterkenntnis, der Selbstbefreiung des Menschen, sondern auch der Befreiung der Materie und der Erde. „Die Erde überspinnt sich mit einem immer dichteren Netz von Drähten und Kabeln." (*ZM* 572) In diesem Netz der Drähte wird die Ähnlichkeit der erdumspannenden Technik mit dem Netz der Nervenbahnen im Menschen sichtbar. Das elektrisch-elektronische Netz des Menschen wird zum Netz der Erde selbst. Diesem „Erdnetz" entspricht auch eine höhere Leitfähigkeit innerhalb der Demokratie (*ZM* 573).

Weitere Anzeichen für das neue Erdzeitalter und die Herrschaft der Erdmutter sind, daß die neue Zeitrechnung der geologischen Uhren die absolute Erdzeit mißt und die Zeit nicht mehr nach jenen Epochen der Zeit bestimmt wird, welche den humanen Einteilungen der geschichtlichen Welt oder den Einteilungen nach den Sternen zugrunde liegt. Auch daß sich die Zahl der natürlichen Arten, der Schöpfungsideen und -gestalten, die der Gott oder die Götter erdachten, verringert, ganze Gattungen verschwinden, ist ein Anzeichen für eine Revolte gegen die Schöpfung und für die anbrechende Herrschaft der Erde (ZM 582).[46]

„Offenbar ist der Prozeß der Hominisation nicht abgeschlossen, sondern gerade jetzt in eine Krisis eingetreten, in der Geschichte und Naturgeschichte, Welt- und Erdhistorie, Freiheit und Determination in Kollision kommen. Der Strom beschleunigt sich, und unerwartete Figuren, auch ‚Ungeheuer aus der Tiefe‘, tauchen auf." (ZM 591) Die bewegenden Kräfte der Krise entstammen den immer neuen Aufständen der Erde gegen die Götter. Bei diesen Aufständen der Erde steht der Mensch am Ende des geschichtlichen Zeitalters nicht mehr auf seiten der Götter, sondern der Erde. Der Mensch wechselt die Fronten im Kampf zwischen Göttern und Titanen, Geist und Erde. „Es ist ein großer Zug des Mythos, daß er den Kampf (der Titanen) gegen die olympischen Götter nicht in vormenschliche Zeiten verlegt, sondern den Menschen, vertreten durch Herakles, entscheidend an ihm teilnehmen läßt." (ZM 593) Die Götter konnten nur mit Hilfe des Menschen die Erdtitanen besiegen und das paternitäre Prinzip sowie die Grenzmarken der Gestalt und der Freiheit gegen das tellurischmaternitäre Prinzip durchsetzen.

In der Mobilmachung der Moderne wendet sich jedoch der Mensch zum Aufstand gegen die Götter: „Nun steht der Mensch zum ersten Male wieder in diesem Aufstand, diesmal antaiisch, als klügster Sohn der Erde und Vernichter der Grenzmarken, deren letzte die Zeitmauer ist. Dem mußte der Göttersturz vorausgehen. In diesem Sinne ist Nietzsches ‚Gott ist tot‘ mehr als ein Urteil, es ist ein Postulat, eine Beschwörung des Goldenen Zeitalters." (ZM 593)

3. Das Schwinden der Grenze und Gestalt

Die Mobilmachung der Erde durch die Technik ist der Versuch, zum Goldenen Zeitalter vor dem Mythos und der Geschichte, in den vorgeschichtlichen Äon zurückzukehren. Voraussetzung für diese Rückkehr ist die Vernichtung der Grenzmarken, des *Horos*, zwischen Mensch und Gott. Nietzsche hatte ebenso gesehen, daß diese Grenzüberschreitung

---

[46] Vgl. auch *Sche* 163: „September 1989, aus Mauritius zurück. Ich sah dort über den restlichen Wäldern noch den Inselfalken, einen der letzten der herrlichen Art. Es ist eine neue, eine apokalyptische Wehmut: wir sehen nicht mehr Individuen sterben, sondern Arten, Gattungen."

die Voraussetzung für die Verwirklichung des Übermenschen der Moderne ist, wie er ahnte, daß er an ihrer Verkündigung zugrunde gehen würde:

„An der Erde zu freveln ist jetzt das Furchtbarste und die Eingeweide des Unerforschlichen höher zu achten, als den Sinn der Erde!"

Und: „Ich sprach mein Wort, ich zerbreche an meinem Wort: So will es mein ewiges Los – als Verkünder gehe ich zu Grunde."[47]

Wenn Gott tot ist, schwinden die Grenzen: Wenn der *Horos,* der Schirmer der Grenzen, nicht mehr gilt, tritt der Mensch als Proteus und Antäus, als ein Wesen, das seine Gestalt und Form beliebig zu ändern vermag und seine Kraft dazu aus der Berührung der Erde zieht, an die Stelle des Menschen als des herakleischen Beschützers der Grenzen. Jünger ist sich der prometheischen Gefahr des Aufstandes gegen Gott durchaus bewußt. Aus dem Aufstand der Moderne folgt, „daß die Erde grenzenlos wird und götterloser Grund. So wird auch der Grenzschutz gegenüber der Vorweisung, die Unterscheidung zwischen Erlaubtem und Unerlaubtem, nachlässig. Sie kann nur getroffen werden, wenn Orte bestehen, wo der Zweifel schweigt. – Wo die Vorweisung als ärgerlich empfunden wird, indem sie etwa einen Hund ohne Hirn oder mit zwei Köpfen vorführt, lebt das Ärgernis von kultischen Rückständen. Die Götter sind ja nicht nur die Schutzherren territorialer Grenzen, vor allem des Vaterlandes, sondern auch der Gestalt, die, wo sie als göttlich begriffen wird, Wohlgestalt ist. Sie dulden daher auch nicht das chaotische und das chthonische Wesen, die gigantische Mißgestalt. – Hier ist wiederum Herakles zu nennen ... der Ingrimm, mit dem er die vielgestaltige Brut des fischschwänzigen Proteus verfolgt und ausrottet, Justiz an ihr übt. – Herodot sagte, daß jedes Volk seinen eigenen Herakles besitze, und Vico hat es wiederholt." (*ZM* 598)

Am Herakles-Motiv wird die Gefahr einer neuheidnischen Überhöhung der Gestalt bei Jünger erkennbar. Die Gestalt ist nicht selbst göttlich, auch dort nicht, wo sie Wohlgestalt ist. Die Gestalt ist vielmehr Geschöpf und bleibt es auch dort, wo sie die Vollgestalt durch einen Mangel, durch Privation nicht erreicht. Der Horos, die Grenzmarken, liegen nicht primär zwischen Gestalt und Ungestalt, sondern zwischen sittlicher und unsittlicher Gestalt.

---

[47] Zitiert in *ZM* 593. – Der erste Teil dieses Nietzsche-Zitates stammt aus F. NIETZSCHE: *Also sprach Zarathustra. Ein Buch für Alle und Keinen* (1883-1885), Zarathustra's Vorrede, 3. Abschnitt, in: NIETZSCHE, *Werke. Kritische Gesamtausgabe,* hrsg. v. G. Colli, M. Montinari, Bd. VI/1, Berlin (de Gruyter) 1968, 9.

Sehr schön sichtbar wird das Problem der antiken Gestaltvergötzung in der römischen Kaisergeschichte. Die herakleische Gigantomachie[48] wurde in Rom zu Ehren des Kaisers schauspielerisch-pantomimisch dargestellt, wobei in der Gestalt der Giganten auch Landesfeinde auftraten und der Kampf des Gottkönigs gegen den Landesfeind als eine Art Wiederholung des mythischen Kampfes zwischen Himmelsgott und Chaosungeheuer aufgefaßt wurde. Kaiser Commodus soll in der Rolle des Hercules Romanus Krüppel, die als schlangenfüßige Giganten verkleidet waren, mit Pfeilen erlegt haben.[49] Die Mobilmachung der Erde gegen die Götter löst die Grenzen und Gestalten auf. Jünger sieht die Gefahr der proteischen Verwischung bereits 1959 mit großem Weitblick in der neuen Biotechnik und Genmanipulation: „Die Grenzen schwinden offensichtlich . . . Mit ihnen schwindet der Nomos, die grenzwahrende Macht. Hier, und nicht in der physischen Bedrohung, ist die Tiefe des Schauders zu suchen, die den Menschen angesichts der proteischen Bildung ergreift. Er ahnt in ihr mehr als die bloße Zerstörung geprägter Form, die ja auch der Tod vernichtet, er ahnt in ihr die Vorboten eines Angriffs aus dem gebärenden Urgrunde." (ZM 599)[50] Die Geringfügigkeit des Widerstandes gegen die künstliche Befruchtung und gegen gentechnische Veränderungen zeugt für einen bereits weit fortgeschrittenen Nomos-Schwund. Daß damit eine neue Abstammung möglich wird, gehört zur Weltwende, zum Eintritt in ein neues Haus: Eine neue Menschenkategorie entsteht, für die nicht mehr der Satz der Stoiker gilt, daß die Natur verpflichtet ist, uns einen Vater zu geben. Ansprüche auf den Vater gehören nicht mehr zu den natürlichen Voraussetzungen der Kategorie von Menschen, die künstlich gezeugt wurden (ZM 600ff.). „Offensichtlich besteht ein starkes Interesse daran, den Betroffenen, also vor allem den Kindern, die spezifische Deszendenz zu verheimli-

---

[48] Eine der großartigsten Darstellungen der Gigantomachie der olympischen Götter stellt das Fries des Pergamon-Altars im Berliner Pergamon-Museum dar. Die Stadt Pergamon erlangte unter Eumenes I. und II. durch den Anschluß an Rom die Macht und den Reichtum, die die Errichtung des in der Antike als Weltwunder angesehenen Altarfrieses und seiner Gigantomachie ermöglichten.

[49] Vgl. W. SPEYER: Artikel „Gigant", in: Reallexikon für Antike und Christentum, Stuttgart (A. Hiersemann) 1978, Bd. 10, Sp. 1255.

[50] Vgl. MARTIN MEYER: Ernst Jünger, aaO., 13: „. . . geht es zugleich auch um die Kultur der wissenschaftlich-technischen Herrschaft. Da äußert Ernst Jünger einen zivilisationskritischen Argwohn, der nichts mit ‚postmoderner' Behaglichkeit zu tun hat." Die Frage, ob die Postmoderne behaglich oder ungemütlich ist und ob Jünger seit Der Friede und Heliopolis, zumindest aber seit An der Zeitmauer und Gläserne Bienen nicht selbst ein postmoderner Autor ist, soll unten im 3. Buch Abschnitt IV erörtert werden.

chen. Das ist verständlich, obwohl es gegen einen Grundanspruch verstößt." (*ZM* 602)

Hinter den biotechnischen Experimenten steht nach Jünger die proteushafte, titanische Macht, die dieses Denken bewegt. Daß das Experiment verhindert wird, ist „zwar nicht möglich, aber vorstellbar. Die Kirche sieht hier mit Recht eine ihrer Aufgaben, wie denn überhaupt ihr Schicksal davon abhängt, inwieweit sie sich von den Ergebnissen der Wissenschaft imponieren läßt." (*ZM* 604) Wenig später heißt es: „Auch hier spielt ein von letzten Hemmungen befreiter Liberalismus die Rolle des Türöffners; die er dann freilich bald mit der des Leidtragenden vertauscht." (*ZM* 623)

Allerdings kann von der Kirche in ihrer Spätzeit nicht zuviel erwartet werden, denn: „Man kann die Kirche in ihrer Spätzeit einem Kraftwerk vergleichen, das ehedem durch große Ströme gespeist wurde. Allmählich versiegte in den oberen Gebirgen das lebendige Wasser, doch gaben Seen und Reservoire noch Zufluß für lange Zeit, bis es endlich auch damit knapp wurde. Immerhin blieb das Kraftwerk als Bau bestehen, der auch bei den heutigen Unwettern Unterkunft und Schutz bietet." (*ZM* 626f.)

4. Die Hoffnung der Moderne auf die Äonen

Der Mensch als Arbeiter der Mobilmachung hat sich in der Erdrevolution zum Arbeiter als Sohn der Erde gewandelt.[51] Der Arbeiter als Titan der Erde löst den Arbeiter des Schmerzes ab. Wie bereits beim Arbeiter der Mobilmachung sieht der Dichter auch im Typus des Titanen eine geschichtliche Macht und geschichtsprägende Gestalt, die unaufhaltbar und unvermeidbar ist. Wohl erkennt Jünger am Titanen Möglichkeiten des geschichtlichen Scheiterns, aber keine des Aufhaltenkönnens oder gar Vermeidens. Die moralische Perspektive ist wie schon beim Typus Arbeiter so auch beim Typus Titan nicht anwendbar: „Der Materialismus ist Gürtel und Gorgonenhaupt des Arbeiters. Die mythischen Bilder sind am Platze; keine historische Macht kann der Erdmacht standhalten." (*ZM* 632) Hinter der Erdmacht steht eine noch größere Macht, die Macht des Mythos schlechthin: das Fatum oder Schicksal.

---

[51] Schwarz, *Der konservative Anarchist*, 203, wird der Bedeutung von *An der Zeitmauer* nicht gerecht. Sein Urteil „Die Absicht, den technischen Prozeß in möglichst umfassende Zusammenhänge hineinzustellen, verleitet Jünger zu eigenartigen Spekulationen", läßt Unverständnis für das Anliegen des Mythos von *An der Zeitmauer* erkennen.

Jünger zitiert aus den *Äthiopika* des Heliodor: „Über das Schicksal: ‚Die unwandelbaren Bestimmungen der Moiren vorauszusehen, ist möglich, ihnen zu entgehen aber nicht erreichbar.‘ Das Wort gibt eine Richtschnur für die Wertung der Orakel und Prophezeiungen." (*JdO* 190; 3,561) Wie in allen Teilen seines Epos der Moderne vermag Jünger auch im Epos des Erdtitanen nicht, die Differenz zum mythischen Prozeß zu denken, „nein" zum Ablauf der Geschichte zu sagen. Daß man auch *nicht* mitmachen kann oder will, ist dem Mythos unverständlich. Das Nichtmitmachenwollen und -können des moralischen Standpunktes liegt außerhalb der Welt der mythischen und ästhetischen Sichtweise. Für diese ist das Erkennen des Schicksals, die Einschätzung „der Lage" – ein Begriff, der bei Jünger ständig wiederkehrt – wesentlich und gefordert. Die Frage nach der Negierbarkeit und möglichen Verfügbarkeit der Lage durch politisches Handeln ist für den Mythos und für den Dichter Jünger nicht Aufgabe des Menschen.

Der Mythos ist immer Verherrlichung dessen, was geschieht, und in diesem Sinn ist das große Epos der Moderne, das Jünger mit außerordentlicher dichterischer Intensität und Sehergabe geschaffen hat, der schlechthinnige Mythos der Moderne, ist Jüngers Werk Verehrung dessen, was geschieht, auch dort, wo es Schrecken ist.[52] Jüngers Werk ist die Verherrlichung der Moderne in den Metamorphosen, die der Titan und Gott „Mensch" vom Krieger über den Arbeiter bis zum Titanen der Erde in diesem Jahrhundert erfahren hat. Ob auch nur eine dieser Metamorphosen gut war – diese Frage kann im tragischen Mythos nicht gestellt werden. Es fehlt dem Mythos zum moralischen Urteil die Distanz zur Geschichte, zu dem, was geschieht, weil er heldisch überhöht, was auch immer geschieht. Für ihn ist alles, was Ereignis ist, verehrungswürdig. Seine Frage ist nicht: „Geschieht das Richtige?", sondern „Geschieht es, geschieht ein Ereignis?"

Weil die Moderne sich getrennt hat von jener Sicht der Geschichte, die in der Geschichte selbst eine Differenz zu ihr, ein Absolutes außerhalb des Werdens festhält, ist sie seit der Geschichtsphilosophie der Aufklärung und des Deutschen Idealismus Glauben an die Geschichte

---

[52] Vgl. aber auch K. H. Bohrer: *Die Ästhetik des Schreckens. Die pessimistische Romantik und Ernst Jüngers Frühwerk* (1978), Frankfurt a.M., Berlin, Wien (Ullstein) 1983, 433: „Die ‚Desinvolture‘ der späten Dreißiger Jahre (wird) nicht allein aus dem ästhetischen Nachahmungszwang des modernen Dandysmus verständlich, sondern aus der Zerreißprobe einer an der Decadence geschulten ästhetischen Wahrnehmungs-Fähigkeit angesichts der sich ankündigenden aktuellen Schrecken und Greuel, die Jünger ab 1939, nunmehr in eindeutig moralischer Position, zu beschreiben begann."

und damit an den Erfolg. Als dieser Glaube an das Geschehen ist der Standpunkt der Moderne wesentlich Mythos als Verherrlichung des Neuen und desjenigen, das geschieht. Der Standpunkt der Moderne ist nicht Mythos im personalen Sinn mythischer Helden, sondern Mythos im Sinne halb personaler, halb kollektiver Mächte. Jüngers Werk zeigt mit größter Schärfe diese wesentlich mythische Struktur der Moderne auf, die unabhängig davon ist, ob als ihr Subjekt der Geschichte *die* Vernunft an sich", *der* Fortschritt", *das* Proletariat", *die* Rasse", *der* Arbeiter" oder *die* Klasse" stehen. Alle diese "Subjekte" der Geschichte führen zu einer mythischen Entmoralisierung der Wirklichkeit, die Jünger in dem bereits zitierten Brief an Carl Schmitt aus dem Jahre 1933 als das Wesen der Moderne bezeichnete.

Jünger erzählt den konservativen Mythos der Moderne, der in größerer Nähe zum Personalismus des Christentums der Vor- und Nachmoderne steht, als der progressistische Mythos von "Sozialismus plus Elektrifizierung", weil der konservative Mythos in seiner Betonung des Heldischen Elemente des Personalen bewahrt. Während die progressistische Moderne den "Dampfmaschinen- und Rote Armee-Mythos" erzählt, erzählt der modernistische Konservatismus den Mythos von der nationalen Mobilmachung durch den Arbeiter. Jünger selbst betont, daß Lenins Formel "Sozialismus plus Elektrifizierung" "zwar primitiv, doch richtig zwei Hauptfunktionen der Gestalt des Arbeiters andeutete." (*ZM* 569)

Die Technik ist für den Arbeiter eine Erdmacht und eine Reichtum verbürgende Rüstung, der niemand widerstehen kann. Mit dem Typus des Titanen hat Jünger die letzte utopisch-mythologische Gestalt der Moderne geschaffen. Für den Titanen "Mensch" ist der heroische Schmerz, den die Mobilmachung erzeugte, gelöst und unnötig geworden, weil er in Übereinstimmung mit der Mutter, der Erde, handelt, die hinter der Mobilmachung steht, und weil er den Vater, den Gott oder die Götter, nicht mehr braucht. Jünger zitiert – bereits 1959 – die Spekulationen der Astrologen, daß wir in das Zeitalter des Wassermanns, in eine neue Großzeit des Geistes eingetreten seien (*ZM* 645). Die Hoffnung auf das Wassermann-Zeitalter, die im *New Age* und anderswo Blüten treibt, ist die jüngste Form der gnostischen Hoffnung auf die Äonen, auf die siderischen Mächte.

Jüngers eindrucksvolles Epos der Erdgeschichte in *An der Zeitmauer* hat ebenso wie die philosophisch und dichterisch anspruchsloseren Spekulationen des *New Age* Teil an dieser Hoffnung auf die Äonen, die ein bleibender Zug der Menschheit ist. Und insofern sich die Moderne als Abschluß und Vollendung der Geschichte ansieht, partizipiert sie immer – wissentlich oder unwissentlich – an der Hoffnung auf die

Äonen, auf das Ende des alten und den Neuanfang eines neuen, modernen Äons. Wie alle Äonenspekulationen ist auch die Geschichtsphilosophie der Moderne gnostisch und beruht auf dem Mysterium der sich ablösenden Äonen, auf dem Mysterium vom werdenden und sich erneuernden Gott.

Jünger ist jedoch ein zu guter und ein zu philosophischer Dichter, um nur doktrinärer Mythologe zu sein. Der Titan Mensch bleibt bei ihm zweideutig. So wie der Mensch mit den Göttern gegen die Giganten und Titanen paktierte, um später mit ihnen gegen seine einstigen Beschützer zu Felde zu ziehen, ist auch künftig auf ihn kein Verlaß. „Auf die Rückkehr titanischen Wesens in die Gestalt des Arbeiters verweist der Zustrom plutonischer Energie, die vorerst eher gefürchtet, ja negiert wird als beherrscht. *Das wird erst möglich, wenn sie sich personifiziert* . . . Daß Titanen letzthin nicht genügen, hat das Scheitern des nach ihnen getauften Schiffes am Eisberg augurisch bestimmt. Es ist selten, daß Kassandra so in die Einzelheiten geht."[53]

5. Der tragische Konflikt zwischen Titanenmacht und Götterrecht als Bewegungsprinzip der Geschichte

Die Geschichtsdeutung Jüngers enthält trotz ihres unverkennbaren Optimismus einen tragischen Zug. Der Mensch stellt sich gegen die Götter auf die Seite der Titanen, aber auch als Titan ist er nicht verläßlich. Der Titanismus wird die Welt zerstören, obgleich er dem Auftrag der Erde entspricht. Der Titanismus wird die Welt verwüsten, weil er keine letzten Instanzen und Grenzziehungen mehr anerkennt. Weder Überdruß noch Furcht werden den Gang der Titanen hemmen, sie werden den Willen der Erde vollziehen (*AuA* 53; 13,436).

Es bleibt dem Titanismus der Moderne und seiner Letztbegründung aller Geltung im Erfolg ein Stachel in der Brust: Der Erfolg kennt kein Kriterium außer seiner selbst, und weil er sich immer auf anderes bezieht und Sein-für-anderes ist, verfügen der Gott Erfolg und der Titanismus der Moderne über keine Quelle der Geltung, über kein In-sich-Sein. „Die Titanen können zufrieden sein mit ihrem alles niederwalzenden Erfolg. Doch scheinen sie zu leiden unter dem Schweigen letzter Instanzen, die noch Zugang zur Kultur haben. Ein Stachel in der Elefantenhaut." (*AuA* 12; 13,397) Der Mangel an Vorbildern, Grenzziehungen und Geltung habender Form erstreckt sich bis auf den Verlust der Bildung und der Kenntnis der alten Sprachen. In der

---

[53] *Sche* 122. Auch schon 1945 in *Stra II*, 369.

Ablehnung der alten Sprachen drückt sich „das Ressentiment einer geschichtsfremden, ja geschichtsfeindlichen Zeit" aus. „Was hat sie zu bieten dafür? Aufstockung der exakten Naturwissenschaften, die Hybris und Titanismus weiter vorantreiben." (*AuA* 58; 13,440)

Die Folgen des Titanismus der Moderne sind Hybris und Geschichtsverlust, der Ursprung des Titanismus ist die Wendung des Menschen gegen die Götter. Die Zweideutigkeit des Jüngerschen Mythos der Moderne entsteht daraus, daß er den modernen Titanismus als ebenso unvermeidlich und begrüßenswert wie gefährlich und ambivalent ansieht. Die Moderne ist für Jünger zugleich unentrinnbares Schicksal wie zerstörerische Kraft, ihr Titanismus ist ebenso legitimer Auftrag wie Revolte. Der Titanismus folgt aus dem Auftrag der Erde, die sich regt, und er wendet sich gegen die Götter und die Grenzen habende Form. In dieser Zweideutigkeit des modernen Titanismus als Erdauftrag und Revolte gegen die Götter offenbart sich die tragische Grundstruktur der Geschichte, weil die Struktur des Tragischen selbst der Konflikt zwischen menschlichem Machtanspruch und göttlicher Grenzziehung ist. Dieser Konflikt ist der eigentliche Antrieb der geschichtlichen Entwicklung und das geheime Bewegende des mythischen *und* geschichtlichen Zeitalters. „Das Thema der Tragödie ist die Begegnung von Titanenmacht mit göttlichem Recht." (*Xyl* [1980] 439) Die Geschichte, das mythische und das geschichtliche Zeitalter, beruht auf dem Kampf zwischen Götterrecht und Titanenmacht. Ist dieser Kampf entschieden und die Macht der Titanen endgültig gefestigt, ist mit diesem Kampf auch die Geschichte zu Ende.

Die Tragödie suchte die Verbrechen, die Leiden und die Opfer dieses Kampfes zu deuten und zu verwinden, Reinigung von den Untaten des Titanenkampfes zu verschaffen. „Herakles säubert Berge und Sümpfe mit der Keule; die Tragödie suchte unerhörte Greuel zu bewältigen. [. . .] Herausforderung der Götter und ihres Zornes, Vater-, Mutter- und Brudermord, Inzest mit der Schwester, der Tochter, der Mutter selbst. Auftischung des Fleisches von Sohn und Bruder zu gräßlichen Mahlzeiten. Tantalos setzt den Göttern seinen Sohn Pelops vor, den er geschlachtet hat. Die Greuel wiederholen sich im Umkreis des Atreus und seines Bruders Thyest, so daß die Sonne sich entsetzt und in ihrem Lauf umkehrt." (*Xyl* 438)

a) Titanismus und Übermenschentum

Jünger stellt auch Nietzsches Gedanken des Übermenschen in die Genealogie des Titanismus. Der Übermensch ist nach Nietzsche der

Sohn der Erde und die titanische Überwindung der Götter und ihrer Hinterwelten. Nietzsche läßt Zarathustra sagen: „Seht, ich lehre euch den Übermenschen! Der Übermensch ist der Sinn der Erde. Euer Wille sage: der Übermensch *sei* der Sinn der Erde! Ich beschwöre euch, meine Brüder, bleibt der Erde treu und glaubt Denen nicht, welche euch von überirdischen Hoffnungen reden! Giftmischer sind es, ob sie es wissen oder nicht."[54] Jünger führt den Gedanken Nietzsches vom Übermenschen als Sinn der Erde weiter. Er wandelt Nietzsches Idee von der *Treue* des Übermenschen zur Erde, die sich gegen die Flucht in die theologischen Hinterwelten wendet, zur Idee eines *Auftrags* der Erde an den Menschen. Er deutet den autonomen Heroismus und „Übermenschentumismus" Nietzsches um in den Mythos vom Auftrag der Erde. Dadurch wird der Mythos vom Übermenschen weitaus überzeugender, als er es bei Nietzsche ist, weil ein Auftraggeber und Bevollmächtiger des Titanen Mensch genannt ist. Der Titanismus ist bei Jünger nicht nur Selbstermächtigung des Menschen, deren Vollmacht und deren Erfolgsfähigkeit von vornherein zweifelhaft sein müssen. Jünger verwendet Nietzsches These von der Geburt der Tragödie für seine eigene Theorie des Titanischen in einer bemerkenswerten Umkehrung.

„Nietzsche sieht die Tragödie aus dem Gegensatz des apollinischen und des dionysischen Seins geboren, also aus einem unter Göttern entstandenen Konflikt. Indessen führt er das Dionysische auf das Titanische zurück und sieht es auf das engste mit ihm verknüpft. Ich zitiere: ‚„Titanenhaft" und „barbarisch" dünkte dem apollinischen Griechen auch die Wirkung, die das Dionysische erregte, ohne dabei sich verhehlen zu können, daß er selbst doch zugleich auch innerlich mit jenen gestürzten Titanen und Heroen verwandt sei. Ja er mußte noch mehr empfinden: sein ganzes Dasein, mit aller Schönheit und Mäßigung, ruhte auf einem unverhüllten Untergrunde des Leidens und der Erkenntnis, der ihm wieder durch jenes Dionysische aufgedeckt wurde. Und siehe! Apollo konnte nicht ohne Dionysos leben. Das „Titanische" und das „Barbarische" waren zuletzt eine eben solche Notwendigkeit wie das Apollinische.'" (*Xyl* 439)

Auch der Konflikt zwischen Apollo und Dionysos ist eine Begegnung zwischen Götterrecht und Titanenmacht. „Im Grunde ist für ihn (Nietzsche) Dionysos kein Gott, sondern ein Titan." (*Xyl* 442) Der Titanismus und das Übermenschentum sind zwei Formen der modernen Revolte gegen die Götter.

---

[54] NIETZSCHE: *Also sprach Zarathustra. Vorrede*, aaO., 8f.

Jünger versucht stets, dieser Revolte den Anschein des Legitimen, Gerechtfertigten zu geben, und erkennt doch zugleich, daß sie dem Untergang geweiht ist. In der tragischen Haltung des Mitmachenmüssens und der Gewißheit des Scheiterns liegt die Einzigartigkeit und die Tiefe der Jüngerschen Deutung der Moderne, die gleich weit entfernt ist vom flachen Modernismus und seiner Fortschrittsvergötzung wie vom hilflosen Antimodernismus, der aus der Moderne bereits geflohen ist, bevor sie begonnen hat. Andererseits ist mit dem tragischen Standpunkt zugleich die Unmöglichkeit der klaren moralischen Wertung gegeben. Weil der tragische Konflikt ein in der Struktur der Wirklichkeit und der Geschichte zwischen Erdmacht und Göttermacht vorgegebener ist, kann er nicht mehr eindeutig auf menschliche moralische Schuld zurückgeführt werden. Die handelnden Mächte der Geschichte sind nur die Agenten und die Marionetten eines tieferen Konfliktes, der zwischen den Himmlischen und den Sterblichen ausgetragen wird.

b) Das titanische Reich des Sisyphos und seine Normalität

Die Tendenz Jüngers, den Titanismus und die Technik der Moderne trotz ihres zerstörerischen Charakters in einer Art „Technodizee" am Ende dennoch zu rechtfertigen, zeigt sich in seiner kühnen Umdeutung des Sisyphos-Mythos. Der Mensch der Moderne darf sich nicht mehr als Bundesgenosse der Götter, sondern er muß sich als Titan im Bündnis mit der Erde begreifen. Er kann sich nicht mehr in Prometheus wiedererkennen, der, auch wenn er den Menschen hilft, doch auf seiten der Götter steht, sondern er muß sich mit Kain, Lamech und Tantalos, den Aufrührern und Rebellen, den Titanen identifizieren. Die Lebensbedingungen, denen sie ausgesetzt sind, sind in den Augen der olympischen Götter Qualen und entsprechen als Strafe für menschlichen und titanischen Aufruhr gegen die Götter dem göttlichen Recht. Dies muß aber nicht notwendig bedeuten, daß sie auch in den Augen der Menschen und Titanen Qualen sind. „Sie sind vielleicht nur in dieser Perspektive (der Götter, P. K.) Qualen, sonst aber die Zurückweisung in das Titanenreich, in dem die Grenzen einschmelzen. Dort sind die Gestürzten anwesend, ihrer Rückkehr gewiß. [. . .] Kerényi sieht im Steinwälzen des Sisyphos das menschliche Bemühen, das stets vergeblich bleibt. Doch ließe sich hinzusetzen, daß es als solches nur in der Reflexion als Fluch empfunden wird. Die Wiederholung gilt als das Normale, und daß alles so bleibe, ist gemeinhin der Wunsch."
(*Xyl* 441)
Der totale Arbeitscharakter der Moderne und ihre Monotonie sind

116

nur für die Perspektive der Olympier und des heldischen Charakters eine Strafe, für den Titanen und den Arbeiter sind sie dagegen eine Erdrüstung, ist die Monotonie der Ausdruck des Normalen und Entlasteten. Der Titan wünscht die Monotonie und daß alles so bleibe zu seiner Entlastung und Ruhe. Der Titanismus der Moderne und die Monotonie der Technik erscheinen nur jenem, der zu hohe, nämlich geschichtliche Ansprüche an die eigene Existenz und an die Weltgeschichte stellt, als ein Verfehlen und ein Mangel der menschlichen Möglichkeiten. Für den Titanen selbst bildet Sisyphos den Typus des normalen und von der geschichtlichen Entscheidung entlasteten Lebens.

Kain und Lamech sind auch die Helden des Gnostizismus. Die Anhänger einer Schule des antiken Gnostizismus nannten sich „Kainiten." Die Titanen der Moderne können sich nach Jünger nicht mehr als Promethiden verstehen, sondern müssen sich als Kainiten begreifen. Prometheus war noch ein Mittler zwischen den Titanen und den Göttern, Kain ist dagegen die vollendete Revolte gegen das göttliche Recht. „Prometheus gilt als Bote und Vermittler zwischen der titanischen und der göttlichen Welt. Vor allem ist er Freund der Menschen und um ihr irdisches Wohl besorgt . . . Sowohl Zeus wie Jehova sind besorgt, daß es dem Menschen nicht zu gut gehe – daß er nicht, nachdem er der Erkenntnis teilhaftig geworden, noch die Hand nach dem Baum des Lebens ausstrecke. In dieser Hinsicht besteht Verwandtschaft zwischen der Aneignung des Apfels im Garten Eden und dem Raub des Feuers vom Olymp." (Sche 164) Wenn sich die Titanen der Moderne nicht mehr als Promethiden, sondern Kainiten begreifen, werden sie auch gewahr werden, daß ihr Sein kein Leben im Falschen und kein Leiden, sondern das dem titanischen Kainiten angemessene, „normale" Sein ist. Auch in der Erhebung Kains zum Vorbild des Menschen, wie sie bereits in der europäischen Romantik, etwa bei Byron, vollzogen wurde, zeigt sich ein gnostischer Zug des modernen Titanismus und seiner Deutung des Menschen, den Jünger in seinem Mythos der Moderne aufnimmt.[55]

---

[55] Insofern ist Bergfleths Kritik an der Jüngerschen Technodizee, wie sie in *An der Zeitmauer* entfaltet wird, nicht zutreffend. Bergfleth wendet gegen Jüngers Titanismus ein, daß die Menschen nach dem Mythos stets auf seiten der Götter gestanden hätten. Diese These Bergfleths gilt gerade nicht für den Gnostizismus und verwandte gnostizistische Protest- und Revolutionsmythen, in denen der Mensch als der Rebell gegen die Götter erscheint. Der Titan Jüngers ist gerade der gnostische Mensch der Revolte, der sich gegen die Götter und ihr Recht wendet. Vgl. G. BERGFLETH: „Das Urlicht der Natur", in: *Das Echo der Bilder. Ernst Jünger zu Ehren*, hrsg. v. H. Schwilk, Stuttgart (Klett-Cotta) 1990, 11-42, hier 32. Bergfleth entgeht in seiner Kritik das

Jünger erweitert in seinem Spätwerk den Mythos der Moderne, der mit dem Helden „Arbeiter" und seiner Mobilmachung des totalen Arbeitscharakters begann, um den Mythos des modernen Titanen und kainitischen Sohnes der Erde. So begrüßt er es auch, daß Nietzsche mit seinem Übermenschen über die Moderne des Arbeiters, über die Moderne der bloßen technischen Macht und Ordnung, hinausgegangen ist. Der Titanismus der Moderne ist erst dann wahrhaft titanisch, wenn er auch noch den Versuch hinter sich läßt, den Nihilismus einerseits und die traditionale Sitte und göttliche Ordnung andererseits durch rationalistische und technische Ordnungen zu ersetzen. „Sein (Nietzsches) Verhältnis zum Übermenschen, der die Art sprengen soll, ist das des Täufers, der benennt, was der Augur aus dem Namenlosen hereinbrachte. Die ‚Umwertung der Werte', der Angriff auf die Sitte und damit gegen die Götter, ihre Garanten, mußte damit Hand in Hand gehen. Auch darin hat Nietzsche die Moderne und ihre Versuche, die Sitte durch Ordnung zu ersetzen, überflügelt; er blieb nicht bei der Halbzeit stehen. – Zarathustra nennt sich mit Stolz den Gottlosen, dessen Wille den Zufall fügt." (*PhuB* 463)

c) Kainitisches und nihilistisches Töten

Jüngers mythologische Deutung der Moderne sieht klarer als das aufklärerische „Projekt der Moderne", das im Hegelianismus und Marxismus die Moderne als Fortschreiten im Bewußtsein der menschlichen Selbstermächtigung verherrlicht, daß die Moderne nicht bei dem Ersetzen des göttlichen Rechts und der Sitte durch eine nominalistisch gesetzte Ordnung stehenbleiben kann. Der Mythos weiß, daß die absolute Autonomie und Selbstermächtigung des Menschen den vollendeten Amoralismus voraussetzt. Erst in ihm ist die Selbstermächtigung vollendet. Die „Ordnung" des nihilistischen Modernismus ist für Jünger noch unmenschlicher und grausamer als der kainitische Titanismus der Erdsöhne. Die nihilistische Ordnung der Tötungsmaschinerie des modernen KZ ist grausamer als das Töten im antiken Zirkus. „Die Lichtbilder, auf denen man sie wie Massengüter zu Bergen aufgestapelt sieht, sind auch geistesgeschichtliche Belege – insbesondere für

---

Charakteristische an Jüngers Umformung des griechischen Titanenmythos in eine „erdgnostische" Selbstdeutung des modernen Übermenschen als Sohn der Erde, der mit der Erde in einer gemeinsamen Initiationswehe steht. Jünger ist mit diesem Mythos des Menschen als Sohn der Erde Schöpfer eines neuen Mythos und nicht nur Fortsetzer der griechischen Mythologie.

die Art, in der sich das Verhältnis zum Tode gewandelt hat. Hier wiegt nicht nur die Brutalität der Motive, sondern auch die Kaltblütigkeit der Aufnahme.

Vielleicht habe ich die Schinderhütte noch etwas zu rosig ausgemalt. Getötet wird dort nicht mehr kainitisch, nicht im Zorn, nicht aus Lust, sondern eher auf wissenschaftliche Art. Die Öffentlichkeit wird vermieden, trotzdem ist das Bewußtsein wach. Dafür spricht die Technizität des Vorganges, das bezeugen die Aufnahmen.

Das Geschehen im Zirkus dagegen war kainitisch und hatte außerdem tellurische Bedeutung – das hat Tertullian gut getroffen [...] Daß rohe Gewalttat, höherer Bewußtheit Widriges, geschehen sollte, verrät schon der Umstand, daß vor den Spielen die Götterbilder verhängt wurden." (*PhuB* 470)

Jüngers Deutung der Moderne verschließt nicht die Augen davor, daß zur Moderne das große, geordnete Töten mit Hilfe der rationalen Maschinerie gehört und daß die totale Mobilmachung des Tötens erst im Nihilismus der Moderne möglich geworden ist. Die totale Tötung konnte der nihilistische Modernismus erst durchführen, nachdem er sich über *alles* göttliche Recht hinweggesetzt hatte. Erst die totale Selbstermächtigung und Mobilmachung des Nihilismus macht das geordnete Morden möglich.

Das geschichtliche Zeitalter ist durch den Konflikt zwischen Titanenmacht und göttlichem Recht bestimmt. Seine Antriebskraft und Dynamik zieht es aus diesem Gegensatz. Erlischt dieser Gegensatz, so geht auch die Dynamik des geschichtlichen Zeitalters unter, ist die Geschichte zu Ende. Da sich die Titanen mit Hilfe des Menschengeschlechts und im Menschen, dem titanischen Sohn der Erde, endgültig durchgesetzt und die Götter und die paternitäre Welt entthront haben, ist der tragische Konflikt, der den Mythos und die Geschichte vorantrieb, erloschen, die Tragödie der Geschichte ausgespielt. Die Zeitmauer, die die geschichtliche Welt umgrenzte, ist überschritten. Die Geschichte ist tot. Sisyphos hat sein Reich der ewigen Wiederkehr, sein titanisches Posthistoire errichtet.

2. Buch:

Die Kleinen Erzählungen der Spätmoderne

Während die Phase des Höhepunktes der Moderne durch den Großen Mythos der Totalen Mobilmachung bestimmt ist, wird in der Spätmoderne der eine Mythos, die „Meistererzählung", durch die Vielheit kleinerer Erzählungen ersetzt. Die Große Mythologie der Moderne vom Gigantenkampf des Arbeiters weicht in Jüngers Spätwerk den Kleinen Erzählungen der Defaitisten, Historiker, Dandys und Überwinder der Moderne.

Teil D. Nachspiel zur Moderne:
In den spielerischen Welten des Posthistoire

Das nachmythische und nachhistorische Zeitalter des Posthistoire als Ausgang und Vollendung der Moderne wird dichterisch in der Erzählung *Gläserne Bienen* von 1957 und dem Roman *Eumeswil* von 1977 dargestellt. Beide Erzählungen bilden das Nachspiel zum Mythos der Moderne und sind Epiloge zu einem geschichtlichen Mythos, dessen Dynamik erschöpft und dessen „Ereignisse" zum Abschluß gekommen sind. Es sind keine neuen Großkonflikte und Parusien des Titanen Mensch mehr zu erwarten, Mythos und Geschichtsphilosophie sind am Ende und ausgespielt. Die Geschichte hat ihren Abschluß erreicht. Die Moderne ist in das Posthistoire, in die Spätmoderne übergegangen.

Jünger zeichnet das Bild des Posthistoire in zwei Helden und typischen Gestalten, in der Figur des Rittmeisters Richard, des Defaitisten der Moderne, und in der Gestalt des Nachtstewards und Geschichtsdozenten Manuel Venator, des „Historikers von Geblüt" (*Eum* 379 und 68) und Chronisten des Nachspiels zur Moderne. Beide Helden verkörpern die Konstellation des Posthistoire als Ausgang der Moderne. Rittmeister Richard, der Held von *Gläserne Bienen*, kämpft mit dem zunehmenden Ersetzen der Wirklichkeit der Natur durch die technische Simulation von Wirklichkeit, mit dem Spielerisch-Werden der Welt. Der Barmann und Privatdozent der Geschichte, Manuel Venator, der Held von *Eumeswil*, beobachtet, beschreibt und genießt den totalen Pluralismus der Spätmoderne, ihr *anything goes,* und die Beliebigkeit und Buntheit ihrer normativen Ordnungen. Jünger nimmt mit beiden Werken die Analyse der Postmoderne oder besser Spätmoderne vorweg, wie sie in der philosophischen Postmoderne-Diskussion erst Jahrzehnte später entwickelt wurde. Die These von der Simulation als der dominierend werdenden Form des Wirklichkeitsverhältnisses des Menschen, das Thema von *Gläserne Bienen*, wurde erst sehr viel später von Baudrillard,[1] die These des spätmodernen Pluralismus, das Thema von *Eumeswil*, drei Jahre später von Lyotard[2] in die philosophi-

---

[1] JEAN BAUDRILLARD: *Der symbolische Tausch und der Tod*, München (Matthes & Seitz) 1982. Original: *L'échange symbolique et la mort*, Paris (Gallimard) 1976.

[2] J. F. LYOTARD: *Das postmoderne Wissen*, Wien (Passagen) 1986. Original: *La condition postmoderne. Rapport sur le savoir*, Paris (Minuit) 1979.

sche Diskussion eingeführt. Die Wirklichkeitsbeschreibung in Jüngers Romanen kommt der philosophischen Analyse zuvor.

VI. Kapitel: Der Defaitist der Moderne

Die Erzählung *Gläserne Bienen*, die 1957, zwei Jahre vor *An der Zeitmauer*, erschien, beschreibt die Situation des Heimkehrers aus dem Krieg und aus der totalen Mobilmachung der Moderne. Dieser Spätheimkehrer der Moderne findet sich in der neuen Wirklichkeit der Spätmoderne, die für den Typus des Kriegers keine Verwendung mehr hat, nicht mehr zurecht und ist dem Überhandnehmen von simulierter Wirklichkeit nicht gewachsen.

Rittmeister Richard ist in Geldnot, weil er sich der neuen Zeit beruflich nicht anzupassen vermag. „Ich sah unsere kahle Wohnung, unseren erloschenen Herd, wenn ich mir diese poetische Wendung gestatten darf zur Umschreibung der Tatsache, daß seit Tagen der Strom abgeschaltet war. Die Post brachte nur Mahnungen, und wenn es klingelte, wagte Theresa nicht zu öffnen aus Angst vor unverschämten Gläubigern. Ich hatte kaum Grund, heikel zu sein." (*GB* 26; 15,438) Twinnings, ein Kriegskamerad Richards, versucht, ihm eine Stelle zu vermitteln, bei deren Wahl Richard mit seiner Entscheidung nicht heikel sein darf: „Man konnte wetten, daß es da mehr als *ein* Haar in der Suppe gab." (*GB* 10; 15,425) Richard soll bei Giacomo Zapparoni, dem Hersteller von Minirobotern und lebensechten und lebensgroßen Menschenpuppen arbeiten. Unklar ist nur, was er dort als Rittmeister und alter Krieger tun soll. Der Fabrikant Zapparoni verkörpert die neue Technik der Spätmoderne, eine Technik, die die Schwerindustrie der Stahlgewitter-Moderne zur gläsernen, informationsverarbeitenden Technik der Spätmoderne transformiert hat. Diese gläserne Simulations- und Miniaturtechnik werde, wie Rittmeister Richard aus Prognosen gehört hat, eines Tages in reine Zauberei ausmünden.

1. *Verkünstlichung der Natur und Totalsimulation der Wirklichkeit*

Zapparoni ist der Zauberer-Fabrikant der neuen Technik. Er produziert Filme mit Hilfe künstlicher Menschen, mit Puppen, die ihre natürlichen Vorbilder übertreffen. „Er war der Meinung, daß die Natur sowohl an Schönheit wie an Logik nicht genüge und daß sie zu übertreffen sei. In der Tat brachte er einen Stil hervor, dem sich auch die menschlichen Schauspieler anpaßten, der ihnen Vorbild war. Man traf die charmantesten Puppen bei ihm, betörende Traumbilder." (*GB* 39; 15,448f.) Die Zapparoni-Werke simulieren die Wirklichkeit nicht nur einmal durch Puppen, sondern sie ahmen sie gleich zweimal nach: durch Filme, in denen künstliche Menschen die Schauspieler in dramatischen Situationen simulieren. Sie lassen Stücke von Automaten spielen. Einer dieser künstlichen Filme simuliert den Tannhäuser-Stoff. Auf den Plakaten zu diesem Film stand zu lesen: „Heinz-Ottos Besuch bei der Termitenkönigin: Tannhäuser im Venusberg, für kindliche Gemüter transponiert." (*GB* 40; 15,449)

Die Figuren dieser total simulierten Wirklichkeit unterscheiden sich zwar „noch ein wenig von den gewohnten Menschen, jedoch auf vorteilhafte Art. Die Gesichter waren glänzender, makelloser, die Augen größer geschnitten, edelsteinartig, die Bewegungen langsamer, vornehmer ... Und auch das Häßliche, das Abnorme wurde in neue, erheiternde oder erschreckende, aber stets faszinierende Bereiche geführt. Ein Caliban, ein Shylock, ein Glöckner von Notre Dame, wie Zapparoni ihn vorführte, konnte in keinem Bett gezeugt, von keiner Menschenfrau geboren werden, und hätte sie sich noch so absonderlich versehen." (*GB* 118; 15,511)

Das Publikum hielt die Idee erst für das Werk eines Sonderlings, aber der Erfolg war, als die Filme erst einmal gezeigt wurden, außerordentlich. „Die Zeitungen beklagten das Schicksal eines jungen Mannes, der sich in die Themse gestürzt hatte. Er hatte Zapparonis Heroine für eine Frau aus Fleisch und Blut gehalten und die Enttäuschung nicht verschmerzt. Die Werkleitung sprach ihr Bedauern aus und ließ durchblicken, es wäre nicht undenkbar gewesen, daß die schöne Roboterin den jungen Mann erhört hätte. Er hatte voreilig gehandelt, die letzten Möglichkeiten der Technik nicht erfaßt." (*GB* 119; 15,512) Voreiligkeit im Urteil über die Möglichkeiten der Technik gefährden auch Rittmeister Richards berufliche Laufbahn. Er ist zu defaitistisch gegenüber der modernen Technik, traut ihr zu wenig zu, was seinen beruflichen Mißerfolg im nachkriegerischen technischen Zeitalter erklärt.

Manche behaupteten, Zapparoni selbst sei vielleicht die beste Erfindung der Zapparoni-Werke. Das stimmt nicht ganz, wie Rittmeister Richard, der dies zunächst auch glaubte, feststellen muß: Zapparoni empfängt den Rittmeister in Fleisch und Blut. Aber es trifft auch wieder zu. Denn Zapparoni verfügt über Ebenbilder seiner selbst und zwar gleich über vier und über solche, die Teile seiner Persönlichkeit ins Positive steigern und erweitern. Zapparoni läßt sich durch sie bei den verschiedensten Gelegenheiten vertreten. „Zapparoni, der Kenner und Entwickler der Automaten nach der Spiel-, Genuß- und Luxusseite hin. Eines seiner zum Wunschbild erhobenen Ebenbilder paradierte, mit überzeugenderer Stimme und milderem Äußeren, als ihm die Natur verliehen hatte, in Wochenschauen und auf Fernsehschirmen, ein anderes hielt in Sidney eine Ansprache, während der Meister sich, behaglich meditierend, in seinem Kabinett aufhielt."(GB 81; 15,482) Zapparonis Technik der Spätmoderne fasziniert durch ihren spielerischen Zug und ihren Miniaturencharakter. Sie verwirklicht sich nicht in dem Stahlgewitter der massen- und energienbewegenden Technik, sondern im Tanz gläserner Bienen. Die Schwärme gläserner Bienen, die Zapparonis Werke entwickelt haben und denen der Rittmeister im Garten des Fabrikherren begegnet, können die Blüten weit besser ausbeuten als ihre natürlichen Vorbilder. Sie sind nur leider vorläufig noch etwas größer und massiger geraten als die natürlichen Bienen. Die Überlegenheit dieser fortgeschrittenen, „gläsernen" Technik über die alte mechanisch-industrielle, stählerne Technik ist unübersehbar. Die gläsernen Bienen können sowohl als Spiel angesehen wie als höchst gefährliche Waffen eingesetzt werden. Sie sind sowohl Spielzeuge des Milliardärs Zapparoni als auch spähende Miniaturspione und -roboter. „Der spielerische Zug wird deutlicher in den Miniaturen als im Gigantenwesen unserer Welt. Den groben Augen können nur Massen imponieren, vor allem, wenn sie in Bewegung sind. Und doch verbergen sich in einer Mücke nicht weniger Organe als im Leviathan." (GB 114; 15,508)

Zapparoni hat es mit Hilfe fremder, aber auch eigener Erfindungen auf dem Gebiete der Miniroboter und der künstlichen Menschen zu einem Monopol gebracht. Rittmeister Richard bemerkt bei seinem Vorstellungsgespräch bei Zapparoni sofort, daß er es mit einem bedeutenden Menschen zu tun hat. „Ich hatte das Gefühl: ‚Der hat die Formel', oder: ‚Das ist ein Eingeweihter, einer von den Hochgraden'. Ein Wort, das zu einer unserer gängigen Phrasen geworden ist, nämlich: ‚Wissen ist Macht', gewann hier einen neuen, unmittelbaren, gefährlichen Sinn." (GB 79; 15,480).

2. Defaitismus gegenüber dem technischen Optimismus

Zapparoni ist das Paradepferd des technischen Optimismus, „der unsere führenden Geister beherrscht." (GB 83; 15,483) Dieser Optimismus betont, wie sehr „alles, was da ununterbrochen ersonnen, gebaut und in Serie gefertigt wurde", das Leben erleichtere. „Zum guten Ton gehörte zu verschweigen, daß es zugleich gefährdete. Es ließ sich jedoch schwer ableugnen. In Krisenzeiten wurde sichtbar, daß alle diese Liliputroboter und Luxusautomaten nicht nur zur Verschönerung, sondern auch zur Abkürzung des Lebens beitragen konnten, ohne daß sich an ihrer Konstruktion viel änderte. Dann zeigten sie ihre Nachtseite." (*Ebenda*)

Rittmeister Richard fehlt die Begabung dieser Optimisten zur Einseitigkeit und zum Parteigängertum für die moderne Technik, die Begabung, die Nachtseite der Technik zu übersehen. „Daß unsere Sache ihre Schattenseite hatte und daß beim Gegner auch nicht alles so schwarz war, wie es gemalt wurde – das zu wissen und auszusprechen war für mich unnötig. Es machte mich hier wie dort verdächtig und beraubte mich der Vorteile der Parteigängerschaft." Ein Stabschef schloß seine Beurteilung Richards mit dem Satz ab, den er in dessen Konduite schrieb: „Einzelgänger mit defaitistischen Neigungen." (*GB* 74; 15,476)

Richard kommt – nach seiner eigenen Einschätzung, weil er zu intelligent für die ordinäre Sicherheit des Parteigängers ist, – nicht zu stabilen Wertungen. „Was den Stabschef in Asturien betrifft, so kam er mit geringerer Mühe zum Befund, indem er meine Papiere mit dem weiteren Zusatze versah: ‚Ungeeignet für leitende Stellungen'. Er hieß Lessner, gehörte zur jungen Generation und verfügte über die erstaunliche und stets präsente Urteilskraft, die seit langem in zunehmendem Maße bewundert, ja vergöttert wird." (*GB* 75; 15,477) Richard ist dagegen Defaitist gegenüber jeder Parteigängerschaft, auch gegenüber jener für die Technik.

Als er vor Jahren seiner Frau Theresa begegnete, schoß sein Defaitismus in Blüte. „Er ging aufs Ganze, führte zur Abwendung vom Wechselspiel der Machtkämpfe. Sie schienen mir inhaltlos und nichtig, vergeudete Anstrengung, verlorene Zeit ... Daß ein einziger Mensch, in der Tiefe erfaßt und aus ihr spendend, uns mehr gewährt und größeren Reichtum schenkt, als Cäsar, als Alexander je erobern konnten, wurde mir offenbar. Dort ist unser Königreich, die beste der Monarchien, die beste Republik. Dort ist unser Garten, unser Glück." (*GB* 76; 15,477f.)

Der Rittmeister ist defaitistisch auch in bezug auf den Machtkampf der Techniker. Ihr Zweckoptimismus ist ihm fremd und verdächtig. „Ich meine: warum sind diese Geister, die unser Leben in so beängstigender und unabsehbarer Weise gefährdet und verändert haben, nicht zufrieden mit der Entfesselung und der Beherrschung ungeheurer Kräfte und mit dem Ruhm, der Macht, dem Reichtum, die ihnen zufließen? Warum wollen sie à tout prix auch noch Heilige sein?" (*GB* 84; 15,484) Der Rittmeister weigert sich, den technischen Innovator über die Bewunderung seiner technischen Macht hinaus auch noch

126

zum Heiligen zu machen. Als Soldat kennt er die Zweischneidigkeit der Technik und ist eifersüchtig auf die Fähigkeit des Technikers, die Ambivalenz seiner Tätigkeit besser zu verbergen, als dies dem Soldaten bei seinem Beruf gelingt. Hinzu kommt, daß die Bedrohung durch die Technik anonymer ist als diejenige durch den Krieger.

Rittmeister Richard ist der Held der Spätmoderne als skeptischer, ja defaitistischer Kritiker der Moderne. Seine Geschichte ist Nachspiel zum Mythos der Moderne. Warum will ihn dennoch der Protagonist der spätmodernen Technik und des technischen Optimismus in seine Dienste nehmen? Richard rätselt selbst, warum Zapparoni ausgerechnet ihn, den Defaitisten mit dem erloschenen Herd, anstellen will. Zapparoni läßt ihn zunächst darüber im Ungewissen und im Garten seines Hauses warten.

Während sich die Wartezeit über die Mittagspause hinweg ausdehnt, macht Richard die Entdeckung der gläsernen Bienenschwärme, die von künstlichen Bienenkörben ein- und ausfliegen, von Stationen, die eher Saug- und Pumpstationen gleichen. In sie geben die künstlichen Bienen mit gläsernen Rüsseln ihre Tracht. Der Ertrag, den die gläsernen Bienen erwirtschaften, ist größer als derjenige der natürlichen Bienen, weil diese ja viele organische Funktionen zu erfüllen haben, jene aber nur einer einseitigen, technischen Aufgabe dienen müssen und nach ihr genormt sind. Der künstliche Bienenstock kann daher auch jeden erotische Elementes entbehren. Überhaupt strahlte „der ganze Betrieb in einem perfekten, aber völlig unerotischen Glanz. [. . .] Es gab da weder Eier noch Puppenwiegen, weder Drohnen noch eine Königin. Wenn man durchaus an einer Analogie festhalten wollte, so hatte Zapparoni nur den Stand geschlechtsloser Arbeitswesen gebilligt und zur Brillanz gebracht. Auch in dieser Hinsicht hatte er die Natur vereinfacht, die ja bereits im Drohnenmord einen ökonomischen Ansatz wagt. Er hatte von vornherein weder Männchen noch Weibchen, weder Mütter noch Ammen auf den Plan gesetzt." (GB 113; 15,507)

Die gläsernen Bienen und ihre künstlichen Bienenstöcke faszinieren den im Garten wartenden Richard zunächst als Spiel und als ungeheuere Verschwendung. Die Kosten für diese spielerische Simulation von Natur müssen immens sein. Die gläsernen Bienen Zapparonis bestätigen ihm die Einsicht, daß man beim Spiel die Hand nicht auf den Geldbeutel hält (GB 117; 15,511). Bald kommen Richard jedoch andere Gedanken: Ökonomisch Absurdes wird nur geleistet, wo Macht auf dem Spiel steht. „In der Tat, wer über solche Völker verfügte, war ein mächtiger Mensch. Er war vielleicht mächtiger als ein anderer, der über die gleiche Zahl von Flugzeugen gebot. David war stärker, war

intelligenter als Goliath. – Hier konnte die Ökonomie keine Rolle
spielen, oder man mußte in die Maße einer anderen Ökonomie eintre-
ten, in das Titanische." (*GB* 120; 15,513) Vom Standpunkt eines Im-
kers war die Herstellung der künstlichen Bienen ökonomischer Irr-
sinn, militärisch war dagegen der Preis für sie dann lächerlich, wenn
eine solche Biene einen Stratosphärenkreuzer, der Milliarden gekostet
hatte, lahmlegen könnte. Dem wartenden Rittmeister geht auf, daß er
sich nicht im Park eines Fabrikherren, sondern auf dem Versuchsfeld
einer Waffenfabrik, auf einem Flugplatz für Mikroroboter befindet.
„Meine Vermutung, daß es sich um Waffen handelte, traf wohl das
Richtige. Darauf und auf den platten Nutzen verfallen wir zuerst.
Wenn Zapparoni seine Bienen auf Arbeiterinnen reduziert hatte, so
hatte er sie doch des Stachels nicht beraubt, im Gegenteil." (*Ebenda*)

Das Durchschauen des Sinnes der gläsernen Bienen erscheint Richard wie das Bestehen einer Prüfung, vor die ihn der Meister gestellt
hat: „Er wollte wissen, ob ich seine Tragweite erfaßte, ob ich dem
Gedanken gewachsen war." (*GB* 121; 15,514)

3. Der Schrecken und die Prüfungen der sezierenden Denkart

Bei seiner Betrachtung der gläsernen Bienen faßt der Rittmeister
besonders einen Spion, einen „Rauchkopf", ins Auge, der über einem
Sonnentau in der Luft steht, über einer fleischfressenden Pflanze.
Richard sinnt, von der Mittagshitze träumerisch geworden, darüber
nach, ob „fleischfressend" nicht ein ziemlich übertriebener Ausdruck
für den Sonnentau ist, der an einer Mücke bereits eine gute Mahlzeit
hat. Wie er an die Beute denkt, die Wärter fleischfressenden Pflanzen
oder Tieren vorwerfen, sieht er neben dem fleischfressenden Sonnentau ein abgeschnittenes Ohr am Sumpfloch des Gartens liegen, das
Ohr eines Menschen. „Ich begann nun, das Sumpfloch methodisch
und mit sich steigerndem Entsetzen abzusuchen: es war mit Ohren
übersät! Ich unterschied große und kleine, zierliche und grobe Ohren,
und alle waren mit scharfen Schnitten abgetrennt. [. . .] Bei diesem
Anblick erfaßte mich eine Welle von Übelkeit wie einen Schiffbrüchi-
gen, der unversehens auf die Feuerstelle von Kannibalen stößt. Ich
erkannte die Provokation, die schamlose Herausforderung, die er um-
schloß. Er führte auf eine tiefere Stufe der Wirklichkeit. Es war, als ob
das Automatentreiben, das mich eben noch so völlig in Bann gehalten
hatte, verschwunden wäre; ich nahm es nicht mehr wahr." (*GB* 128;
15,519f.)

Worin liegt das Grauen, das Richard beim Anblick der abgetrennten Ohren erfaßt? Die amputierten Körperteile verkörpern für ihn den Geist des Zeitalters, den Geist der Moderne überhaupt, der ein abtrennender, sezierender Geist ist. „Die brutale Vorweisung abgeschnittener Gliedmaßen hatte mich bestürzt. Doch war sie das in diesem Zusammenhange fällige Motiv. Gehörte sie nicht notwendig zur technischen Perfektion und ihrem Rausch, den sie beendete? Gab es in irgendeinem Abschnitt der Weltgeschichte so viel zerstückelte Leiber, so viel abgetrennte Glieder wie in dem unseren? Seit Anbeginn führen die Menschen Kriege, doch ich entsinne mich aus der ganzen Ilias nicht *eines* Beispiels, in dem der Verlust eines Armes oder eines Beines berichtet wird. Die Abtrennung behielt der Mythos den Unmenschen, den Unholden vom Schlage des Tantalus oder des Prokrustes vor." (*GB* 129; 15,520f.) Die Abtrennung von Gliedmaßen in der Moderne ist nur dem Anschein nach die Folge von Unfällen. „In Wahrheit sind die Unfälle Folgen von Verletzungen, die bereits in den Keimen unserer Welt stattfanden, und die Zunahme der Amputationen gehört zu den Anzeichen dafür, daß die sezierende Denkart triumphiert. Der Verlust fand statt, ehe er sichtbar in Anrechnung gebracht wurde. Der Schuß ist längst abgefeuert – wo er dann als Fortschritt der Wissenschaft auftrifft, und sei es auf dem Monde, gibt es ein Loch." (*GB* 130; 15,521)

Die abgeschnittenen Ohren deutet Richard als obszöne Prüfung. Man will herausfinden, was er durchschaut und aushalten kann. Die Prüfungen der Zapparoni-Werke erfaßt er als Teil einer Initiation in die Schrecken und den Charakter der Spätmoderne und ihrer Technik. Erst gilt es in Zapparonis Garten, die totale Verkünstlichung der Natur zu durchschauen und zu begrüßen, dann ist das Einverständnis zu jenem Opfer für die Verkünstlichung und sezierende Denkform gefordert, das in der Amputation der Gestalt des Menschen dem Fortschritt dargebracht wird.

Der altmodische Rittmeister, der Defaitist der Moderne, der Anhänger der Unversehrtheit des Menschenbildes, weiß augenblicklich, daß er sich der Zumutung dieser obszönen Prüfung nicht stellen wird. Aber er erkennt auch zugleich, daß es nicht leicht sein wird, aus der Situation mit heiler Haut herauszukommen. Zapparonis Machtstellung verbietet es, sich an die Polizei zu wenden. Der Rittmeister würde am Ende selbst als der Ohrabschneider hinter Gittern verschwinden. „Nein, dazu konnte nur jemand raten, der dreißig Jahre Bürgerkrieg verträumt hatte. Die Worte hatten ihren Sinn geändert, auch Polizei war nicht mehr Polizei." (*GB* 132; 15,522) Der Weg der Nichtmeldung der Schandtat ist jedoch ebenso unbegehbar: eine Klage wegen unterlassener Hilfeleistung wäre die Folge.

Der Bürgerkrieg der Moderne hat konsistentes moralisches Handeln unmöglich gemacht. Auf beiden Seiten wurde soviel Unrecht getan, daß man sich keiner der beiden Seiten anvertrauen, auf keine setzen kann. Dem Rittmeister kommen in seiner verzweifelten Lage zwei Erinnerungen, die Erinnerung, wie er als Junge zwischen die Fronten der Jugendbanden geraten war und von allen Seiten Dresche bezogen hatte, und die Erinnerung an ein Erlebnis im asturischen Bürgerkrieg: „Als die asturischen Dinge begannen, wußten wir, daß diesmal der Spaß aufhören würde, obwohl wir manches gewohnt waren. In der ersten Stadt, in die wir einzogen, hatte man die Klöster geplündert, die Särge in den Grüften aufgebrochen und die Leichname in grotesken Gruppen auf die Straßen gestellt. Da wußten wir, daß wir in ein Land kamen, in dem Schonung nicht zu erwarten war. Wir zogen an einem Schlachterladen vorüber, in dem man die Leichen von Mönchen an Haken gehängt hatte, mit einem Schilde ‚Hoy matado‘, was ‚Frisch geschlachtet‘ heißt. Ich habe es mit meinen Augen gesehen. – An diesem Tage überfiel mich eine große Trauer; ich hatte die Gewißheit, daß es mit allem vorbei war, was man geachtet, was man geehrt hatte. Worte wie ‚Ehre‘ und ‚Würde‘ wurden lächerlich. Da stand wieder das Wort ‚allein‘ über mir in der Nacht. Die Schandtat isoliert die Herzen, als wäre der Stern vom Aussterben bedroht." (*GB* 151; 15,537)[3]

Die Erinnerung an Kindheit und Bürgerkrieg führt dazu, daß Richard klarer sieht. Ein Fabrikant wie Zapparoni läßt nicht aus Unachtsamkeit abgeschnittene Ohren herumliegen, so daß sie ein Besucher zu Gesicht bekommt. Es mußte sich also um einen genau überlegten Plan, eine Prüfung handeln. War aber Rittmeister Richard jemand, dem zu Ehren man zwei, drei Dutzend Ohren herunterschnitt? Das konnte die kühnste Phantasie nicht annehmen. Es mußte sich also um künstliche Ohren handeln. Der Blick durch das Fernglas versichert Richard der Künstlichkeit der Ohren. „Die Dinger waren verdammt getroffen – ich möchte fast sagen, sie übertrafen die Wirklichkeit." (*GB* 157; 15,542) Die Technik Zapparonis hat einen Hochgrad erreicht, bei dem sie wirklicher, vollkommener als ihre natürlichen Vor-

---

[3] Vgl. ANDERSCH: *Amriswiler Rede,* aaO.: „Da haben wir, in einer einzigen Eintragung, den ganzen Jünger, den Jünger der Weinrebe, des Bürgerkriegs und des Schmerzes. Was wir in ihm zu ehren haben, ist die einfachste und die seltenste aller menschlichen Eigenschaften: Mut." (Diese Zeilen beziehen sich auf Jüngers Tagebucheintragung vom 4. Juni 1943 in *Stra II,* 79f.) Andersch weist an derselben Stelle auch darauf hin, daß Jünger einer der wenigen Autoren der äußeren und inneren Emigration gewesen ist, der das scharfe Bewußtsein gehabt habe, „daß in Deutschland 1933 der Bürgerkrieg hätte gewagt werden müssen."

bilder wird. Die Automatenpuppen sind menschenähnlicher als die Menschen. Es wird eine Technik sichtbar, die keinen Defaitismus mehr hervorruft, keinen Zweifel an ihrem Segen und kein Bewußtsein für ihre Zweideutigkeit. „Da wurden Sprünge, Scherze, Capriccios möglich, an die nur selten einer gedacht hatte ... Ich sah den Eingang zur schmerzlosen Welt. Wer ihn durchschritten hatte, dem konnte die Zeit nichts anhaben." (*GB* 159; 15,554)

Die spätmoderne Technik erlaubt es, dank ihrer vollkommenen Simulation der Wirklichkeit, nicht mehr, zwischen Natürlichkeit und Künstlichkeit zu unterscheiden. Sie vermag eine neue, schmerzfreie Welt zu erbauen, in welcher die durch den Schmerz verbundene doppelte Buchführung des Lebens nicht mehr gilt. Richard spürt, daß er, wenn er die Initiation in die simulierte Wirklichkeit bestünde, in den inneren Kreis der Macht aufgenommen und mit den Herrschaftssymbolen versehen würde. „Hier ... war der Geist am Werke, der das freie und unberührte Menschenbild verneint. Er hatte diesen Tort erdacht. Er wollte mit Menschenkräften rechnen, wie er seit langem mit Pferdekräften rechnete. Er wollte Einheiten, die gleich und teilbar sind. Dazu mußte der Mensch vernichtet werden, wie vor ihm das Pferd vernichtet worden war. Da mußten solche Zeichen an den Eingangstüren aufleuchten. Wer ihnen zustimmte, ja wer sie nur verkannte, der würde brauchbar sein." (*GB* 162; 15,547)

Die neue Technik erfordert die Zustimmung zur oder doch zumindest die unempfindliche Verkennung der Tatsache, daß das Menschenbild vernichtet und durch das herstellbare Kunstwerk ersetzt wird. Die totale Verkünstlichung und Simulation enthält jedoch eine Verheißung: das Ende des Schmerzes, der alles Lebendige kennzeichnet. Der künstliche Mensch wird wie das Kunstwerk den Schmerz nicht kennen. Die Initiation in die Bereiche der „gläsernen" Technik erfordert die Zustimmung zum Aufgeben des Menschenbildes und zur schmerzlosen Amputation von Teilen, von Gliedmaßen aus dem Ganzen der menschlichen Gestalt, und sie belohnt mit der Abschaffung des Schmerzes.

Statt sich der Initiation zur Macht zu unterziehen, packt Richard jedoch die Wut, daß man ihm, dem alten Krieger und leichten Reiter, abgeschnittene Ohren zeigt, während man im Hintergrund kichert. Er ergreift einen Golfschläger und zerschmettert mit einem Schlag den Rauchkopf, den gläsernen Spion.

Der Fabrik- und Hausherr Zapparoni kehrt daraufhin in den Garten zurück und klärt das Mißverständnis auf. Die abgeschnittenen Ohren sind die katastrophale Folge einer innerbetrieblichen Querele und Eifersüchtelei. Signor Damico, der Ohrenmacher, hatte die Ohren aus

Rache abgeschnitten, weil er sich mit den anderen Marionettenmachern zerstritten hatte. Der Schaden ist groß: „Marionetten dieser Klasse konnte man ein abgeschnittenes Ohr ebensowenig wie natürlichen Menschen wieder anheften, vielleicht noch weniger." (*GB* 168; 15,551)

Die Ohren waren dennoch absichtsvoll, wie es der Rittmeister richtig vermutet hatte, zur Prüfung Richards an das Sumpfloch geworfen worden. Rittmeister Richard hat die Prüfung nicht bestanden, weil er keinen kühlen Kopf behalten und sich vorschnell entrüstet hat. „Entrüsten hieß die Rüstung ablegen. Ich hätte die Ohren auf den ersten Blick als Spielwerk erkennen müssen, die rote Farbe bezeugte ihre Künstlichkeit", belehrt ihn Zapparoni (*GB* 169; 15,552).

4. Der Surrealismus der Technik und der Realismus der Gerechtigkeit

Auch wenn der Rittmeister den Erwartungen für eine Verwendung im technischen Bereich der Zapparoni-Werke nicht entsprochen hat, hat Zapparoni doch Verwendung für ihn auf der sozialen Seite der Werke. Zapparoni bietet Richard die Stelle eines Schiedsrichters an. Die Techniker, Erfinder und Arbeiter seiner Werke sind, dem Charakter ihrer Erzeugnisse entsprechend, hochdifferenzierte und nervöse Wesen, neigen zum „Präzisionszwang", einer Art berufsspezifischer Neurose, und können ihre Konflikte untereinander, da diese keine technischen sind, nicht selbst lösen. In diesen Intrigen und Eifersüchteleien der Zapparoni-Werke und in der Beurteilung von Erfindungen und ähnlichem fehlt ein internes Schiedsgericht. Der Defaitist der Moderne, der Rittmeister mit dem altmodischen Ideal der Gerechtigkeit, ist nach Zapparonis Ansicht der richtige Mann für diese Stelle, weil er aufgrund seiner defaitistischen Desinvoltura einen Sinn für Gerechtigkeit und Rechtsprechung besitzt, der den Technikern abgeht.

Richard nimmt an und erhält auch einen Vorschuß, um seinen erloschenen Herd wieder entfachen und seine Frau ausführen zu können. "Wir gingen essen; es war einer der Tage, die man nicht vergißt. Schon bald begann sich zu verwischen, was mir in Zapparonis Garten begegnet war. Es ist am Technischen viel Illusion. Mit Treue aber behielt ich die Worte, die Theresa mir sagte, behielt das Lächeln, das sie begleitete. Es war ein Lächeln, das stärker war als alle Automaten, ein Strahl der Wirklichkeit." (*GB* 172; 15,555)[4]

---

[4] RAINER GRUENTER: „Reflexions-Epik", in: *Neue Deutsche Hefte*, H. 39 (Oktober 1957), 840-842, beschreibt die *Gläsernen Bienen* sehr treffend als Reflexions-Epik, ein Begriff, der zur Beschreibung von Jüngers Gesamtepos der Moderne geeignet ist.

Es ist am Technischen viel Illusion, wohingegen die Beziehungen der Menschen mit ihrem Schmerz und ihrem Glück etwas sehr Wirkliches besitzen. Der Schmerz und das Glück machen die Gerechtigkeit notwendig, weil im Recht um die Vermeidung des Schmerzes und die Verwirklichung des Glücks gekämpft wird und die Ansprüche auf beides gerecht abgewogen werden müssen. Die Gerechtigkeit kann durch simulatorische Technik und technische Naturbeherrschung nicht ersetzt werden. Auch wo die Technik neue Wirklichkeiten simuliert, um eine ungerechte Wirklichkeit zu überdecken, kann sie den Schmerz und das Bedürfnis nach Gerechtigkeit in der Welt nicht auflösen. Der Schmerz und die Ungerechtigkeit sind nicht dauerhaft durch das Schaffen neuer Wirklichkeit, durch die Simulation von Welt im Spiel, zu „überspielen". Der Rittmeister verkörpert den vormodernen Sinn für Gerechtigkeit, und gerade dadurch ist er dem Magier der Technik, dem Herrn der gläsernen Bienen, unentbehrlich. Die Gerechtigkeit als Tugend, die das die Wirklichkeit Fügende erkennt und realisiert, ist das antisimulatorische Vermögen schlechthin. Wo die Technik die Wirklichkeit durch Simulation zunehmend auflöst und die Grenze zwischen Natürlich und Künstlich unscharf werden läßt, bleibt dennoch die Nötigung zur Gerechtigkeit bestehen, weil die gerechte Lösung von Verhältnissen durch Simulation nicht ersetzt werden kann. Die Nötigung zur gerechten Lösung von Konflikten wird sich vielmehr stets dort bemerkbar machen, wo Wirklichkeit und Simulation aneinander grenzen. Es bleibt stets eine Linie, an der Simulation und Wirklichkeit aneinander grenzen, und damit eine Lücke der technischen Simulierbarkeit von Existenz, die nur durch Gerechtigkeit, nicht aber durch technische Simulation ausgefüllt werden kann.

In der spielerischen Technik der Spätmoderne wird die „hardware", die materielle Technik, selbst surreal, schauspielerisch. Sie spielt die Wirklichkeit nach, ist zugleich unwirklich und hyperrealistisch. Die Puppen der Filme Zapparonis übertreffen ihre menschlichen Vorbilder an „Wirklichkeit", sie sind hyperreal. Um so mehr ist ihren Herstellern, den Technikern, daran gelegen, daß ihre eigene Lebenswirklichkeit in den Zapparoni-Werken nicht ebenfalls simulatorisch behandelt wird. Sie bedürfen der Gerechtigkeit des Antimodernisten.

Es ist ein genialer Gedanke Jüngers, die Simulation der Natur und der Gesellschaft gerade am Beispiel der Bienen aufzuzeigen. Die Fabel der gläsernen Bienen ist der spätmoderne Gegenentwurf zur Fabel der natürlichen Bienen, die in der antiken und der christlichen Tradition stets als Vorbild sozialer Organisation des Menschen – vor allem der Kirche und der Klöster – und als Symbol der Seele und der menschlichen Tugenden galten und noch in Mandevilles *Fable of the Bees* als

133

Metapher des liberalen Gesellschaftsentwurfs dienten.[5] Die gläsernen Bienen und ihre Anflug- und Absaugstationen sind dagegen die Fabel einer vollständig technisierten, ent-erotisierten und funktionalisierten Gesellschaft *und* Natur, die den Eros und den Schmerz nicht mehr kennen. Der Mensch wird in der Welt der künstlichen Bienen zum Schöpfer und Imker zugleich. Er erschafft eine neue künstliche und gläserne Welt. In der Fabel der künstlichen Bienen wird sichtbar, daß in der spätmodernen technischen Welt der Mensch endgültig an die Stelle des Schöpfers treten will und Schöpfer und Imker der Bienen zugleich sein will. Der Mensch sucht in einer Stelle zusammenzufassen, was in der antiken und christlichen Tradition zwischen Gott und Mensch auf die beiden Rollen des Schöpfers und des Hirten verteilt ist.

Die Hybris der gläsernen Bienen und künstlichen Ohren liegt nach Jünger in zweierlei. Eine Technik, die eine neue Schöpfung, eine neue, bessere Natur schaffen will, sagt damit, daß die natürliche Welt, die Schöpfung, verfehlt sei, und sie behauptet, daß sie den Sinn der Geschichte kenne und einen besseren als den bisherigen schaffen könne. Die Behauptung der verfehlten Schöpfung führt zurück zum Gnostizismus und seiner Überzeugung, daß der Demiurg und Schöpfer böse oder, wenn nicht gerade böse, so doch töricht sei. Die Überzeugung, der Mensch wisse den Sinn der Geschichte besser als der Schöpfer selbst, bildet die Rechtfertigung der modernen Geschichtsphilosophie und ihrer Forderung, der Mensch allein könne und müsse den Sinn der Geschichte verwirklichen.

Die Erzählung von den Abenteuern des der Moderne gegenüber defaitistischen Rittmeisters im Garten der gläsernen Bienen endet mit dem Verwerfen dieses Grundirrtums. Der Epilog drückt dies auf der letzten Seite der *Gläsernen Bienen* so aus: „Es bleibt eine tröstliche Vermutung, daß in und über der Geschichte ein Sinn obwaltet, der mit unseren Mitteln nicht zu errechnen ist. Wir wissen nicht und dürfen nicht wissen, was Geschichte in der Substanz, im Absoluten ist, jenseits der Zeit. Wir ahnen, aber wir erkennen nicht das Urteil im Totengericht. Da könnte unverhoffter Glanz hereinbrechen und Mauern umwerfen."[6] Die Erzeugung einer neuen gläsernen Natur durch den Menschen ist, entgegen Zapparonis Ansicht, daß die natürliche Natur nur eine mangelhafte und unbefriedigende Lösung darstellt, nicht der

---

[5] Vgl. M. HAIN: Artikel „Biene", *Lexikon für Theologie und Kirche*, 2. Aufl., Freiburg (Herder) 1958, Bd. 2, Sp. 455f.

[6] Der Epilog ist nur in der späteren Ausgabe der Sämtlichen Werke, Band 15, 558f. aufgenommen.

Sinn der Geschichte. Der Mensch darf sich nicht anmaßen, die Technik zum Sinn der Geschichte zu machen, weil die Technik nicht der Sinn der Geschichte ist. Die organische Gestalt und der Schmerz sperren sich gegen die totale Verkünstlichung der Welt durch die Technik. Das Endziel der Geschichte bleibt offen.

VII. Kapitel: Der Historiker des Posthistoire

Daß die Geschichte in der Postmoderne nach der doktrinären Geschichtsphilosophie der Moderne ihre Offenheit wiedergewinnt, wird in Jüngers Roman des Posthistoire[7], in *Eumeswil*, erkennbar. Sein Held ist von Beruf Historiker und zugleich im Nebenberuf Barmann der Mächtigen. Daß der Held des Posthistoire „Historiker von Geblüt" ist, scheint zunächst ein Widerspruch in sich zu sein. Wenn die Geschichte tot, das historische Zeitalter zu Ende ist, wie kann dann der Historiker zum Helden des posthistorischen Zeitalters werden?

1. Geschichtlichkeit nach dem Tod der Geschichtsphilosophie

In Eumeswil, der Stadt des Romans, ist die Geschichte tot. Gestorben ist die Geschichte der Geschichtsphilosophie, nicht aber die Geschichtlichkeit der geschichtlichen Veränderung, tot ist der Historizismus, nicht aber die Historik. Daß die Geschichtsphilosophie und ihr forcierter Geschichtsbegriff untergegangen sind, bildet die Voraussetzung für das Auftreten des wirklichen Historikers, weil das Ende des mythischen und heldischen Zeitalters erst den wahrhaft historischen Rückblick möglich macht und ihn von Vorurteilen frei hält (*Eum* 338). Im historischen Zeitalter der Helden und der Geschichtsphilosophien steht es dagegen dem Historiker nicht frei, Partei zu ergreifen oder nicht. In ihm schreibt der Historiker immer für oder gegen die Geschichte. Im Posthistoire ist dagegen Parteinahme weder nötig noch möglich, weil alle politischen und geschichtsphilosophischen Standpunkte gleich gültig geworden sind. „Eumeswil ist für den Historiker besonders günstig, weil keine Werte mehr lebendig sind. Der historische Stoff hat sich in der Passion verzehrt. Die Ideen sind unglaubwür-

---

[7] Vgl. zum Posthistoire in Jüngers *Eumeswil* auch Lutz NIETHAMMER: *Posthistoire. Ist die Geschichte zu Ende?*, Hamburg (rowohlts enzyklopädie) 1989, 82ff.

dig geworden und befremdlich die Opfer, die für sie gebracht wurden." (*Eum* 50)

Wahre Geschichtsschreibung wird erst möglich, wo das Doktrinäre, das Deuten der Geschichte, hinter der Darstellung der Tatsachen zurücktritt. Solange also ein Zeitalter von der Geschichtsphilosophie und einem Schema des Geschichtsablaufs, einer doktrinären Deutung der Entwicklung der Geschichte beherrscht ist, solange ist kein vorurteilsfreier Blick auf Geschichtlichkeit möglich. Geschichtlichkeit erkennen, heißt die Geschichte als Abfolge singulärer Ereignisse, nicht aber als Ausprägung doktrinär abgeleiteter Entwicklungsgesetze zu verstehen. „Am Rande notiert: Ebenso wie die biologische oder die ökonomische Geschichtsbetrachtung muß der Historiker die philosophische vermeiden; seine Wissenschaft gilt dem Humanen; Geschichte kann ebenso wie der Mensch weder erklärt noch sublimiert werden. Sich selbst ins Auge sehen." (*Eum* 142)

Den freien, desinteressierten Blick hat der Historiker Manuel Venator von seinem Lehrer Vigo gelernt. Im Gegensatz zu diesem ist der Nachtsteward jedoch der Überzeugung, daß der historische Blick allein nicht genügt. Es muß der Sinn für die Gefahren, für das Abenteuer und das Unvorhergesehene hinzukommen. „Bald sollte ich merken, daß der historische Blick nicht ausreichte. Als Geschichtsloser wird man freier, doch auch die Mächte, denen man in der Bindung diente, verwandeln sich auf unberechenbare Art. In mancher Mitternacht, in der ich im Parvulo bediene, wird es unheimlich. [. . .] Ohne Zweifel betrifft es den Wald. Es muß dort Trophäen und Gefahren geben, die eher an den Argonautenzug erinnern als an die Glanzzeiten der historischen und selbst der prähistorischen Jagd." (*Eum* 51)

Der Barmann-Historiker schätzt und sucht den Zugang zum Machthaber und zur Gefahr. Um diesen Zugang zu gewinnen, hat er sich auch als Nachtsteward in der *Burg* des Tyrannen zu dessen persönlicher Bedienung in der Nachtbar engagieren lassen. „Ich glaube, daß ich zum Umgang mit den Großen ein gewisses Talent habe. Ähnlich wie für die Trabanten und Satelliten ist dabei eine mittlere Entfernung die günstigste, kommt man dem Jupiter zu nahe, so verbrennt man; hält man sich fern, so leidet die Beobachtung. Man bewegt sich dann in Theorien und Ideen, statt in den Tatsachen." (*Eum* 110) Desinteresse und Gefahr sind die Pole, um die die Existenz des Wissenschaftlers und Barmanns kreisen. Sie bestimmen auch den Gegensatz von Bürgerschaft und Burg in der Stadt des Posthistoire. Die Machthaber auf der Kasbah, auf der Burg, beherrschen als Abenteurer und gemäßigte Tyrannen die Unterstadt, in der sich die Ideen erschöpft, die Parteien abgeschliffen haben. Werte werden in Eumeswil höchstens noch parodiert (*Eum* 52). Man opfert nicht mehr die Sicherheit den Theorien. „Die Anschläge wechseln, doch die Mauer bleibt, an die sie geklebt werden. So gehen Theorien und Systeme auch über uns hinweg." (*Eum* 122) Die großen Theorien der Moderne, „die Meistererzählungen" (J.-F. Lyotard), die Großmythen der Geschichtsphilosophie sind in Eumeswil nur noch Makulatur. Zwar gibt es noch einige Liberale, die vorgeben, für eine Idee gelitten zu haben, und in denen „die abgebrauchten militärischen Phrasen wieder aufwachten." Jedoch: „Wenn man näher hinsieht, suchten sie bis auf wenige Ausnahmen ihre Haut zu retten wie alle andern auch. Man drückt da gern ein Auge zu, wenn sie nicht zu stark auftragen." (*Eum* 113) Zu diesen doktrinären Liberalen zählen auch der Vater und der Bruder von Manuel Venator, denen die Existenz ihres Verwandten als Historiker und Steward der Machthaber peinlich ist.

2. *Totaler Pluralismus und Multikulturalismus*

In der Mehrheit ist Eumeswil posthistorisch und durch den totalen Pluralismus von Kulturen, Nationen, Menschenrassen und Weltanschauungen bestimmt. Nur das Geld hat in Eumeswil einen Wert, der für alle gilt. Dies kann allerdings auch nur für den durch den Goldstandard gesicherten Teil des Geldes von Eumeswil gesagt werden. Im Anarchopluralismus bleibt das Gold von der allgemeinen Beliebigkeit ausgenommen: „Der Anarch steht auf der Seite des Goldes: das ist nicht als Goldgier zu verstehen. Er erkennt im Golde die zentrale, ruhende Macht. Er liebt es, nicht wie Cortez, sondern wie Montezuma, nicht wie Pizarro, sondern wie Atahualpa; das sind Unterschiede zwischen plutonischem Feuer und solarischem Glanz, wie er in den Sonnentempeln verehrt wurde. Die höchste Qualität des Goldes ist die des Lichtes; es spendet durch seine Existenz." (*Eum* 196)

Im Gegensatz zur Währung der Wirtschaft, dem durch den Goldstandard gesicherten Geld, ist die Währung des Geistes, die Sprache, in Eumeswil nicht stabil, sondern inflationiert. Das Posthistoire bringt einen Verfall der Sprache mit sich: „In einer Endzeit, in der es als rühmlich galt, am Untergang des eigenen Volkes mitgewirkt zu haben, konnte es nicht wundernehmen, daß man auch der Sprache die Wurzeln kappte, und das vor allem in Eumeswil. Geschichtsverlust und Sprachverfall bedingen sich gegenseitig; die Eumenisten nehmen sich dessen an. Sie fühlen sich berufen, einerseits die Sprache zu entlauben und andererseits dem Rotwelsch Ansehen zu verleihen. [...] Der

137

Angriff auf die gewachsene Sprache und die Grammatik, auf Schrift und Zeichen bildet einen Teil der als Kulturrevolution in die Geschichte eingegangenen Vereinfachung. Der Erste Weltstaat warf seine Schatten voraus." (*Eum* 84)

Die Sprache ist in Eumeswil zur Schutthalde der Jahrhunderte geworden, in der die ausgeprägten und sich sperrenden Strukturen der Grammatik eingeebnet sind und nur noch Sedimentstufen und inflationierte, bedeutungsentleerte Ausdrucksformen der Sprache verwendet werden. Die Abschleifungen der Sprache machen sich schon im Namen von Eumeswil bemerklich. Ursprünglich war die Stadt nach dem Diadochen Eumenes[8] benannt: „Eumeswil trägt seinen Namen; jede weitere Berufung auf ihn ist eine fellachoide Anmaßung." (*Eum* 86) Um jedoch der Aussprache nicht zuviel lautbildende Anstrengung abzunötigen, wurde im Namen von Eumeswil der Diphthong in einen Umlaut, ein ö abgeschwächt und das e verschliffen, so daß Eumeswil wie Ömswil ausgesprochen wird.

Die Kultur von Eumeswil gleicht einer großen Deponie aus den geistigen Beständen aller Zeiten und Kulturen.[9] Die Deponie wird im nachgeschichtlichen Eumeswil paradigmatisch: „Eines der Symbole geschichtsloser Räume ist die Deponie. Der Raum wird durch den Abraum bedroht. Der Schutt wird nicht mehr bewältigt wie in den Kulturen; er überwächst die Bildungen. [. . .] So lebt man auf und von den Deponien --- zwischen Schutthalden, die man ausbeutet. Der nackte Hunger folgt vergangenem Reichtum und seinem Überfluß. Der Zuwachs hält nicht mehr Schritt." (*Eum* 371)

Es ist für Manuel Venator – im Gegensatz zu den meisten Eumenisten – allerdings verfehlt, die Leistungen früherer Geschlechter, den Schutt der Theorien in der Deponie des Posthistoire gering zu achten: „Ich halte es für schlechten historischen Stil, sich über die Irrtümer von Vorfahren zu belustigen, ohne den Eros zu respektieren, der damit verbunden war. Wir sind dem Zeitgeist nicht weniger verfallen; die Narrheit vererbt sich, wir setzen nur eine neue Kappe auf." (*Eum* 70)

---

[8] Auf die Beziehung der Gigantomachie des Pergamon-Frieses zu den historischen Gestalten Eumenes I. und Eumenes II. wurde bereits hingewiesen.

[9] Übrigens erfüllt es den Betrachter mit einem – bei aller Bewunderung für das alte Zentrum Berlins – auch zwiespältigen Gefühl, im Herzen der Stadt, auf der Museumsinsel, ein Museum zu finden, in dessen Innersten ein aufwendig restaurierter Kultaltar steht, welcher der Gigantomachie gewidmet ist, und neben diesem Museum der Berliner Dom – verschlossen und renovierungsbedürftig.

3. Im Nebel der totalen Pluralisierung

Der totale Pluralismus der Ideen und Lebensdeutungen führt in Eumeswil nicht zu einer Gesteigertheit und Farbigkeit der Existenz. Die Buntheit des Pluralen bleibt vielmehr blaß und drückend, bewirkt Unzufriedenheit: „Der Mangel an Ideen oder, einfacher gesagt, an Göttern ruft eine unerklärliche Mißstimmung hervor, fast wie ein Nebel, den die Sonne nicht durchdringt. Die Welt wird farblos; das Wort verliert an Substanz, vor allem dort, wo es über die reine Mitteilung hinaus gespendet werden soll." (*Eum* 71) Die vollständige Pluralisierung und Vergleichgültigung der Ideen und Weltdeutungen legt sich wie ein Nebel auf das Sein und läßt seine Konturen und Farben verblassen.

Ernst Jüngers Roman *Eumeswil* zeichnet die Welt des totalen Pluralismus der Spätmoderne und seiner „multikulturellen" Gesellschaft. Die totale Mobilmachung der Moderne ist zu Ende gespielt, selbst die Titanen, die Söhne der Erde, bewegen die Geschichte nicht mehr. Die Technik hat einen Hochgrad erreicht, bei dem sie sich nicht mehr, wie in der Moderne, in den Vordergrund spielt und den totalen Arbeitscharakter und den Schmerz erfordert. Sie hat den Charakter des Beiläufigen, Selbstverständlichen angenommen. Das Posthistoire als die letzte Stufe der Moderne, als die späte Spätmoderne, ist das nachutopische und nachgeschichtsphilosophische Zeitalter, das Zeitalter nach der Mobilmachung. Es ist der nachkriegerische, nacharbeiterliche und nachtitanische Äon, auf den sich der Nebel der Vergleichgültigung der Ideen gelegt hat.

Das Posthistoire als Abschluß der Moderne ist gnostizistisch wie die gesamte Moderne, aber es zieht aus der mit der titanischen Moderne gemeinsamen gnostizistischen Prämisse, daß die Schöpfung verfehlt ist, einen gänzlich anderen, neuen Schluß. Venator ist von der Verfehltheit der Schöpfung überzeugt: „Mein Verdacht ist, daß schon die Schöpfung mit einer Einfälschung begann. Wäre es ein simpler Fehler gewesen, so ließe sich das Paradies durch Entwicklung wiederherstellen. Aber der Alte hat den Baum des Lebens sekretiert. – Das streift mein Leiden: irreparable Unvollkommenheit, nicht nur der Schöpfung, sondern auch der eigenen Person. Es führt zu Götterfeindschaft auf der einen Seite und auf der anderen zur Selbstkritik." (*Eum* 10) Die Schöpfung ist nicht gebrochen oder mangelhaft, sondern sie ist als Ganzes verfehlt. Der Alte der Tage hat dem Menschen absichtsvoll die gute, gelungene Schöpfung verschlossen. Ganz in der Tradition des Gnostizismus enthält er dem Menschen eifersüchtig nicht

nur den Baum der Erkenntnis, sondern auch den Baum des Lebens vor.[10]
Diese Überzeugung von der Verfehltheit der Schöpfung teilt die Spätmoderne des Posthistoire mit der Frühmoderne der revolutionären Geschichtsphilosophie, etwa bei den Frühsozialisten, und Manuel Venator preist zunächst Fourier: „Fouriers Grundgedanke ist vortrefflich: daß nämlich die Schöpfung im Guß mißlungen sei." Damit ist aber auch die Gemeinsamkeit zur Frühmoderne erschöpft. „Sein Irrtum liegt darin, daß er sie für reparabel hält. Der Anarch darf vor allem nicht progressiv denken. Das ist der Fehler des Anarchisten; damit gibt er die Zügel aus der Hand." (*Eum* 309)

4. Dandysmus und Gnostizismus als Mittel, die Verfehltheit der Schöpfung zu verwinden

Der Fehler des Modernisten ist, daß er glaubt, die Verfehltheit der Schöpfung heilen zu können. Der Progressismus der Moderne meint, aus einer verfehlten Schöpfung und einem daneben gegangenen Anfang der Welt durch revolutionären Fortschritt etwas Vollkommenes durch totale Mobilmachung erzeugen zu können. Der Anarch der Spätmoderne, der Gnostiker und Dandy des Posthistoire, weiß dagegen, daß dies müßig ist. Aus einer verfehlten Schöpfung kann nicht durch revolutionäre Aktion das Vollkommene geschaffen werden. Der Anarch von *Eumeswil* ist der spätmoderne Dandy, der sich zugleich als Dandy durchschaut.[11] Auf der Reflexion zweiter Stufe erkennt er, daß sein anarchisches Dandytum ebenso gut oder gewöhnlich ist wie das Spießertum jedes Philisters.[12]
Grundprinzip des Anarchen, des Dandys und des Gnostikers ist die Aufrechterhaltung der Distanz zu allem, was ist. „Als Anarch bin ich entschlossen, mich auf nichts einzulassen, nichts letzthin ernst zu nehmen — allerdings nicht auf nihilistische Weise, sondern eher als

---

[10] In der theosophischen Tradition einer nicht-häretischen, christlichen und jüdischen Gnosis heißt es dagegen, daß der Mensch, und nicht Gott, den Baum des Lebens vom Baum der Erkenntnis getrennt habe.

[11] Jünger kritisiert in *AuA* 44 eine Einstellung, die das Ästhetische und das Tiefe, das Dandystische und das Religiöse, trennt: „Auch das Ästhetische hat seine Tiefe."

[12] Vgl. auch RAINER GRUENTER: „Formen des Dandysmus. Eine problemgeschichtliche Studie über Ernst Jünger", in: *Euphorion*, 46 (1952), 170-202, der die Elemente der eigenen inneren Überwindung des Dandysmus bei Jünger unterschätzt. Die Bejahung und Selbstkritik des Dandys bei Jünger ist nicht untypisch für das Verschwebende seiner Charaktere.

ein Grenzposten, der im Niemandslande zwischen den Gezeiten Augen und Ohren schärft." (*Eum* 87f.) Der anarchische Dandy erkennt sogar seine eigene Spießigkeit, die in seiner Nichtversuchbarkeit besteht: „Der Anarch kommt schon deshalb nicht in Versuchung, weil er sich nicht an Ideen ausrichtet, sondern an Tatsachen. Er kämpft allein, als Freier, dem es fernliegt, sich dafür aufzuopfern, daß eine Unzulänglichkeit die andere ablöst und eine neue Herrschaft über die alte triumphiert. In diesem Sinne steht ihm sogar der Spießer näher, der Bäcker, der vor allem besorgt ist, gutes Brot zu backen, der Bauer, der den Pflug führt, während über sein Feld die Heere ziehen." (*Eum* 137) Weil der Dandy und der Spießer beide anarchisch sind und sich „auf nichts einlassen", schimpfen auch alle auf sie: „Wie kommt es, daß der Kleinbürger teils als Popanz, teils als Prügelknabe von der Intelligenz, der Großbourgeoisie, den Gewerkschaften behandelt wird? Wahrscheinlich deshalb, weil er sich weder von oben noch von unten hinter die Maschine bringen lassen will." (*Eum* 326)

Der Einzige ist Anarch und nicht Anarchist, Eigner seiner selbst, aber nicht Egoist. Der Anarch ist, wie Jünger über Max Stirner, den Autor des *Einzigen* schreibt, „Philister auf höherer Ebene." (*Eum* 321) Der Anarch befindet sich wie der Gnostiker und der Dandy in einer Geisteshaltung, die ihn unter allen Umständen allem Seienden gegenüber als den Überlegenen ausweist. Er ist in „der Lage des Dandys, der sich durch das erbärmliche Gefährt, das ihn bewegt, in seiner Überlegenheit nicht stören läßt." (*EgB* 384) Der Heilige, der Gnostiker und der anarchische Dandy[13] sind – jeder auf seine Weise – der Welt überlegen. Sie haben die Überlegenheit über diese Welt und über die Herren dieser Welt, die *fabricatores huius mundi*, – bei allen Differenzen in anderen Eigenschaften – gemeinsam. „Antonius hat die Macht des Einsamen, Franziskus die des Armen, Stirner die des Einzigen erkannt. ‚Im Grunde' ist jeder einsam, arm und einzig auf der Welt." (*Eum* 322)

Der anarchische Gnostiker und Dandy ist auch nicht wie der „alte

---

[13] Vgl. A. Camus: *Der Mensch in der Revolte*, Reinbek (Rowohlt) 1969, 65: „Ein barocker Romantiker, den Raymond Queneau entdeckte, behauptet, das Ziel jedes geistigen Lebens sei, Gott zu werden. Dieser Romantiker ist in Wirklichkeit seiner Zeit etwas voraus. Das Ziel war damals, Gott gleichzukommen und sich auf seiner Höhe zu halten. Man zerstört ihn nicht, aber mit unaufhörlichem Kraftaufwand verweigert man ihm jede Unterwerfung. Das Dandytum ist eine niedrigere Form der Askese." Zum Verhältnis von gnostischer, wissenschaftlicher und dandystischer Revolte gegen die Welt vgl. P. Koslowski: „Wissenschaftlichkeit und Romantik. Über den Zusammenhang von Szientismus, Gnostizismus und Romantizismus", in: *Scheidewege*, 17 (1987/88), 106-118.

Pulverkopf" Nietzsche ein Gottesmörder, der „Gott ist tot" ruft. „Schon damals rannte der Pulverkopf damit offene Türen ein. Ein Allgemeinbewußtsein wurde dekuvriert. Das erklärt die Sensation." Der Anarch bleibt auch hier distanziert, desinvolviert: „Der Einzige hingegen: ‚Gott – ist meine Sache nicht.' Damit sind alle Türen offen – er kann Gott absetzen, einsetzen, auf sich beruhen lassen, wie es ihm beliebt. Er kann ihm kündigen oder mit ihm ‚in Verein treten'. Wie für den Schlesier kann ‚Gott ohne ihn nicht sein'." (*Eum* 332) Der Anarch ist weder für Gott noch gegen Gott. Er hält ihn entweder für einen etwas törichten oder inkompetenten Demiurgen oder sich selbst für einen Teil der göttlichen Substanz. In beiden Fällen gibt es keinen Anlaß zur Auflehnung oder zur Unterwerfung. Der Anarch ist weder „Anarcho-Nihilist" (*Eum* 224) noch sich unterwerfender Glaubender. Er bleibt zwischen Nihilismus und Glauben neutral und offen für Überraschungen, auch gegenüber dem Absoluten: „Als Historiker bin ich skeptisch, als Anarch auf der Hut. Das trägt zu meinem Wohlbefinden bei, sogar zu meinem Humor. So halte ich mein Eigentum zusammen, allerdings nicht für mich als den Einzigen. Meine persönliche Freiheit ist ein Nebengewinn. Darüber hinaus stehe ich in Bereitschaft für das Große Treffen, den Einbruch des Absoluten in die Zeit. Dort enden Geschichte und Wissenschaft." (*Eum* 73)

Gnostizismus und Posthistoire sind sich einig in der Ablehnung der Geschichtsphilosophie und des Glaubens an die grundlegende Verbesserbarkeit der Welt. Die Erkenntnis der Unzulänglichkeit der Schöpfung und der Werke des Menschen, seiner Revolutionen und Aktionen, führen in beiden zur Welt- und Geschichtsverachtung. Weltveränderung ist müßig. Utopien sind leer, ihre Versprechungen durchschaut. Es gibt nur zwei Formen der Befreiung aus dem Panzer dieser Welt und der Zeit, die Ablösung des Selbst vom Körper und das Abenteuer, den Ausflug in den Wald. Manuel Venator, dieser Jäger des Geistes und Anhänger der Kalydonischen Jagd, verbindet beides, die Ablösung des Selbst vom Körper und das Abenteuer, den Waldgang. Zur Vorbereitung auf die Expedition in den Wald sucht er die Ablösung vom Körper zu erreichen: „Ich habe in diesen Tagen, um mich für den Wald zu rüsten, intensiv vor dem Spiegel gearbeitet. Dabei gelang mir, was ich immer erträumt hatte: die vollkommene Ablösung von der physischen Existenz. Ich sah mich im Spiegel als übersinnlichen Freier – mich selbst, der ihm konfrontiert war, als sein flüchtiges Spiegelbild. Zwischen uns brannte, wie immer, eine Kerze; ich verneigte mich über ihr, bis die Flamme meine Stirn versengte; ich sah die Verletzung, doch ich fühlte nicht den Schmerz." (*Eum* 377) Der Gnostiker Manuel Venator bereitet sich auf den Ausflug in den

142

Wald durch die Ablösung des Selbst vom Leibe vor. Er vollzieht einen *rite de passage*, weil der Wald selbst für ihn eine Passage ist. (*Eum* 375) Auch hier bleibt der Gnostiker Dandy. Während die Machthaber den Wald als Ziel ansehen, erkennt der Beobachter in ihm nur eine Passage. Was bedeutet der Ausflug des Hofstaates in den Wald? Die Machthaber sind des Posthistoire überdrüssig geworden. Es lockt sie in der Metapher des Waldes und im Wald selbst das Abenteuer. Der Wald ist ebenso der Ort wie die Metapher des anarchischen Abenteuers, des Unvorhergesehenen. Der innerste Kreis der Macht, der Hofstaat des Tyrannen, verläßt das spätmoderne Eumeswil, um in die Passage des Waldes, in das Abenteuer einzutauchen.

Der Epilog von *Eumeswil* berichtet das Ergebnis dieser romantischen Expediton. Der Liberale schreibt im Rückblick über seinen anarchischen Bruder, der den Zugang zum Machthaber so liebte: „Mein Bruder, Martin Venator, seit Jahren mit dem Tyrannen und seinem Gefolge verschollen, ist jetzt auch amtlich für tot erklärt worden. Mit Recht hatte unser Vater ihn vor jenem Unternehmen eindringlich gewarnt. Wir hielten es schon damals für den letzten Ausweg eines Machthabers, der sein Spiel verloren sah." (*Eum* 378) Der zur Selbstablösung fähige Gnostiker und Anarch geht in den Wäldern, in den Passagen des Abenteuers, verloren. Der Wald ist die Passage der chthonischen Gnosis Jüngers in die Freiheit. „Jeder geht an sich selbst zugrunde, allerdings jeder auf seine eigene Art." (*Eum* 253) Der anarchische Gnostiker der Erde verliert sich im Wald.

Eumeswil ist zugleich der Roman des Posthistoire und der Spätmoderne. Dieses Alterswerk Jüngers ist in seiner Ironie und seinen parodistischen Elementen einem anderen Alterswerk, den *Bekenntnissen des Hochstaplers Felix Krull* von Thomas Mann, verwandt. In beiden ist der Held Kellner, ein den Mächtigen Dienstbarer und ein in seiner Distanz zur Welt ihr überlegener Hochstapler und Anarch. Während jedoch Manns Alterswerk im Untergang der bürgerlichen Welt spielt, ist der Posthistoire-Roman Jüngers schon eine Epoche weiter im nachbürgerlichen und nachhistorischen Zeitalter. In beiden verkörpert der Kellner oder Nachtsteward den Typus des Dandys und Gnostikers. Der Kellner bedient wie der Gnostiker die Mächte dieser Welt und ist sich in seinem Dienst doch zugleich seiner Überlegenheit über jene, die er bedient, bewußt. Obgleich er zum Dienst bestellt ist, verfügt er meist über bessere Manieren und tiefere Kenntnisse der Eßkultur als seine Gäste. Seine Überlegenheit besteht trotz *und* wegen seiner dienenden Rolle. So sind auch der Anarch und Gnostiker Manuel Venator und der Hochstapler Felix Krull der Welt durch ihre Erkenntnis überlegen, obgleich sie sich ihren Mächten nicht entziehen können.

Teil E. Die Überwindung der Moderne: Rückkehr zur Tradition

Obgleich das Werk *Eumeswil* von 1977 Jüngers letzter großer Roman ist, hat er die Erzählung *Die Zwille* von 1973 in der Ausgabe der Sämtlichen Werke in den letzten Band gegeben und nach *Eumeswil* angeordnet. Man darf vermuten, daß damit auch eine thematische Überordnung der *Zwille* beabsichtigt ist. In der Tat muß *Die Zwille* in Jüngers Genealogie der Moderne als ein Noch-Hinausführen über den Abschluß der Moderne, wie ihn das Posthistoire von *Eumeswil* darstellt, begriffen werden. Nach dem Posthistoire und seinem totalen Pluralismus kehrt Jünger zur Tradition und zur niedersächsischen Nähe zurück. *Die Zwille* ist ein Roman des Traditionalismus und transzendiert so vollständig die Moderne und ihr Fortschrittsgesetz. Der Traditionalismus der *Zwille* geht in seiner Überwindung der Moderne noch über das Posthistoire von *Eumeswil* hinaus. Die Rückkehr zur Tradition entfaltet Jünger in der *Zwille* an der Darstellung eines Gymnasiums und Internats. Die pädagogische Provinz, die Schule, wird zum Modell der Welt. Eine der großen Ordnungen des Kosmos ist nach Jünger die pädagogische.

VIII. Kapitel: Der schwache Pastor: Die reformatorische Tradition und das Abbiegen von Modernisierungsgesprächen

In den drei Helden der Erzählung, dem Pastorensohn Teo, dem Sohn des Mühlenknechtes Clamor und dem Sohn des reichen Bauern Buz entwickelt Jünger drei Typen, den Typus des Spielers und Sophisten, den Typus des kreativen Träumers und den Typus des reinen Täters. Die Schüler vertreten zeitlose, nichtgeschichtliche Formen menschlichen Seins. Die Erzählung schildert eine Welt, die aus der geschichtlichen Vermitteltheit, aus dem Entwicklungssog der Moderne, herausgetreten ist, nicht in der Weise des Posthistoire, daß die gleichzeitige Beliebigkeit aller Möglichkeiten geschichtlicher Existenz realisiert würde, sondern im Sinne der Gültigkeit einer zeitfreien Tradition richtigen Lebens. Die Auseinandersetzung mit der Tradition entwickelt Jünger

144

an Gestalten seiner niedersächsischen Heimat, am lutherischen Pastor, dem Superus, an dessen Bruder, dem Professor und Direktor des Schulpensionats, und schließlich am Müller und seinem Knecht. *Die Zwille* beschreibt das Erbe der reformatorischen Tradition vor der Moderne. Der Superus kämpft mit der Schwäche seiner Persönlichkeit, mit seinen Glaubenszweifeln und mit der Untreue seiner Frau Sibylle, die mit dem Vikar Simmerlin und Teo, dem Sohn des Superus, durchbrennt. Jünger gelingt es in dieser Erzählung über ein Landschulheim und die niedersächsische Landschaft, in der es liegt, eine Stimmung zu schaffen, die jenseits des Streites um die Moderne und außerhalb ihres Mythos liegt.

Die Moderne deutet sich in dieser Welt nur an. Der Grundwasserspiegel sinkt, weil die Spinnereien das Grundwasser für sich abzweigen. Die Wasserpumpe im Haus genügt nicht mehr. Der Professor lehnt jedoch einen Anschluß an die Kanalisation ab, weil er einen Widerwillen hatte gegen jede Leitung, gleichviel ob sie Wasser, Gas oder Strom brachte:

„Das Haus mit seinen festen Mauern wurde angezapft. Es wurde unheimlich.

'Die Pumpe hat auch eine Leitung', wandte die Professorin ein.

'Ja, aber nach unten, zum Grundwasser, zum Wasser, das aus Ungers Garten kommt, Wasser aus erster Hand. Siehst du nicht ein, daß das in einem Stadthaus eine große Sache, ja fast ein Wunder ist? Ich will nicht kanalisiert werden. Wer weiß, wohin das noch führen soll.'"

Die Verknappung des Wassers ist jedoch nicht zu leugnen. „Man konnte nicht zum Spinnrad zurück. Das hing alles zusammen durch ein System von Kanälen, die das Leben zugleich verbilligten und verteuerten. Ein Paradoxon: Das Wasser wurde knapper, und es stieg bis zum Hals.

Der Professor war ein Mann der vertikalen Gliederungen. Grundsätze vertrat er weniger logisch als bestimmt:

'Mally – es gibt auch Männer, die alle zehn Jahr ein neues Weib nehmen. Das liegt dichter beisammen, als du ahnst.'

Mit solchen Wendungen bog er die Modernisierungsgespräche ab." (*Zwi* 95)

Die Modernisierungsdebatte endet in der Geltendmachung der vertikalen Ordnung gegen die horizontale Vernetzung der Moderne. Der Professor und sein Bruder, der Superus, vertreten einen reformatorischen Konservativismus und Traditionalismus, dem die Moderne fremd und äußerlich bleibt. „Ein anderes Relikt vom Lande war das Kastenbrot, das die Hausfrau an jedem Freitag mit großer Sorgfalt buk. Daß Bäcker und Schlachter zur Hand waren – daran hatte man

sich noch immer nicht ganz gewöhnt. Dazu kam das instinktive Mißtrauen des Konservativen gegen alles, was durch den Handel gegangen oder auf mechanischem Wege entstanden war.

Eines Tages hatte der Professor von seiner Zeitung aufgeblickt:
‚Donnerwetter – jetzt gibts auch'ne Brotfabrik!'" (*Zwi* 143)
Der Standort des Professors ist derjenige des „liberalen Konservativen . . . – wohlwollend Neuerungen gegenüber, die er als nützlich
erkannte, obwohl er nicht mitmachte." (*Zwi* 192)

IX. Kapitel: Der Blender als Theologe: Der Geist des Wortes und das Blenden mit dem Wort

Sein Bruder, der Superus, ist durch das Scheitern-und-doch-Vollbrin-
gen gezeichnet. Er kann den Ehebruch seiner Frau mit dem Vikar
seiner Pfarrei nicht verhindern und besitzt doch das Vertrauen der
Bauern seiner Gemeinde. Ein Erweckungserlebnis wurde ihm vor lan-
ger Zeit zuteil, aber die Flamme ist erloschen. Der Superus bemüht
sich um Clamor, den Sohn des Knechtes, dem der Müller, der Herr des
Knechtes, ein Legat vermacht und ihn zum Gymnasium bestimmt hat.
Über diese Verpflanzung nachsinnend, fragt sich der Superus: „Er war
von Anfang an folgsam und gut zu haben – aber ob es richtig ist, daß
man ihn auf diese Weise verpflanzt? Ich konnte es dem Müller nicht
ausreden. Nicht etwa, daß ich die Ansicht meines Patrons, des Herrn
von Lüden, teilte, der mir damals beim Antritt sagte: ‚Es genügt, wenn
die Leute den Kleinen Katechismus können und wissen, wie ihr König
heißt.' Das war feudale Anmaßung und zudem unchristlich. Aber es
sollte von Stufe zu Stufe, nicht gleich in die Akademien gehen. Der
Müller hätte schon den Vater fördern sollen – ihn etwa zum Verwalter
machen und ihm nicht nur die Last aufbürden." (*Zwi* 58)

Während der Superus Clamor gern zum Sohn hätte, ist ihm sein
leiblicher Sohn Teo, den ihm seine untreue Frau geboren hat, „der
Marder, der mir am Herzen nagt." (*Zwi* 84) Der Sohn verachtet den
Vater als Schwächling, der Vater, der Pastor, sieht den Schüler Teo mit
Sorge als Sophisten und Blender an. Teo ist der intellektuelle Spieler,
der mit jeder Theorie, sogar mit der Theologie, zu spielen und jede zu
seinem Vorteil zu verwenden weiß, während sein Vater des Wortes
nicht mächtig ist. „Der Superus wußte wohl, daß in der Predigt das
Gewicht des Wortes zählte, und nicht sein Geist. Sonst würde man mit

146

Philosophen auskommen." (*Zwi* 85) Der Superus fühlt im Vergleich mit seinem sophistischen Sohn die Unterlegenheit:

„'Ich bin ein schlechter Ansager, der weder die fremden noch die eigenen Erwartungen erfüllt. So ging es mir auch mit Sibylle [. . .], und so geht es mir mit Teo – er hat mich erkannt.

Ich bin ein schlechter Ansager, gerade weil ich das Wort ernst nehme. Simmerlin hat diese Skrupel längst verloren, ja vielleicht nie empfunden; er ist ein guter Ansager. Er nimmt das Wort nicht ernst und fürchtet es nicht mehr. Daher kann er mit ihm spielen, zieht wie ein Zauberkünstler den Heiligen Geist aus dem Zylinder hervor. Ihn kümmert nicht, was sich im Wort verbirgt. Solche sind es, die jetzt gesucht werden."' (*Zwi* 86)

Teo, der Spieler mit dem Wort, vermag sich aus jeder, auch aus der verfahrensten Situation herauszureden. Er will vom Beginn bis zum Ende der Erzählung Theologe werden. „Bald würde er hier mit Auszeichnung bestehen. Daß er immer noch Theologie studieren wollte, war dem Superus ein Rätsel; es freute ihn nicht." (*Zwi* 268) Der Typus des Spielers spielt selbst als Theologe mit der Theologie. Teo fehlt zum Pastor das Leiden am Wort und an der eigenen Unzulänglichkeit. Der Superus erkennt in ihm den modernen Blender, der selbst den Gewissenszweifel als Mittel des Blendens einsetzt. „Die gute Meinung des Direktors vertiefte sich noch durch die Gewissenszweifel, die Teo ihm zuweilen privatim unterbreitete. Zu ‚old man', einem uralten Theologen, der immer noch amtierte, kam er mit ähnlichen Anliegen, doch faßte er sie in eine simplere Version." (*Zwi* 80)

X. Kapitel: Der kreative Träumer: die Vereinigungsmacht des Schönen

Der eigentliche Held der Erzählung ist jedoch der Träumer Clamor, in allem das Gegenteil von Teo, ein Überängstlicher, Hochsensitiver. Clamor ist dem Gymnasium nicht gewachsen, muß schließlich gehen. Der Zeichenlehrer, der einzige Lehrer, zu dem Clamor Vertrauen gefaßt hatte und in dessen Fach er gute Leistungen erbrachte, nimmt den Waisen am Ende der Erzählung als Sohn in sein Haus und als Maler in seine Lehre. Clamor vermag nicht in Begriffen zu denken, seine geistige Welt sind die Farben und die Flächen der Farben.

Am Ende seines Lebenswerkes, nach dem Entkommen aus den Stahlgewittern der Moderne, zeichnet Ernst Jünger zum Abschluß seines Epos der Moderne eine Verherrlichung des schöpferischen Träumers. Die Darstellung der Totalen Mobilmachung der Technik und die Verherrlichung des Arbeiters, der Gesang auf den Titanen Mensch, schließen mit der Schilderung der zeitlosen pädagogischen Provinz und der Rettung eines Knaben, der Rettung des Sohnes des Mühlenknechtes aus der Mühle der Schule.[14]

„Mit dieser Vollmacht stieg der Zeichenlehrer zum Alkoven hinauf, zur Verkündigung der Lossprechung. Es gibt einen Augenblick des Glückes, der uns jäh überfällt. Er verdrängt die Gedanken wie das absolute Licht den Schatten; die Sterne müssen günstig stehen. Er wußte nicht, wie es werden sollte; er hatte keinen Plan. Aber es würde gut werden. Es würde glücken, selbst ohne vergänglichen Ruhm . . . Was er nicht erreicht hatte und nicht erreichen konnte – es würde sich im Sohn verwirklichen: im Sohn seiner Wahl. Er würde teilhaben, denn das Schöne gehört uns allen; an ihm gibt es kein Eigentum. Es ist unteilbar; wir finden uns in ihm. Wir finden und vergessen uns im Anderen; wir sind nicht mehr allein." (Zwi 269)

---

[14] Vgl. das Urteil in der Rezension der Zwille von KLAUS PODAK: „Denkspiel mit Elementen aus dem Dunkel", in: Stuttgarter Zeitung, Nr. 88, 14. April 1973, 52: „Was bringt der Versuch einer möglichst vorurteilsfreien Lektüre? Jedenfalls nicht die Bestätigung der Vorurteile. Man kann das Spiel dieses Romans mitspielen, ohne es zu akzeptieren. Und in der Reflexion – allerdings erst da – sind die Züge am Buch, die der totalen geschichtlichen Vermitteltheit menschlicher Möglichkeiten widersprechen, wichtig und weiterzuverfolgen."

3. Buch

Magie, Mythologie und philosophisches System der Moderne

Überblickt man die dichterische Genealogie der Heldengestalten und die philosophisch-metaphysische Aitiologie der Mächte der Moderne die Jüngers philosophisches Epos und dichterische Philosophie entfalten, so treten drei bestimmende Momente der Moderne hervor: der magische Gnostizismus, die Mythologie und das Ordnungssystem. Diese drei Momente sind miteinander verbunden und durchdringen sich. Den nihilistischen Willen zur Macht des Mauretaniers, der die Welt in das reine, auf nichts als auf bloßer Geordnetheit beruhende System durch die totale Mobilmachung zwingen will, schildert Jüngers Werk *Der Arbeiter*, das, obgleich es nicht den strengen Aufbau eines philosophischen Systems hat, doch in seiner Aussage den Willen zur systematischen Umgestaltung der gesamten Wirklichkeit erkennen läßt. Die Mythologie der Moderne wird am konsequentesten in der Äonenlehre von *An der Zeitmauer* entwickelt, in welcher der philosophische Typus des Arbeiters zum mythischen des Titanen gewandelt und erweitert wird. Die Magie der Moderne und ihr verborgener Gnostizismus scheinen in allen Werken Jüngers durch, gewinnen jedoch ihre erste eingehende Darstellung in *Das abenteuerliche Herz*, in der ersten Fassung von 1929, um schließlich in dem Werk über die posthistorische Phase der Moderne, in *Eumeswil*, in das Zentrum der Deutung der Spätmoderne zu treten.

Magie, Mythologie und System sind nicht völlig getrennte Entwicklungsstränge der Moderne, sondern hängen untereinander zusammen. Der Mythos beschwört die magische Präsenz des Göttlichen in der Welt, die Magie setzt eine mythische göttliche Tiefenstruktur der Welt voraus. Der entfaltete Mythos wird als Mythologie zum System, zum mythologischen System der Abfolge der Äonen und Götter, und vollendet sich als vollständige mythologische Genealogie. Dasjenige philosophische System, das wie die Geschichtsphilosophie des Deutschen Idealismus und besonders des Hegelianismus auch noch die Geschichte der Gesamtwirklichkeit enthält und insofern Totaltheorie der Wirklichkeit ist, hat das Systematisch-Allumfassende und Narrative mit der Mythologie gemein. Die philosophischen Systeme Hegels oder Marx' sind selbst Mythologien der Wirklichkeit, die sich mit Hilfe des Systems und der Totalisierung *eines* Gedankens, der idealistischen oder materialistischen Dialektik, des gesamten Seins und seines geschichtlichen Gewordenseins zu bemächtigen suchen.

Schließlich sind die philosophischen Systeme der Moderne nicht nur mythologisch, sondern auch magisch, weil sie glauben, mit der Magie eines einzigen, menschlichen Gedankens das gesamte Sein unter die Macht dieses für sie beherrschenden, philosophischen Gedankens zwingen zu können. Mit Rückgriff auf Wittgenstein und Lewis Carrolls *Alice in Wonderland* kann man die Magie definieren als den Versuch, Wäsche durch Vorlesen des Trockensten, was es gibt, zu trocknen.[1] Entsprechend gilt auch für das autonome, auf einem einzigen philosophischen Prinzip beruhenden System der Moderne, das auch noch von nur einem Kopf erdacht wurde und sich der gemeinschaftlichen Erzeugung der Wahrheit in der Tradition nicht verdanken will, daß es insofern magisch ist, als es durch die Konstruktion eines philosophischen Gedankens der Wirklichkeit und der Geschichte ihre Gesetze vorschreibt und, im Falle von Marx, eine neue Gesamtwirklichkeit zu schaffen sucht. Auch Jüngers *Arbeiter* ist in diesem Sinne ein metaphysisch-systematisches, magisches und mythologisches Werk, weil es den Typus und mythologischen Held der totalen Ermächtigung des Menschen, den Arbeiter, beschreibt, seine Rüstung, die Technik, verherrlicht und sein System, die totale Mobilmachung, magisch beschwört und durchzusetzen versucht.

I. Magie und Metaphysik der absoluten Ermächtigung des Menschen

Martin Heidegger hat auf den Zusammenhang von Mobilmachung und modernem metaphysischen System in seinem Beitrag zur Festschrift für Ernst Jünger von 1955 hingewiesen. Dieser Aufsatz trug den Titel *Über „Die Linie"*[2] und bildete damit zugleich die Antwort auf Jüngers

---

[1] L. WITTGENSTEIN: „Bemerkungen über Frazers *The Golden Bough*", in: *Synthese*, 17 (1967), 233-253, hier 239.

[2] Veröffentlicht unter dem Titel *Zur Seinsfrage* in: M. HEIDEGGER: *Wegmarken*, Gesamtausgabe, I. Abt., Band 9, Frankfurt a.M. (V. Klostermann) 1976, 385-426.

Beitrag zur Festschrift für Martin Heidegger von 1950. In seiner Abhandlung macht Heidegger keinen Unterschied zwischen dem Typus der vormodernen und der modernen Metaphysik, sondern bezeichnet die gesamte abendländische Metaphysik schlechthin als gewalthafte Selbstermächtigung des Menschen. Er schreibt zu Jüngers *Arbeiter*: ,Hier wäre die Stelle, auf Ihre Abhandlung ,Über den Schmerz' einzugehen, und den inneren Zusammenhang zwischen ,Arbeit' und ,Schmerz' ans Licht zu heben. Dieser Zusammenhang weist in metaphysische Bezüge, die sich Ihnen von der metaphysischen Position Ihres Werkes ,Der Arbeiter' her zeigen. Um die Bezüge, die den Zusammenhang von ,Arbeit' und ,Schmerz' tragen, deutlicher nachzeichnen zu können, wäre nichts geringeres nötig als den Grundzug der Metaphysik Hegels, die einigende Einheit der ,Phänomenologie des Geistes' und der ,Wissenschaft der Logik' zu durchdenken. Der Grundzug ist die ,absolute Negativität' als die ,unendliche Kraft' der Wirklichkeit, d. h. des ,existierenden Begriffs'. In der selben (nicht der gleichen) Zugehörigkeit zur Negation der Negation offenbaren Arbeit und Schmerz ihre innerste metaphysische Verwandtschaft .[. . .] Hegels Begriff des ,Begriffs' und dessen rechtverstandene ,Anstrengung' sagen auf dem gewandelten Boden der absoluten Metaphysik der Subjektivität das Selbe."[3]

Die moderne Systemphilosophie, nicht, wie Heidegger annimmt, die Metaphysik schlechthin,[4] ist das Denken der totalen Mobilmachung und der magischen Negativität des Gedankens. Sie ist seit Hegel – und damit lange vor dem historischen Zur-Herrschaft-Kommen des Arbeiters im 20. Jahrhundert – *die* Philosophie des Arbeiters und des totalen Arbeitscharakters. Jüngers mythologisch-dichterischer Typus „Der Arbeiter" beschreibt den Träger des absoluten Systems der Subjektivität. Heidegger sieht klarer als Jünger, daß der Nihilismus des „Arbeiters der Moderne" nicht so leicht überwunden werden kann, wie Jünger glaubte, dies in seinen Schriften *Über die Linie* und *An der*

---

[3] *Ebd.* 404.
[4] Jünger nimmt in *Sche* 80f. die Metaphysik-Kritik Nietzsches auf, um für eine andere Metaphysik zu plädieren: „Dabei ist zu bedenken, daß ,Metaphysik' seit Nietzsche in Verruf geraten ist. [. . .] Vielleicht wäre gegenwärtig ,Ultraphysik' vorzuziehen: eine Fortsetzung des Wirklichen nach beiden Seiten – ähnlich der des Spektrums über die Bandbreite der sichtbaren Welt. Doch wie man es auch fassen möge, die Unruhe bleibt." Jüngers Umbenennungsvorschlag entgeht dem Hinterwelt-Vorwurf Nietzsches an die Metaphysik, verfällt aber nach wie vor Heideggers Kritik an der Metaphysik als Bemächtigung des Seins, ja der Ausdruck „Ultraphysik" muß sich diesen Vorwurf Heideggers an die Metaphysik noch mehr gefallen lassen als die das Seiende transzendierende Metaphysik der onto-theologischen Tradition.

Zeitmauer bereits geleistet zu haben. Heidegger beharrt Jünger gegenüber darauf, daß schon die Sprache der (ergänze: modernen) Metaphysik einer Überwindung des Nihilismus entgegensteht, weil sie mit
der absoluten Macht des Gedankens, den die autonome Subjektivität
des Menschen denkt, das Sein als Sein zu vernichten sucht. „Soll die
Sprache der Metaphysik des Willens zur Macht, der Gestalt und der
Werte über die kritische Linie hinübergerettet werden? Wie, wenn gar
die Sprache der Metaphysik und die Metaphysik selbst, sei sie die des
lebendigen oder toten Gottes,[5] *als* Metaphysik jene Schranke bildeten,
die einen Übergang über die Linie, d. h. die Überwindung des Nihilismus verwehrt. [. . .] *Allein die Frage nach dem Wesen des Seins stirbt ab,
wenn sie die Sprache der Metaphysik nicht aufgibt, weil das metaphysische
Vorstellen es verwehrt, die Frage nach dem Wesen des Seins zu denken.* "[6]

Heidegger fragt radikaler als Jünger, was es denn ist, das den
modernen Nihilismus und seine Mobilmachung in einem reinen Ordnungssystem hervorgebracht hat, während Jünger die Linie des Nihilismus durch seine neue Mythologie bereits als überschritten ansieht.
Mit dem Durchbrechen der Zeitmauer des historischen Zeitalters
durch die und in der Gestalt des Titanen soll der Nihilismus der
Ordnungssysteme nach Jünger bereits überwunden sein. Für Jünger
kommt es darauf an, „was einer aus seinem Nihilismus macht" (*ZM*
617), nicht darauf, ob das Nichts, die Entwertung des Seins, bereits
wirklich überwunden ist. Der Dichter Jünger glaubt, daß sich das Sein
zuwende, wenn der Mensch die Linie passiere, während der Philosoph
Heidegger mit Recht darauf hinweist, daß auch gar nichts geschehen
kann, wenn der Mensch Linien überschreitet.

Heidegger richtet an Jünger die Frage: „Sie schreiben: ,Der Augenblick, in dem die Linie passiert wird, bringt eine neue Zuwendung des
Seins und damit beginnt zu schimmern, was wirklich ist.' – Der Satz ist
leicht zu lesen und doch schwer zu denken. Vor allem möchte ich
fragen, ob nicht eher umgekehrt die neue Zuwendung des Seins erst
den Augenblick für das Passieren der Linie bringt. Die Frage scheint
Ihren Satz nur umzukehren. Aber das bloße Umkehren ist jedesmal
ein verfängliches Tun."[7]

Nach Heidegger kann der Nihilismus nur überwunden werden,
wenn die Verwindung der Metaphysik und Systemphilosophie wirk-

---

[5] Der Unterschied, den es für die Metaphysik macht, ob sie eine solche des
toten oder des lebendigen Gottes ist, müßte in der Metaphysik selbst noch
einmal bedacht werden.

[6] Heidegger: *Wegmarken*, 405.

[7] *Ebd.*, 406.

lich wird, das heißt, der denkerische Wille zur Macht aufgegeben wird und das Sein als verborgenes sich von sich selbst her zeigt.[8] Nicht der Mensch hat eine Grenze zu passieren oder zu überwinden, sondern das Sein muß von sich aus erscheinen, wiederkehren. Heidegger sieht gar die totale Mobilmachung der Moderne und ihrer Bürgerkriege erst als Vorspiel zu einer noch größeren Schlacht um das Sein an, als Vorspiel zur eigentlichen Gigantomachie:

„Nietzsche, in dessen Licht und Schatten jeder Heutige mit seinem ‚für ihn' oder ‚wider ihn' denkt und dichtet, hörte ein Geheiß, das eine Vorbereitung des Menschen für die Übernahme einer Erdherrschaft verlangt. Er sah und verstand den entbrennenden Kampf um die Herrschaft. Es ist kein Krieg, sondern der Πόλεμος, der Götter und Menschen, Freie und Knechte erst in ihr jeweiliges Wesen erscheinen läßt und eine Aus-einander-setzung des Seins heraufführt. Mit ihr verglichen, bleiben Weltkriege vordergründig. Sie vermögen immer weniger zu entscheiden, je technischer sie sich rüsten."[9]

Auch Heideggers Antwort auf Jünger läßt erkennen, wie eng moderne Systemphilosophie und Mythologie zusammenhängen. Der philosophische Wille zur Bemächtigung der Gesamtwirklichkeit durch das System schlägt, wenn er auch noch die Geschichtlichkeit des Seins und die Geschichte im Ganzen ergreifen will, in Mythologie um. Die moderne Geschichtsphilosophie ist die Darstellung des mythischen Titanen- und Gigantenkampfes im Medium des Begriffs. Sie transponiert jenen Kampf gegen die Unordnung und die Ungestalt, den der Mythos als Kampf der Götter gegen die Titanen und Giganten beschreibt, auf die Ebene des Begriffs. Der „Begriff", den die absolute Subjektivität des Menschen denkt, entfaltet sich, indem er das andere seiner selbst, die Natur, sich unterwirft. Der mythologische Kampf um die Rettung der Gestalt und der Ordnung gegen die Mächte der Mißgestalt und des Chaos kehrt im philosophischen System als die Anstrengung des Begriffs wieder, der Gestaltlosigkeit und Vergeblichkeit der geschichtlichen Ereignisse das Ziel und die Aufhebung in einem Sinnganzen zu geben.

Von einer anderen als der hier vertretenen philosophischen Ausgangsposition her kommt Lutz Niethammer zu einer ähnlichen Einschätzung – wenn auch unterschiedlichen Bewertung – der Bedeutung, die die moderne Geschichtsphilosophie der „Achsenzeit" des

---

[8] *Ebd.*, 416ff.
[9] *Ebd.*, 424f. – Mit der Schreibweise „Seins" bezeichnet Heidegger sein nicht-metaphysisches, nicht-bemächtigendes Denken des Seins.

Deutschen Idealismus für die Moderne besitzt: „Der Vorstoß wissenschaftlicher Ansprüche in den religiösen Bereich der Heilsgeschichte hat die geistigen Anstrengungen der Achsenzeit wahrhaft großartig gemacht, denn sie mußten sich am umfassenden und sinnhaften Charakter des Mythos messen. Es ist das heroische Zeitalter der Intellektualität, dessen Dimensionen die nachgeborenen Bildungsbürger und Kulturarbeiter bis heute nachzutrauern nicht aufgehört haben."

Niethammer weist dann auf den Machtrausch des Geistes hin, der mit der Systemphilosophie verbunden ist: „Der Geist atmete Macht. In der Eroberungsphase des Bildungsbürgertums wurden in den der Heilsgeschichte abgerungenen Räumen die ‚claims' abgesteckt, und zwar durch systematisch sich entfaltende Gedankengebäude, die auf die ganze Welt ausgriffen, sie genetisch zu strukturieren versuchten und sie mit einem Sinn, der die Strebungen des Einzelnen mit der Entwicklung der Welt im ganzen in Verbindung setzte, erfüllten. In der Tat gelangen hier theoretische Entwürfe, deren Wirkungsgeschichte von der Entwicklung der bürgerlichen Gesellschaft im 19. und 20. Jahrhundert nicht abzutrennen ist. Alle folgenden Theoretiker standen auf den Schultern von Riesen wie Kant, Hegel und Marx, deren prometheische Leistungen auf die gigantische Herausforderung der Substitution des Mythos durch die Vernunft antworteten. Doch der weltgeschichtliche Ersatz des Mythos blieb dessen Gußform verhaftet."[10]

Ein Bild von Anselm Kiefer mit dem Titel *Deutsche Heilslinie* von 1975[11] erläutert den mythischen Charakter der Deutschen Philosophie seit Hegel mit den Mitteln der Malerei. Kiefer illustriert die deutsche Mytho-Philosophie seit Hegel als Versuch eines deutschen Heilsweges. Über einer aquarellierten Landschaft, die den Rhein bei Bonn erkennen läßt, wölbt sich ein Regenbogen. Im Fluß sind dunkel die Namen Nietzsche, C. G. Jung, Heidegger eingesenkt. Über ihnen steht das nach oben offene Gewölbe des Regenbogens, in dem die Inschrift leuchtet:

---

[10] NIETHAMMER, *Posthistoire*, aaO. 155. – Es wäre interessant, der Frage nachzugehen, ob ein Begriff von Bildungsbürgertum, der so umfassend ist, daß er auch noch die „Klassengegner" des Bürgertums einschließt, als soziologischer Begriff sinnvoll ist.

[11] Abgebildet in: M. ROSENTHAL: *Anselm Kiefer*, Chicago (The Art Institute of Chicago) und Philadelphia (Philadelphia Museum of Art) 1987, 13.

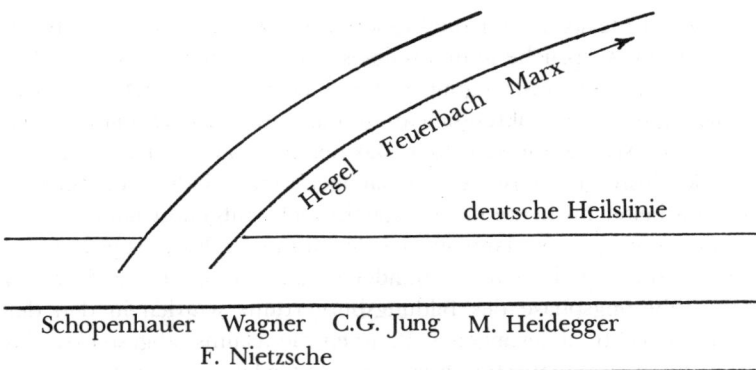

deutsche Heilslinie

Hegel Feuerbach Marx

Schopenhauer   Wagner   C.G. Jung   M. Heidegger
F. Nietzsche

Das System der modernen Geschichtsphilosophie, vor allem Marx'
Theorie der Geschichte als Entwicklung der Produktivkräfte, aber
auch Hegels Deutung der Geschichte als Selbstentfaltung des Weltgeistes, beansprucht, den Gang der Geschichte zu durchschauen und ihn
im Durchschauen zugleich zu beherrschen. Die geschichtsphilosophischen Theorien des Entwicklungsgesetzes und der Abfolge der Geschichte sind ebenso mythologisch wie die Genealogien des Mythos,
die die Geschichte als Abfolge von Typen von Göttern und von Götter-
geschlechtern begreifen. Die Gigantomachie des Hegelschen Begriffs
mit dem Anderen seiner selbst, der Natur, erzählt den Kampf eines
Helden. Das Eigentümliche dieser „Meistererzählung" (J.-F. Lyotard)
oder dieses Großen Mythos ist es, daß in ihm Held und Erzähler
teilweise identisch sind und daß beide, der Erzähler oder Nacherzähler
einerseits und der Held, der Weltgeist, andererseits, mit dem Erzählen
des Kampfes, mit dem Denken des Systems und seiner Bewegung des
Begriffs bereits ihre Gigantomachie austragen.

II. Die Verstandesträume der Philosophie und das Unvorhergesehene

Jünger hat als ein Autor, der zugleich doktrinaler Mythologe, dichterischer Philosoph und philosophischer Dichter ist, den Zusammenhang
von moderner Geschichtsphilosophie und Mythologie erkannt und
bejaht. Im Gegensatz zur modernen Systemphilosophie des Deutschen
Idealismus, die entweder eine tiefe Kluft zwischen dem Mythos und

155

ihrem eigenen Geschichtssystem der Vernunft behauptet wie Hegel oder in der Philosophie die Fortsetzerin und Überbieterin des Mythos erkennt wie Schelling, sieht Jünger, daß der Moderne und ihrer Philosophie, die im Deutschen Idealismus zum ersten Mal formuliert wurde, selbst ein Mythos zugrunde liegt. Philosophie und Dichtung, Geschichtsphilosophie und Mythologie sind Weisen der Weltbewältigung, die zueinander offen sind, einander durchdringen und ergänzen und nicht einander ein für alle Mal unwiederbringlich ablösen. Philosophie und Dichtung können nicht getrennt werden, weil die Philosophie ihrem Wesen nach poetisch, neue Wirklichkeit erdenkend ist und weil die Dichtung, wenn sie die Wirklichkeit ergreifen will, nicht nur Fiktion sein kann, sondern Weisheit und Erkenntnis enthalten muß. Der tiefere Grund für die Einheit von Philosophie und Dichtung liegt darin, daß die Gesamtwirklichkeit von Geist und Natur poetisch ist, eine surrealistische oder super-naturalistische, geistige Tiefenstruktur aufweist, aus der Dichtung und Philosophie ihre Gedanken nehmen und zu der sie ihre po(i)etischen Neuschöpfungen beitragen.

Offenheit der Dichtung gegenüber der Philosophie und umgekehrt erkennt Jünger besonders bei Denkern wie Jakob Böhme, Angelus Silesius und Swedenborg. Für ihn sind deren Werke „Versuche, Philosopheme durch den Vortrag mit dichterischen Mitteln in ihrer Eindringlichkeit zu steigern." (AH 1, 76) Dichtung und Philosophie zielen auf dasselbe, auf den magischen Gedanken in der Welt und auf das Bild, das neue Wirklichkeit erzeugt. „'Philosopheme: Verstandesträume'. Diese Notiz aus Hebbels Tagebüchern deutet an, was jedes Studium eigentlich erst fruchtbar macht. Es ist das Bestreben, durch das Gedachte hindurch die Schicht zu erreichen, die das Gehirn denken ließ – das Bestreben, die Gedanken transparent zu sehen." (AH 1, 75)

Jünger ist als Dichterphilosoph doktrinaler Mythologe und mythenschaffender Dichter. Zugleich kennt er als Magier der Welt und als Künder der Gegenwärtigkeit der Fülle in der Welt die Grenzen des Doktrinalen. Der Magier Jünger weist den Mythologen und Systemdenker in seine Schranken, der Dichter als Vergegenwärtiger des Überflusses der Welt zeigt sowohl dem poeta vates, dem auf die Zukunft fixierten Seher, als auch dem nihilistischen Mobilmacher und Technokraten, dem Mauretanier, die Grenzen ihrer Weisen des Weltzugangs auf. Das abenteuerliche Herz sprengt, wie es Jüngers Schrift mit demselben Titel darstellt, stets die Mythologie und das Ordnungssystem. Deshalb konnte auch Jünger nicht zum Mythologen, Ideologen oder Dichter des Faschismus, des Nationalsozialismus, Leninismus oder einer anderen Ideologie werden. Das abenteuerliche Herz sprengt die rationale Ordnung, die Ideologie und den Mythos durch die Magie, das Abenteuer und das Unvorhergesehene.

Das philosophische Epos Jüngers zeigt, daß Philosophie poetisch in dem Sinn sein muß, daß sie das Neue, das aus der schöpferischen Tiefe der Welt hervordrängt, aufnimmt, und daß die Dichtung philosophisch in dem Sinn sein sollte, daß ihrer Darstellung des Imaginären der Begriff und die Theorie nicht fremd sind. Eine philosophische Dichtung oder dichterische Philosophie, die diesem Ideal entspricht, stellt das Geschehen des Neuen, die Theorie des Zeitalters, ebenso in der Anschauung der Poesie und des Imaginären wie im Medium des philosophischen Begriffs dar. Sie ist damit weder nur Geschichtsphilosophie oder doktrinäre Philosophie der Kunst noch nur Ästhetik oder ästhetische Theorie, sondern schafft die Vereinigung von Metaphysik und ästhetischer Poesie. Notwendig sind dichterische Philosophien und philosophische Dichtungen *des* Modernen, des jeweiligen Zeitalters, nicht aber Theorien *der* Moderne als eines vermeintlich einzigen, endgültigen, unüberbietbaren Zeitalters und Projekts. Die Haltung der Modernität, des Sich-Bemühens um das Neue, das Moderne und Zeitgemäße ist von der Ideologie *der* Moderne zu unterscheiden.

Eine philosophische Dichtung und dichterische Philosophie kann nicht die Form des Systems und der Deduktion aus einem Prinzip annehmen, weil das Neue und Unvorhergesehene das System sprengt. Denn was das System der Philosophie faßt, ist das Allgemeine des Begriffs, das immer schon in der Welt ist. Was aber die Dichtung im Roman oder der Erzählung anschaulich darstellt, ist kein Allgemeines, ist nicht Abbild, sondern imaginäre Neubildung. Hegel hatte dieses Problem des Einzelnen, das dem Allgemeinen wie dem Besonderen gegenübersteht, als die Eigentümlichkeit des Geschichtlichen erkannt und eine erzählende Philosophie, eben Geschichtsphilosophie, zu begründen versucht. Aber seine Lösung des Rätsels des Geschichtlichen war zu gut, zu gigantomachisch. Indem die Philosophie Hegels das Epos der Weltgeschichte und des Umschlagens der Identität von Nichts und Sein in das bestimmte einzelne Sein erzählt, ist sie so titanisch, daß sie weder dem Absoluten Gottes noch dem Besonderen des Menschen in der Geschichte und der Dichtung gerecht wird. In ihrem Totalepos von der Geschichte der Gesamtwirklichkeit vernichtet das Hegelsche System, seine „Enzyklopädie der philosophischen Wissenschaften", sowohl die Philosophie wie die Dichtung.

Sehr schön zeigt Jünger diese Blindheit der Systemphilosophie der Hegelschen Tradition, der „Berliner Metaphysik", für das Einzelne und Unvorhergesehene in seinem Capriccio „Im Blindenviertel" auf. Der

Erzähler, der Dichter, gerät in einer Frühstücksstube an einen blinden Unterhalter für Philosophen:

„Der Wirt hielt ihn als eine Art von philosophischem Lockvogel, um Gäste an seine Tische zu ziehen. Man durfte ihm ein Thema stellen, zu dem er dann infolge seiner Blindheit in einer unerwarteten und absonderlichen Weise Stellung nahm. Da ihm jedoch die Anschauung fehlte, verliehen seine Ausführungen den Gästen zugleich ein angenehmes Gefühl der Überlegenheit, das sie noch zu steigern versuchten, indem sie ihn über die Farbenlehre und ähnliche Gebiete zu sprechen nötigten. – Nun entsann ich mich auch, daß ich von dieser Stube bereits als von dem Lieblingslokal der Berliner Metaphysiker gehört hatte. Das Schicksal des jungen Mannes in diesem Ausschank dauerte mich. [. . .] Um ihn zu erheitern, dachte ich über ein Thema nach, das so beschaffen sein sollte, daß sowohl er mir als Blinder wie ich ihm als Sehender überlegen war – denn ich wollte ihn weder durch eine Niederlage, noch durch einen billigen Sieg demütigen. Und so führten wir während des Frühstücks ein herrliches Gespräch ‚Über das Unvorhergesehene'." (*AH 2*, 14; 9, 185)

Das Unvorhergesehene sprengt das Doktrinale der Mythologie wie der Metaphysik. Es läßt die Fülle der Welt hervortreten. „Wenn die Welt aus den Fugen geht, entstehen Risse, durch die wir Geheimnisse der Architektur erraten, die uns gemeinhin verborgen sind." (*AH 2*, 116; 9,225) In die Geheimnisse der Welt eindringen zu können, erfordert die Fähigkeit der Magie, die Kunst der Schleife, wie sie Nigromontan gelehrt hat. „Unter der Schleife verstand er eine höhere Art, sich den empirischen Verhältnissen zu entziehen. So betrachtete er die Welt als einen Saal mit vielen Türen, die *jeder* benützt, und mit anderen, die nur wenigen sichtbar sind. Wie man in Schlössern, wenn Fürsten erscheinen, besondere, sonst streng verschlossene Portale zu öffnen pflegt, so springen vor der Geistesmacht des hohen Menschen die unsichtbaren Türen auf. Sie gleichen Fugen im groben Bau der Welt, die nur das feinste Vermögen zu durchgleiten vermag, und alle, die sie je durchschritten, erkennen sich an Zeichen von geheimer Art." (*AH 2*, 36; 9, 200)

Die magische Gnosis der verborgenen Tiefenstruktur der Welt, die Erkenntnis der Fülle unter der Oberfläche der Leere, sprengt das mythologisch-rationale System des Mythos ebenso wie das rational-nihilistische Ordnungssystem der technischen Welt. Andererseits macht der Tod des einzelnen sein Vertröstetwerden auf den Fortschritt der Menschheit obsolet. Der Tod stellt ebenso die geschichtsphilosophischen Fortschrittssysteme wie die nihilistischen Ordnungssysteme in Frage: „Ich hörte ihn (Nigromontan) oft erwähnen, daß es *eine* Schleife gäbe, die auch der Letzte zu beschreiben fähig sei, und daß das Todestor, als das wichtigste der unsichtbaren Tore, für uns alle, ohne Unterscheidung, Tag und Nacht geöffnet sei. Er nannte den Tod die wundersamste Reise, die der Mensch vermöchte, ein wahres Zauberstück, die Tarnkappe aller Tarnkappen, auch die ironischste Replik im ewigen Streit, die letzte und unangreifbare Burg aller Freien und Tapferen." (*AH 2*, 38; 9, 201) An einer anderen Stelle heißt es zur Todesmystik: „Er (der Sterbende) erfaßt eine neue Art, sein Leben zu lieben – ohne Erhaltungstrieb; und seine Gedanken gewinnen Souveränität, indem sie sich der Furcht entwinden, die alle Begriffe, alle Urteile trübt und beschwert." (*AH 2*, 155; 9, 281)

Ernst Jünger blieb nicht bei der Gnosis und Magie Nigromontans, sondern wandte sich der totalen Mobilmachung zu: „Es ist leider richtig, daß ich seine Lehren allzubald vergaß. Statt bei meinen Studien zu verweilen, trat ich bei den Mauretaniern ein, diesen subalternen Polytechnikern der Macht." (*AH 2*, 38; 9, 201) Was der Magier und Gnostiker als subaltern ansieht, kann der Denker des Willens zur Macht allerdings nicht vollständig verurteilen:[12] „So konnten wir auch die Mauretanier nicht durchaus tadeln, denn tief war Recht und Unrecht nun vermischt; die Festen wankten, und die Zeit war für die Fürchterlichen reif. Die Menschen-Ordnung gleicht dem Kosmos darin, daß sie von Zeit zu Zeiten, um sich von neuem zu gebären, ins Feuer tauchen muß." (*Mar* 62; 15, 287)

Für Jünger als Mythologen, für Jünger als Metaphysiker der Totalen Mobilmachung und für Jünger als Magier gilt: „Der gute Autor hat, wie der gute Feldherr, immer noch etwas in Reserve; er gibt sich nicht völlig aus, läßt sich nicht gänzlich ein mit der Zeit und ihren Mächten, nimmt auch nicht jeden Vorteil wahr und jede Belohnung an." (*AuA* 16) Jünger ist dem Willen zur Macht in *Der Arbeiter* ebenso eine Strecke weit gefolgt, wie er ihn bald darauf in der zweiten Fassung von *Das Abenteuerliche Herz* verurteilt hat: „Die Prosa des Willens zur Macht – ein unaufgeräumtes Schlachtfeld des Denkens, das Relikt einer einsamen, schrecklichen Verantwortung, Werksäle voll Schlüsseln, fortgeworfen von einem, der keine Zeit mehr aufzuschließen besaß." (*AH 2*,

---

[12] Deshalb ist auch die Kennzeichnung von Schwarz, *Der konservative Anarchist*, aaO. 179, die Mauretanier verkörperten den „Geist der Moderne" und Jüngers Abneigung, ja Haß gegen den Typus des Mauretaniers zeige seinen Haß auf die Moderne und seine Flucht aus ihr, nicht zutreffend. Der technische Nihilismus ist *eine* Seite der Moderne und indem sich Jünger von dieser Seite abwendet, fällt er nicht aus der Moderne heraus.

20; 9, 189) Der magische Dichter und Gnostiker erkennt unter der Oberfläche der Welt und jenseits der Perspektive des weltbeherrschenden Wissens die eigentliche Welt der Fülle: „*Ihr (der Kunst der hohen Lebensführung, mit dem Unvergänglichen als Ziel) entsprach das hohe Bild der Welt* , das in das gewöhnliche wie ein Vexierbild eingezeichnet ist – unfaßbar nah. Als das erste Zeichen des geglückten Anblickes sagte er Erstaunen und dann Heiterkeit voraus." (*AH 2*, 138)

Die Größe Ernst Jüngers als Dichter, Philosoph und Mythologe, und zugleich seine Gefährdung, liegt in seiner Fähigkeit, die drei Hinsichten auf die Welt und Formen der „Erschließung" des Seins, die Schlüssel von Dichtung, Philosophie und Mythologie zu vereinigen. Der Philosoph ergänzt den Dichter, der Mythologe und Theologe den Dichter wie den Philosophen. Jünger hatte das „Bündnis des Denkers nicht nur mit dem Theologen, sondern auch mit dem Dichter" zu seinem Programm erhoben (*WG* 138f.; 7,371). Dieses Bündnis ist Jünger in seinem eigenen Werk, in seinem Mythos der Moderne gelungen. Es lassen sich jedoch Dichtung, Metaphysik und Mythologie nicht ohne Brüche in einem Gesamtkunstwerk verbinden. Die Magie des Dichters, die Metaphysik und Aufklärung des Arbeiters und die Mythologie des Titanen sind nicht in einer geschlossenen Theorie zur Deckung zu bringen, und deshalb sind auch die Wertungen, zu denen Jünger gelangt, wie jene des Rittmeister Richard, häufig nicht stabil.

Andererseits hindern diese Widersprüche zwischen dichterischer, philosophischer und mythologischer Wertung Jünger daran, zur Beute einer dieser „Schlüssel" und damit zum Opfer einer seiner Begabungen zu werden. Die feinen Risse in der Wirklichkeit und zwischen den Darstellungsformen der Wirklichkeit in Erzählung, Mythos und metaphysischem Traktat verwehren es Jünger, einseitig zum bloßen Poeten, Mythensänger oder philosophischen Doktrinär zu werden. Indem die Magie und Gnosis der geheimen Tiefendimension der Welt mit der Mythologie des Titanen und der Geschichtsphilosophie des Arbeiters verbunden werden, wird die Rückführung der Moderne auf ein einziges Merkmal vermieden und eine Verkürzung des Charakters der Moderne auf einen bloß gnostisch-magischen, bloß mythologischen oder bloß geschichtsphilosophischen Monismus ausgeschlossen.

Das Werk Jüngers legt vielmehr in seiner Vielschichtigkeit, seiner doktrinalen Widersprüchlichkeit und in der „Instabilität seiner Wer-

---

* SW 9, 269 hat: „Sie (die Kunst...) richtete sich nach dem Bild der Welt..."

tungen" die gnostischen, geschichtsphilosophischen und mythologischen Wurzeln der Moderne frei. Wie keinem anderen Autor gelingt es ihm, die Komplexität der Moderne nicht nur auf ein Merkmal, auf den gnostischen Surrealismus, auf die Geschichtsphilosophie des Progressismus oder auf den Titanenmythos zu beschränken, sondern deren Zusammengehörigkeit in den Blick zu bringen. Die Moderne besteht, entgegen der Ansicht der französischen Postmoderne-Theoretiker, nicht nur aus den Meistergeschichten der Geschichtsphilosophie Hegels und Marx', sondern ebenso aus einer surrealistischen und gnostischen Tiefenströmung. Diese allerdings haben die französischen Postmodernisten wieder in Erinnerung gerufen, und aus ihr stammen sie. Gnostizismus und Surrealismus sind verwandte Strömungen, weil nach beiden eine andere, überwirkliche Seinssphäre in die Wirklichkeit „dieser Welt" hineinspielt und hineinscheint. Nach dem Surrealismus ist die Kunst diese andere Wirklichkeit, das ganz Andere zur Alltagswelt, das als Ereignis in diese Welt hineinbricht. Nach dem Gnostizismus ist es das Pneuma, die göttliche und menschliche geistige Seelensubstanz, das das ganz Andere zur äußeren Welt darstellt. Da der in diesem Sinne gnostizistische Surrealismus zur Moderne gehört, ist das Hervortreten der surrealistischen Tiefenströmung nicht der Beginn der Postmoderne im Sinne einer Nachmoderne, sondern nur das Nachspiel und das Sich-Übersteigern der Moderne in einer Spät- oder Supermoderne.

Zur Moderne gehört, gegen Bense[13], nicht nur der artistische Surrealismus der Kunst, sondern ebenso der metaphysische Surrealismus oder gar Super-Naturalismus des Gnostizismus und Hermetismus, wie er nicht nur bei Jünger, sondern auch bei Jorge Luis Borges und anderen hervortritt. Wenn daher die französischen Postmodernisten gegen den Monismus der philosophischen Systeme das „Ereignis" und „die Differenz" geltend machen, sind sie noch nicht – der eigentlichen Wortbedeutung von „postmodern" entsprechend – nachmoderne Denker, sondern rücken lediglich einen vergessenen Traditionsstrang der Moderne, den gnostischen, magischen und hermetischen, wieder in den Vordergrund. Auch die Entdeckung der Vielheit und des Pluralismus führt, wie Jüngers *Eumeswil* zeigt, noch nicht aus der Moderne, sondern beschreibt das spätmoderne Posthistoire, dem die großen Mythen der Moderne abhanden gekommen sind, das aber noch keine grundsätzliche Alternative zur Moderne entwickelt hat.

---

[13] M. Bense: *Ptolemäer und Mauretanier oder Die theologische Emigration der deutschen Literatur* (1950), Zürich (Haffmans) [2]1984.

Schließlich ist am Werk Jüngers erkennbar, daß auch der Mythos zur Moderne gehört und nicht von „der Aufklärung" für nicht-existent erklärt werden kann. Der Mythos ist in der Moderne wie in anderen Epochen ein Mittel der Distanzierung vom Schrecken und vom Terror. Jüngers Mythologie der Moderne mit ihren Figuren des Kriegers, Arbeiters und Titanen bestätigt die Auffassung Blumenbergs, daß Mythen Versuche sind, den Schrecken durch Geschichten über den Schrecken zu verarbeiten.[15] In dem Nacherleiden des Leidens des mythischen Helden verliert das eigene Leiden an Gewicht: Der Leidende ist nicht mehr allein. Jüngers Darstellung der Moderne, sein Epos des modernen Zeitalters, zeigt auch, wie der Große Mythos der Geschichtsphilosophie und der Totalen Mobilmachung der Moderne, nachdem die utopischen Energien erschöpft sind, im Posthistoire und in den spielerischen Welten des Pluralismus, in „unserer postmodernen Moderne" (W. Welsch), endet. Jünger deutet in *Heliopolis* die Utopie als Ersatz für den Mythos. Im Posthistoire von *Eumeswil* haben sich die Utopien *und* die Mythen erschöpft.

III. Konservativer Modernismus

Die Moderne kann nicht auf die Linke, auf die Aufklärung, den Linkshegelianismus und den Marxismus, eingeschränkt werden. Das Beispiel Jünger zeigt, daß es einen rechten und einen linken Modernismus in den zwanziger und dreißiger Jahren dieses Jahrhunderts gegeben hat, dessen beide Flügel sich gegen die bürgerliche Mitte und gegen den traditionalistischen Konservativismus einig waren. Jüngers Engagement für den revolutionären Konservativismus und Nationalbolschewismus macht deutlich, daß zwischen dem Faschismus als revolutionärem Konservativismus oder „konservativer Revolution" und dem rassistischen Nationalsozialismus als totalitärem Irrationalismus zu unterscheiden ist. Die totale Mobilmachung war Programm des Bolschewismus wie des Faschismus. In beiden, im Bolschewismus wie Faschismus, wird die totale Mobilmachung des Willens zur Macht durchgeführt, wird Hegels Anstrengung des Begriffs, wie Bataille gezeigt hat, totalitär in die Umgestaltung der Verhältnisse gewendet: „Das natio-

---

[14] Vgl. H. Blumenberg: „Wirklichkeitsbegriff und Wirkungspotential des Mythos", in: M. Fuhrmann (Hrsg.): *Terror und Spiel*, München (Fink) 1971, 13ff.

nalsozialistische Deutschland, das sich nicht auf den Hegelianismus und dessen Theorie des Staats als Weltgeist berufen hat, wie es das faschistische Italien offiziell (und unter der Schirmherrschaft von Gentile) tat, hat die theoretischen Schwierigkeiten nicht gekannt, die sich aus der Notwendigkeit ergeben, offiziell ein Prinzip der Autorität formulieren zu müssen: einerseits hat sich die mystische Idee der Rasse unmittelbar als imperatives Ziel der neuen faschistischen Gesellschaft durchgesetzt, andererseits erscheinen der Führer und die Seinen als ihre leibhaftige Verkörperung."[15]

Der Faschismus ist die konservative Variante der totalen Mobilmachung, die rechte Seite jener Medaille, deren linke der Bolschewismus ist. Hinter Jüngers Arbeiter wird, wie nicht nur der Jesuit Friedrich Muckermann, sondern auch der Kommunist Karl Radek schrieb, das Gesicht Lenins sichtbar.[16] „Der Arbeiter" ist das Programm der totalen Modernisierung der nicht-westeuropäischen Staaten: Der totale Arbeitscharakter sollte den großen Sprung nach vorn, die Befreiung aus der Lage des Schmerzes bringen, welche die westeuropäischen Länder – nicht nur durch eigenes Verdienst – bereits überwunden hatten. Jünger ist sich der Dialektik der Modernisierung, der Opfer, die für die Moderne gebracht werden müssen, des Schmerzes, den sie hervorruft, bereits in den Schriften der dreißiger Jahre, vor allem in *Über den Schmerz* bewußt. Dieses Werk von 1934, das die Ambivalenz der Moderne beschreibt, geht Horkheimer und Adornos *Dialektik der Aufklärung* von 1944 um ein ganzes Jahrzehnt voraus.

Jünger sieht auch, daß die Rationalisierung und Vereinfachung des Lebens nicht, wie Valéry annahm, vom preußischen Generalstab, sondern von Frankreich und seiner Tradition des Rationalismus ausging, der Ursprung der Mobilmachung der Moderne also in Westeuropa liegt.[17] Auch hier gilt: „Das neunzehnte Jahrhundert, vor allem seine zweite Hälfte, war die große Zeit der Professoren; es bleibt erstaunlich, was unter der Decke einer bürgerlichen Ordnung, die ihre

---

[15] GEORGES BATAILLE: *Die psychologische Struktur des Faschismus*, in: DERS.: *Die psychologische Struktur des Faschismus. Die Souveränität* (1970), München (Matthes & Seitz) 1978, S. 36f. – Vgl. auch das oben S. 53 ff. zur „Konservativen Revolution" Gesagte.

[16] Zitiert nach K. VONDUNG: „Ernst Jüngers ‚Der Arbeiter' – nach fünfzig Jahren. Faschistisches Weltbild oder gültige Zeitdiagnose?", in: *Frankfurter Hefte*, 37 (1982), 11-14, hier 13. Zu Muckermann vgl. oben S. 70 Anm. 26

[17] „Als Prototyp des planmäßigen Eroberers, der die Zeit der Intuition, die zähe Mittelmäßigkeit der genialen Begabung mit wachsendem Erfolg entgegenstellt, sieht Valéry den preußischen Generalstab und als dessen Personifizierung wiederum den Grafen Moltke an. Damit begrenzt er die Beobach-

Grenzen kannte, modelliert wurde. Im Rückblick darauf erscheint der Gelehrte von damals bescheiden; offenbar hat er mehr bewirkt als beabsichtigt." (*Sche* 102f.)

Jüngers Konservativismus schwankt zwischen Modernismus und Tradition, zwischen nihilistischem Ordnungsdenken und Mythos, Mobilmachung und Erhaltung. Mit Bense könnte man sagen, daß Jünger ein Mauretanier sei, der jedoch beständig gegen sein Mauretaniertum und dessen modernistische Mobilmachung ankämpft und es zur bloßen Maske zu machen sucht.[18] In ebenso spannungsreicher Weise, wie er das nihilistische Ordnungsdenken der Mauretanier und die Magie des Nigromontan zu verbinden bestrebt ist, sucht Jünger auch, Tradition und Anarchie zu vereinigen. Es ist ihm darin zu folgen, daß es eine innere Beziehung zwischen Anarchismus und Konservativismus gibt. Der konservative Glaube an das Gewachsene und der Wunsch, es zu erhalten, stehen wie der Anarchismus in einem scharfen Gegensatz zur mauretanischen Mobilmachung des nihilistischen Ordnungsdenkens. Von unterschiedlichen Ausgangspositionen kommen Anarchismus und Konservativismus zur selben Ablehnung des modernistischen, nihilistischen Willens zur Macht, der Konservative von der Erhaltung der Tradition, der Anarchist von der Überzeugung der ursprünglichen anarchischen Freiheit des Menschen her.

Verwandt sind Anarchismus und Konservativismus nach Jünger auch in ihrem Wunsch, das Natürliche zu erhalten und es gegen das Künstliche zu verteidigen. „Der Anarchist in seiner reinen Form ist derjenige, dessen Erinnerung am weitesten zurückreicht: in vorgeschichtliche, ja vormythische Zeiten, und der glaubt, daß der Mensch damals seine eigentliche Bestimmung erfüllt habe. Diese Möglichkeit

---

tung auf ein zu enges Feld und bringt die Proportionen des Ganzen in Gefahr. Wie trefflich nämlich die Schilderung der ungeheuren Bedrohung, die er heraufziehen sieht, so unzureichend ist ihr polemischer Bezug. Der Autor bringt sich in Gefahr, daß er mit eigenen Waffen angegriffen wird, denn ohne Zweifel ging die rationale Vereinfachung des Lebens, die ihn am Deutschen mit Recht erschreckt, von Frankreich aus. Dort stieg die Sonne der Wertungen des 19. Jahrhunderts auf. Eine der Marken ist der Siegeszug des Dezimalsystems, der den napoleonischen Heere begleitete. In Deutschland blieben noch gewachsene Dinge, das haben insbesondere die französischen Romantiker erkannt. Der große Wertverfall tritt erst mit der zweiten Hälfte des Jahrhunderts ein. [. . .] Man könnte aber auch fragen, ob nicht die erste polnische Teilung die conquête méthodique eröffnete, als überlegter Schnitt in das Gewachsene. Hier dachte Maria Theresia als Fürstin und Mutter gerechter, gesünder als Kaunitz und Friedrich." (*JdO* 184f.; 3,556f.)

[18] BENSE, *Ptolemäer und Mauretanier*, aaO., 65.

sieht er noch heute in der menschlichen Anlage und zieht seine Schlüsse daraus.

In diesem Sinne ist der Anarchist der Urkonservative, der Radikale, der Heil und Unheil der Gesellschaft an der Wurzel sucht. Vom Konservativen unterscheidet er sich dadurch, daß sein Streben sich an den rein humanen Zustand heftet, nicht aber an eine räumlich oder zeitlich aus ihm entwickelte Schicht. Der Konservative hat Tradition; er ‚steht‘ in ihr, daher wird seine Rolle in einer Zeit, in der alles in Bewegung ist, fragwürdig." (*Welt* 1960, 522)

Das Schwanken Jüngers zwischen Tradition und Anarchie, zwischen Modernismus und Mythos folgt daraus, daß in seinem Denken die Mitte des Christentums schwach ausgebildet ist. Allein das Christentum vermag zwischen der Fortschrittsmobilmachung des Modernismus und der Verherrlichung der ewigen Wiederkehr des Gleichen im Mythos oder reaktionären Atavismus die Mitte der eschatologischen Zukunftserwartung und der sakramentalen Gegenwärtigkeit des Göttlichen zu halten. Von Jüngers Werk her wird verständlich, in welchem Maße die Zerstörung der christlichen Philosophie in Deutschland seit dem Deutschen Idealismus für das Auseinanderfallen des deutschen Denkens in einen brutalen Modernismus und eine neuheidnische Mythomanie verantwortlich ist. Auch der Kult des Übermenschen entstand aus dem Zerfall des christlichen Gedankens von der Zentralität des Menschen in der Schöpfung. Der Kult des Übermenschen stellt die modernistische Variante der Religion des Gottes „Mensch" dar.

Die Epoche des Übermenschen geht allerdings, wie Jünger 1990 schreibt, zu Ende: „Ein Zyklus ist abgelaufen; ihm folgt eine geschichtslose Zeit von unbestimmter Dauer, die angenehm sein kann oder jedenfalls untragisch. [. . .] Übrigens könnte es sein, – da die Perioden jetzt sehr schnell und manche nur embryonal verlaufen – daß jene des Übermenschen schon hinter uns liegt" (*Sche* 118). Schon der Typus des Arbeiters und des Titanen ist nicht mehr der des Übermenschen: „Sollte ich die Gestalt des Arbeiters für den Übermenschen gehalten haben, so wäre auch das zu berichtigen insofern, als auch der Übermensch inzwischen überwunden und paläontologisch geworden ist."[19] Im Posthistoire finden weder Titanen noch Übermenschen mehr den Nährboden und den Raum für ihre Entfaltung. Mit der Postmoderne als Überwindung des Modernismus schließlich sucht der Mensch zurückzufinden zum Maß und zur Tradition der Theologie.

---

[19] Brief Jüngers an Walter Patt vom 4. August 1980, in: *Arb* 320; 8,394.

IV. Ist das Spätwerk Jüngers postmodern?

Ernst Jünger ist der Chronist der Moderne auch dort, wo sie in ihren Ausklang, die Spätmoderne, und in ihre Überwindung, die Postmoderne, mündet. Sein Spätwerk nimmt in weitem Umfang die Analysen der französischen Postmoderne-Theoretiker vorweg. Dennoch kann Jünger nicht als ein Autor der dekonstruktivistischen Postmoderne bezeichnet werden. Sein Werk ist Mythos und dichterische Philosophie der Moderne und der dekonstruktivistischen Postmoderne zugleich, und sein Roman *Die Zwille* und seine Essays verweisen auf eine traditionalistische Nachmoderne oder „Post-Moderne" im wörtlichen Sinn. Seine Hauptwerke bis *Heliopolis* (1949) und *Gläserne Bienen* (1957) sind mit der großen Gigantomachie der Moderne, mit der heroischen Revolution des Arbeiters, verbunden, sein Spätwerk zeichnet die Konturen des Übergangs zur Spät- und Nachmoderne. Da Jünger als Mythopoet zuallererst teilnehmender Beobachter des Kampfes des Titanen Mensch ist, bleibt er seiner Rolle auch dort treu, wo die Moderne der Totalen Mobilmachung an ihr Ende gekommen ist, im Posthistoire. Wie Jünger Epiker und Philosoph der heroischen Moderne gewesen ist, ist er in seinem Spätwerk auch Epiker des Nachspiels der heroischen Moderne im Posthistoire und in der von der Simulation von Wirklichkeit und vom totalen Pluralismus bestimmten, dekonstruktivistischen Postmoderne.

Jüngers Desinvoltura als Dichter und Mythenschöpfer erlaubt es ihm nicht, für das Posthistoire und die Postmoderne als Übersteigerung der Moderne zum totalen Pluralismus Partei zu ergreifen. Er wird nicht zum modernistischen Apologeten der Spätmoderne. Auch für sein „postmodernes" Spätwerk gilt, daß der Schöpfer des Mythos einer Epoche dem Schauspiel dieser Epoche zusieht. „Wenn Unerwartetes erscheint, das, je nachdem, verblüfft, verärgert oder ermuntert, wird es als ‚neu' begrüßt. Das ist, wenn nicht ein Gütezeichen, so wenigstens ein Etikett. Die Ausdrücke dafür wechseln; der Sinn bleibt derselbe, seit von Zeit und Zeitläuften gesprochen wird. Augenblicklich ist ‚Postmoderne' im Umlauf; das Wort meint einen Zustand, den es seit jeher gegeben hat. Er wird schon erreicht, wenn eine Frau einen neuen Hut aufsetzt." (*Sche* 126)

Jünger unterschätzt allerdings an dieser Stelle sowohl die Tiefendimension des Begriffs Postmoderne wie den Beitrag seines eigenen Spätwerks zur Theorie und zum Mythos der Epoche *nach* der Moderne. In seiner Schrift *Der Friede* von 1945 hatte er deutlich gesehen, daß die Moderne als das Zeitalter der Revolutionen ihrer eigenen Überwindung bedarf, weil die Revolution des Arbeiters – wie alle Revolutionen – nur ihren Sinn erfüllt, wenn sie zu einem Zustand der Ruhe führt. Permanente Revolution, permanente Modernisierung ist das Gegenteil von Wandlung. Sie ist die ewige Wiederkehr des Modernen. Die Totale Mobilmachung der Moderne muß zu einem Frieden und zu einer Befriedung der Epoche führen, die über die Revolutionen des heroischen Zeitalters des Arbeiters hinausgelangen. „Der Friede ist dann gelungen, wenn die Kräfte, die der Totalen Mobilmachung gewidmet waren, zur Schöpfung frei werden. Damit wird das heroische Zeitalter des Arbeiters sich vollenden, das auch das revolutionäre war. Der wilde Strom hat sich das Bett gegraben, in dem er friedlich wird. Zugleich wird die Gestalt des Arbeiters, aus dem Titanischen sich wendend, neue Aspekte offenbaren: es wird sich zeigen, welches Verhältnis sie zur Überlieferung, zur Schöpfung, zum Glück, zur Religion besitzt." (*Frie* 222)

Die Totale Mobilmachung des Arbeiters der Moderne muß gezähmt werden, seine Kräfte in einen Zustand der Versöhnung überführt werden. „Die geistig-titanischen Kräfte müssen von den menschlichen und göttlichen getrennt und ihnen unterstellt werden. – Das ist nur möglich, wenn die Menschen sich metaphysisch stärken im gleichen Maße, in dem die Technik wächst. Und hier beginnt das weite, unausgebaute Feld der Neuen Theologie als erster Wissenschaft, als Kenntnis der tiefsten Gründe und der höchsten Ordnung, nach der die Welt geschaffen ist." (*Frie* 239)

Die Schrift *Der Friede* nennt die Kräfte der Überwindung der Moderne zu einer wahren Nachmoderne oder Postmoderne, auch wenn Jünger selbst das Programm dieser Schrift nicht ganz eingelöst hat und von der Theologie wieder in die Mythologie zurückfiel. Die Entwicklung des Geistes ist in den Achtziger Jahren unseres Jahrhunderts nicht der von Jünger in der Schrift *Der Friede* angedeuteten Linie einer theologisch-essentialistischen Überwindung des heroischen Mythos der Moderne gefolgt, sondern hat den Weg der gnostisch-surrealistischen Dekonstruktion der Meistererzählungen der Moderne eingeschlagen. Die heroische Moderne wurde nicht in einer theologischen, sondern in einer gnostizistisch-dekonstruktivistischen Postmoderne verwunden.

So ist es nicht erstaunlich, daß auch der Epiker der Moderne *und* Postmoderne in seinem Spätwerk das Bild einer Spätmoderne zeichnet, die durch die Simulation und den totalen Pluralismus, die Zentralbegriffe der dekonstruktivistischen Postmoderne, charakterisiert ist. Die heroische Moderne wurde nicht zur theologischen Nachmoderne versöhnt, sondern in der gnostizistisch-surrealistischen Spätmoderne dekonstruiert, und Jünger, der Genealoge der Moderne, hat ihre Entwicklung auch hierin in den Romanen seines Spätwerkes nachvollzogen. In dem Maße, in dem die Moderne spätmodern oder postmodern im dekonstruktivistischen Sinne wurde, wurde auch das Jüngersche Epos der Moderne in *Eumeswil* „postmodern." Neben dieser dekonstruktivistischen Linie der Postmoderne finden sich in Jüngers Spätwerk jedoch – etwa in *Gläserne Bienen* und *Die Zwille* - bereits Ideen zu einer theologisch-essentialistischen Postmoderne im Sinne einer Nachmoderne.

Jüngers Bild des Posthistoire als Ausklang des heroischen Zeitalters des Arbeiters hat, wie Martin Meyer zu Recht schreibt, „nichts mit ‚postmoderner' Behaglichkeit zu tun."[20] Aber dies ist nicht deshalb so, weil Jüngers Spätwerk nicht postmoderne Züge trüge, sondern weil die Postmoderne als Spätmoderne oder Nachspiel zur Moderne weder behaglich noch gemütlich ist. Die postmoderne Situation ist vielmehr, gleichgültig ob sie essentialistisch oder dekonstruktivistisch gedeutet wird, die Phase der Erschöpfung des heroischen Zeitalters und seiner Totalen Mobilmachung. Sie ist auch die Epoche des Endes des Weltbürgerkrieges der Moderne, der erst im Jahr 1989/90 wirklich zu Ende gegangen ist. Erst seit diesem denkwürdigen Jahr ist der Titanismus des Arbeiters in die Ruhe einer evolutionären Entwicklung übergegangen – so ist jedenfalls zu hoffen.

Für die Beendigung des europäischen Weltbürgerkrieges, der um die richtige Interpretation des Helden „Arbeiter" und um die Frage geführt wurde, wer der berufene und legitime Gesamtarbeiter des Weltgeistes ist, gilt auch heute, was Jünger 1945 über den Frieden schrieb: „Noch weit verbreitet ist die Meinung, daß die Rückkehr zum liberalen Staate zur Begründung der Ordnung ausreiche. Das hieße doch nur in die Ausgangsstellung zurückkehren. In der Polemik, wie sie die alten Liberalen gegen die Nihilisten führen, gleichen sie den Vätern, die über die mißratenen Kinder klagen, ohne zu sehen, daß die Schuld an der verfehlten Erziehung liegt. [. . .] Die wahre Besiegung des Nihilismus und damit der Friede wird nur mit Hilfe der Kirchen möglich sein." (*Frie* 230)

Der Weltbürgerkrieg um den Gesamtarbeiter und um die Totale Mobilmachung des Weltgeistes hat so lange gedauert, wie das heroische *und* das nachheldische oder nachgeschichtliche Zeitalter des Arbeiters und Titanen „Mensch" währten. Auch von der Dauer des Weltbürgerkrieges her gehören die heroische und die spätmoderne

---

[20] MEYER: *Ernst Jünger*, aaO., 13.

Phase der Moderne zusammen, weil dieser Weltbürgerkrieg sie beide in seiner heißen wie in seiner kalten Phase überspannte. Die pluralistische, nachgeschichtliche Phase der Moderne, das Posthistoire der dekonstruktivistischen und anarcholiberalen Postmoderne, bildet nur die Phase der Erschöpfung der revolutionären und heroischen Moderne.

Der Abschluß des Weltbürgerkrieges der Moderne und damit das Ende der Moderne selbst stellt das Denken vor neue Aufgaben, für die die Frontstellung der Moderne zwischen Liberalismus und Sozialismus und die Linie der Auseinandersetzung in der Spätmoderne zwischen postmoderner Dekonstruktion und modernem materialistischem oder positivistischem Monismus nicht ausreichen. Neue, theologische Aufschlüsse der Wirklichkeit sind nötig, die den geistigen Raum für eine echte Nachmoderne eröffnen.

V. Die Wissenschaft des Überflusses als Überwinderin des Gnostizismus der Moderne

Lassen sich aus Jüngers Epos der Moderne Folgerungen für die Möglichkeiten einer Überwindung der Moderne ableiten? Zentral für die Überwindung und das Transzendieren der Moderne ist das Verhältnis von Theologie, Gnostizismus und Mythos. Es zeugt für den hohen denkerischen Rang Jüngers, daß er dieses Verhältnis als das Zentralproblem der Moderne erkannt und dargestellt hat. Es geht dabei vor allem um den Geltungsanspruch der Philosophie der Moderne schlechthin, um die Philosophie Hegels. „Die Lektüre (der Anarchisten, Syndikalisten und Sozialisten aller Schattierungen) wirkt, abgesehen von Maximen, die hin und wieder durch den Nebel blitzen, ähnlich wie die der Kirchenväter, auf weite Strecken hin steril und oftmals ärgerlich. Übrigens führen, wie dort alle Wege nach Rom, hier seit dem neunzehnten christlichen Jahrhundert alle auf Hegel zurück."
(*Eum* 310) Jünger hat aufgrund seiner Neigungen zum Gnostizismus und zum Mythos stets Distanz zum philosophischen Rationalismus der Aufklärung und des Hegelianismus gehalten. Das Böse ist für Jünger zu sehr Realität, als daß er es in bloße Negativität, die nur ihrer

Aufhebung dient, umdefinieren könnte.[21] Auch die surrealistische Tiefe und Hoheit der Welt bei Jünger und die Bewunderung des Dichters für die Magie der Welt stehen in scharfem Gegensatz zu der linearen Systemdialektik und flachen Mystik Hegels.[22]

Jünger zitiert Donoso Cortés, daß Hegel der „Gehirnverwüster" (*Eum* 316) der Moderne sei. Hegels System ist der totale Immanentismus und die totale Bemächtigung des Seins durch den Begriff. Die Differenz des Seins zum System wird undenkbar. Gegen die Heerstraße, auf der der Weltgeist bei Hegel daherkommt, und den Palast, in dem er residiert, stellt Jünger die Mansarden des Weltgeistes, in denen die Wahrheit auch wohnt. „Was mochte es bedeuten, daß trotzdem immer wieder Typen auftraten, deren Gedanken, Gefühle, Neigungen weit über die historische Notwendigkeit hinausgingen? Der Weltgeist mochte sie vielleicht in seinen Schlössern dulden als arme Verwandte, die nicht viel nutzen konnten, doch immerhin als Verwandte, die er hin und wieder in seine Pläne einweihte. Zuweilen stieg er aus den Sälen in ihre Mansarde hinauf." (*EgB* 436) Andererseits kann der philosophische Monismus der Meisterdenker, wie die pluralistische Beliebigkeit des Posthistoire von *Eumeswil* zeigt, nicht nur durch Vielheit oder gar den totalen Pluralismus überwunden werden. Der totale Pluralismus bewirkt nur einen Nebel, der sich über alle Ideen legt.

Zwischen dem Monismus der Systemphilosophie und der Beliebigkeit des totalen Pluralismus muß ein Weg gefunden werden, wie die Differenz zur Welt und die Einheit der Welt gemeinsam gedacht werden können. Der Surrealismus der Kunst und des Gnostizismus führen eine Differenz zur Wirklichkeit der Welt ein, die aber ästhetisch bleibt und nicht wahrheitsfähig ist. Zugleich fehlt dem Surrealismus die eschatologische Dimension. Deshalb ist auch die surrealistische und pluralistische Postmoderne ebenso wie der Gnostizismus

---

[21] Vgl. auch H. Becher S.J.: „Heliopolis", in: *Stimmen der Zeit,* 146 (1949), 109-119, hier 111: „Es scheint uns sehr oberflächlich zu sein, dies („die Teilnahmslosigkeit bei Bombenangriffen und im Angesicht der Schinderhütten, die Liebhabereien, das Erlesene und Überfeinerte des Geschmacks, das Spiel mit dem Abgründigen, Zügellosen und Bösen") als Eitelkeit des Autors, als Selbstbespiegelung, als Verblendung eines geistigen Hochstaplers zu brandmarken. Viel weiter führt es, alle diese Dinge als Zeugnisse der Verwurzelung und Verflechtung mit der Wirklichkeit, als Zoll des Menschlichen aufzufassen. Es ringt ein Mensch, um sich zu läutern und um eine gültige Stellung zu gewinnen."' – Man könnte es auch mit dem Jüngerschen Motto zu *AH 2* sagen: „Dies alles gibt es also."

[22] Vgl. *Sgr* 449: „In seiner ‚Logik' stellt Hegel die Frage: ‚Ist nicht eine Figur des Schlusses ein unendlich Höheres als eine Papagei- oder eine Veronica-Art?' Das sind Wertungen, die wir heute ausbaden."

keine Überwindung der Moderne, sondern deren Steigerung zur Hyper- oder Supermoderne. Sie kennt keine Perspektive geschichtlicher Vollendung.

Eine wirkliche *Post*moderne[23], die eine denkerische Überwindung der Moderne leistet, kann nur theologisch fundiert sein, und sie muß zugleich der Gegenwärtigkeit der „Gnosis" und des Mythos ihr Recht widerfahren lassen. Nur eine theologisch fundierte Philosophie der Postmoderne kann über die Mythen der Moderne hinausführen, weil sie die Differenz Gottes zur Welt festhält und die eschatologische Vollendung der Welt gegen den Positivismus einerseits und den Progressismus andererseits geltend macht.

Ernst Jünger hat stets den hohen Rang der Theologie als Deutung der Gesamtwirklichkeit festgehalten: „Das Leben birgt zwei Richtungen; die eine ist der Sorge zugewandt, die andere dem Überflusse, der die Opferfeuer umringt. Unsere Wissenschaft ist ihrer Anlage nach der Sorge zugeordnet und der Festseite abgewandt; sie ist mit der Not untrennbar verbunden wie der Messende mit dem Maß oder der Zählende mit der Zahl. Daher müßte man die Wissenschaft vom Überfluß erfinden, wenn sie nicht seit jeher bestände – denn sie ist keine andere als die Theologie." (*AH 2*, 201; 9,311) Jünger teilt zwar bis zu einem gewissen Grade den Haß der Mythologen und Gnostiker auf die Entmythologisierung, die durch das Judentum und Christentum in die Welt getreten ist (vgl. *AuA* 434, 460), und seine Abneigung gegen die christliche Schultheologie bricht immer wieder durch: „Neben der Unruhe des geborenen Widders plagte mich von Anfang an das Gefühl, der herrschenden Ordnung nicht konform zu sein – sei sie politisch durch die Monarchie, die Republiken, die Diktatur bestimmt, sei sie ökonomisch durch den homo faber und seine Trabanten abgeweidet oder theologisch durch Fuchsgeister entmythisiert." (*Post* 483)

---

[23] Niethammers Feststellung, „daß die ‚Post'-Diagnosen einerseits nicht unsinnig sind, andererseits doch etwas anderes bedeuten, als sie sagen", und daß man deshalb „nach dem in ihnen enthaltenen Bedeutungsüberschuß, d. h. nach ihrer Herkunft fragen muß" (NIETHAMMER, *Posthistoire*, aaO. 8), ist in zweierlei Hinsicht unvollständig. Erstens können Begriffe, die etwas anderes bedeuten, als sie sagen, kaum einen Bedeutungsüberschuß aufweisen, wenn sie nicht *auch* bedeuten, was sie sagen. In diesem Sinne ist gerade nicht der Überschuß das, was die dekonstruktivistische Verwendung des Begriffs „Postmoderne" kennzeichnet, sondern eher die Bedeutungsschwäche, – woraus sich der zweite Einwand ergibt, daß die dekonstruktivistische Postmoderne den Begriff besser nicht verwenden sollte, *weil* er eine „Bedeutungsschwere" des ‚Nach' beinhaltet, die die Dekonstruktivisten gerade nicht haben wollen.

Und an anderer Stelle: „Sodann ist festzustellen, daß sich die Theologie mitnichten in einem Stand befindet, der es mit dem Nihilismus aufnehmen kann. Sie schlägt sich vielmehr mit den Nachhuten der Aufklärung herum, ist also selber noch verwickelt in das nihilistische Gespräch." (ÜdL 267f.)

Jünger weiß jedoch, daß ein wirkliches Erfassen des Seins, eine Theorie der Gesamtwirklichkeit, nur in einem Denken möglich ist, das Dichtung, Philosophie, Theologie und Mythos umfaßt. Trotz seiner eigenen gnostisch-mythologischen Neigungen erkennt er den Angriff auf das Christentum, der in der Verherrlichung der Schlange durch die Moderne liegt. „Angriffe gegen die christliche Moral sind notwendig mit der Rehabilitierung der Schlange verbunden, seit den Ophiten des zweiten Jahrhunderts bis zum Nietzsche des neunzehnten. Schiller rühmt den ,sogenannten Sündenfall' als ,das erste Wagstück der Vernunft'." (Sche 85) Er durchschaut in seinem Spätwerk die Verbiegung, die in Hegels Deutung des Sündenfalles vorliegt: „Ich entsinne mich, bei Hegel gelesen zu haben, daß das Tier ,an sich' noch im Paradiese lebt. Die Stelle ist schwierig, auch Delitzsch beschäftigt sich mit ihr – anscheinend kritisch, nämlich im Hinweis auf gnostische Vorstellungen." (Sche 86f.) In seinem Frühwerk hat er sich selbst noch zum „Schlangendienst" und zur Verehrung der menschlichen Erkenntnis und Autonomie bekannt: „Die stählerne Schlange der Erkenntnis hat Ringe um Ringe und Schuppen um Schuppen angesetzt, und unter den Händen des Menschen hat seine Arbeit sich übermächtig belebt. Nun dehnt sie als blitzender Lindwurm sich über Länder und Meere aus, den hier fast ein Kind zu zügeln vermag, während dort sein glühender Atem volkreiche Städte zu Asche verbrennt. Und doch gibt es Augenblicke, in denen das Lied der Maschinen, das feine Summen der elektrischen Ströme, das Beben der Turbinen, die in den Katarakten stehen, und die rhythmische Explosion der Motore uns mit einem geheimeren Stolze als mit dem des Sieges ergreift." (AH 2, 72; 9, 224 f.)

Ernst Jünger ist kein christlicher Schriftsteller,[24] sondern ein Autor, der zwischen Christentum, Mythos und Gnostizismus in einer merkwürdigen Schwebelage bleibt. Er kann als christlich gefärbter Gnostiker und Mythologe, nicht aber als christlicher Dichter angesehen werden. Vielleicht ist etwas anderes für einen Dichter auch ohnehin nicht möglich, weil auch der sich als Christ fühlende Dichter zuerst

---

[24] Vgl. GERHARD NEBEL: Ernst Jünger. Abenteuer des Geistes, Wuppertal (Marées) 1949, 350ff. und SCHWARZ, Der konservative Anarchist, aaO. 257f. zu Jüngers christlichen „Unklarheiten."

Dichter und erst in zweiter Linie doktrinaler oder dogmatischer Theologe ist.

Mohlers Kennzeichnung: „Darum auch konnte Jüngers Beschäftigung mit der Bibel nur an zwei Punkten über das Bildungsmäßige hinausgehen: an den Stellen des Alten Testamentes, wo der eine Gott das Mythische noch nicht ausgeglüht hat, und vor allem überall dort, wo das Sakrament die Gerichtetheit der Zeitlinie aufhebt. Hier liegt die Wurzel des ‚Katholisierenden', das Protestanten an Jünger feststellen wollen"[25], greift jedoch zu kurz. Die Mythen-Kritik ist einerseits im Alten Testament wie im Neuen Testament bereits vollzogen, und für beide Testamente gilt, daß in ihnen Anti-Mythologisches auf mythologische Weise gesagt wird, der Mythos in ihnen „aufgehoben" ist. Auch dürfte der späte Jünger die Einheit der beiden Testamente gegen die Entmythologisierer und liberalen Theologen festhalten. Erhellend ist dagegen Mohlers Hinweis auf die Rolle des Sakramentalen als Gegenwärtigkeit des Heiligen und Durchbrechen der Zeitlichkeit, auch wenn die konfessionalistische Frontstellung bei Jünger erfreulicherweise fehlt.

Aus Jüngers Zwischenstellung zwischen Mythos und Theologie folgt, daß er wie das Christentum die Zentralität des Opfers in der Welt und in der Existenz des Menschen erkennt, aber wie der Mythos nicht hinreichend zwischen Selbstopfer und Opfer unterscheidet[26] und in Gefahr ist zu verkennen, daß die Welt nicht auf dem Fremdopfer, sondern auf dem Selbstopfer gegründet ist.[27]

---

[25] Vgl. ARMIN MOHLER: „Begegnungen bei Ernst Jünger", in: *Freundschaftliche Begegnungen. Festschrift für Ernst Jünger zum 60. Geburtstag*, Frankfurt a. M. (V. Klostermann) 1955, 198f.

[26] In einem Interview, das ANDRE MÜLLER mit Jünger in *Die Zeit*, Nr. 50, 8. Dezember 1989, 61-62, führte, hat Jünger dies jedoch selbst klargestellt: „Müller: Mißverständlich ist auch, was Sie über den Sinn des Opfers geschrieben haben.
Jünger: Aha.
Müller: Das millionenfache Sterben in den Kriegen sei nötig gewesen, damit Neues entstehen könne.
Jünger: Ja, aber das sind Dinge, die mit großer Behutsamkeit zu behandeln sind. Da sagt man dies, oder man sagt das Gegenteil, und immer ist es verkehrt. Schon das Wort ‚Opfer' wirft Fragen auf. Was ist ein Opfer? Es gibt das freiwillige Opfer, mit dem ich einverstanden bin, das ist ein Opfer, das ich bringe, und es gibt Menschen, die gegen ihren Willen geopfert werden. Das Verletzen von Unbewaffneten empfinde ich als sehr unangenehm."

[27] Vgl. auch A. DEMPF: „Theologische Romane? Jünger, Werfel, Andres", in: *Universitas*, 5 (1950), 1033-1044, hier 1042: „Die Opfer des Heidentums sind nur äußerlich die Juden oder die Parsen, aber innerlich befreit nur das Selbstopfer von der Dämonie der Macht."

Jünger nimmt den theologischen Gedanken der Schöpfung auf, er unterscheidet zwischen Schöpfung und Zeugung und er setzt beide, wie es auch die christliche Theologie tut, in eine enge Verwandtschaft: „Die Schöpfung kann nur imitiert, nicht wiederholt werden. Der Zeugende ahmt die Schöpfung nach – insofern nimmt er an einem unbegreiflichen Geheimnis teil, doch zeugt er Adamiten, nicht Adam selbst. Der Autor zieht aus dem Gleichnis seine Kraft. Die Sprache selbst ist Gleichnis nur. – 'Eritis sicut Deus'. Im Bestreben der Wissenschaft, in den Schöpfungsakt einzutreten und ihn teilweise zu ersetzen, ja zu übertreffen, verrät sich ein satanischer Zug. Ich glaube immer noch, daß er dem Fehltritt eines gotischen Mönches entstammt." (*AuA* 62; 13,444; vgl. auch *Arb* 232; 8,236)

Mit feiner Ironie fertigt Jünger die Präzisionswerke moderner Kosmologien ab:

„Ich lese in der Zeitung, Mitte April 1988: ‚Schon am Urknall, der vor zwanzig Milliarden Jahren das Universum entstehen ließ, war die Radioaktivität beteiligt.' – Und ferner, am gleichen Morgen in den Leserbriefen einer anderen Zeitung: ‚Schöpfung läuft völlig frei von Teleologie, und bei den Temperaturen des Urknalls konnte es keinen organisierten Geist geben. Dieser ist gebunden an die funktionstüchtige Neurochemie unseres Hirns, das nur in dem engen Temperaturbereich zwischen 35 und 42 Grad Celsius arbeitet.' – Das sind Vermutungen. Bei uns in Niedersachsen pflegt man zu fragen: ‚Hast du die Hand dazwischen gehabt?' Einerseits verwundern die exakten Zahlen, andererseits kommt es auf ein paar Milliarden mehr oder weniger nicht an." (*Sche* 178)

An anderer Stelle allerdings sieht Jünger den Streit um die Frage, ob die Schöpfungstheorie oder der Evolutionismus zutreffend ist, nur als einen Streit um Worte an (*ZM* 589), ist er der Meinung, daß der Glaube an personale Götter immer weniger zumutbar sei (*ZM* 630), und hält er eine mythologische Unentschiedenheit in der Frage der Personalität Gottes für die angemessene Haltung. Der Gnostiker schlägt bei Jünger auch gegen den Theologen durch, wenn er erklärt, daß die Geburt ursprünglicher sei als die Schöpfung, ein Satz, der in Hinsicht auf den Menschen richtig ist und auch für Gott gilt, sofern das Verhältnis der Selbsterzeugung Gottes in der Trinität zu deren Tätigsein in der Schöpfung gemeint ist, ein Satz, der jedoch falsch wird, wenn er als ontologische Aussage für das Sein im ganzen genommen wird.

In einer bemerkenswert vorausschauenden Erörterung über die zunehmende Angleichung der Geschlechter, die nach Jünger nicht aus einer neuen Arbeitsteilung und einer Entwicklung zum Matriarchat entsteht, sondern aus der Notwendigkeit, einen neuen und unerhörten Arbeitsanfall zu bewältigen, schreibt er:

„Nicht matriarchale, wohl aber materielle Mächte künden sich in jenem accelerando an, dem wir ausgesetzt sind und standhalten. Daß es auf beide Geschlechter einwirkt, rührt daher, daß es Schichten entspringt, die unter dem Geschlechtlichen ruhen und ihm Form geben. – Daß aus diesen Tiefen auch dem Geschlecht Macht, und zwar ungeteilte Macht, zuströmt, wird sich bewahrheiten. Wenn der Urgrund sich regt, tritt die Hervorbringung in ein sowohl außergeschichtliches wie auch übergeschichtliches Verhältnis ein, eben in das des Ursprunges, der nicht Schöpfung ist, sondern Geburt. Insofern muß der Vater zurücktreten." (*Welt* 511)

Ernst Jünger besitzt als philosophischer Dichter und Mythologe hinreichend Distanz zur Moderne, um ihre gnostischen Weichenstellungen zu kritisieren. Er hat andererseits als Dichter ein Vermögen des Aufschließens der Fülle der Welt, das die doktrinäre Verengung der Geschichtsphilosophie und der Mythologie unmöglich macht und eine postmoderne – im Sinne von nachmoderne – Offenheit für die theologische Deutung der Welt schafft.

Überblickt man den Mythos, die magische Dichtung und die Metaphysik der Moderne, die Jünger als der Epiker der Moderne geschaffen hat, so wird man sagen müssen, daß es keinen Dichter und keinen Philosophen gegeben hat, der in vergleichbarer Weise dieses 20. Jahrhundert – dieses Jahrhundert des Höhepunkts und des Nachspiels der Moderne –, seinen Geist und seine Angriffe auf den Menschen, die Natur und die Götter zur Darstellung gebracht hat. Zwar gilt: „Jedes Jahrhundert greift an" (*Sche* 150), kein anderes Jahrhundert hat jedoch die Substanz des Menschen mehr in Frage gestellt als das 20., in keinem war der Angriff auf die Gottheit frevelhafter und durch keines wurde die Natur gefährdeter und künstlicher. Jünger ist der Chronist, Mythologe, Philosoph und Dichter dieses gefährlichen Jahrhunderts.

Die literarische und philosophische Diskussion in der deutschsprachigen Welt hat ihren Dank an Jünger noch abzustatten, ihre „gefährliche Begegnung" mit ihm steht noch aus. Im Rückblick auf die Moderne wird man erkennen, daß er einer ihrer großen Deuter ist, und man wird mit Erstaunen und Trauer feststellen:

„Es dauert lange, bis wir aus der Erfahrung lernen; und oft ist der Gewinn, den wir aus der Belehrung ziehen könnten, dann bereits verbraucht." (*AuA* 90; 13,469)

Epilog:

Dialektik des Mythos

Der Mythos der Moderne macht die Dialektik des Mythos sichtbar. So wie die Moderne durch die Dialektik der Aufklärung geprägt wird, ist sie auch von der Dialektik des Mythos bestimmt. Die Aufklärung ist wesentlich Entmythologisierung. Wenn es eine Dialektik der Aufklärung gibt, folgt daher, daß auch die Entmythologisierung dialektisch und zweideutig ist. Entmythologisierung ist nicht nur fortschrittlich und aufklärend, sondern auch zerstörend und in ihren sozialen Wirkungen ambivalent, weil der Mythos als „eine Geschichte, die jeder kennt" (Michel Tournier) seinem Wesen nach zur menschlichen Gesellschaft und zur Gemeinsamkeit von Menschen dazugehört. Menschliche Gemeinschaften definieren ihre Gemeinsamkeit nicht nur durch wirtschaftliche Interessen und allgemeine Theorien, sondern auch durch ihre gemeinsame Geschichte und durch die Erzählungen, die sie über ihre Historie in der Geschichtsschreibung und über ihre imaginären „Geschichten" in der Dichtung erzählen. Welche Art von Geschichten eine Gesellschaft erzählt, ist daher für ihre Beurteilung entscheidend. Es gibt Geschichten und Mythen, die den Menschen und die Gesellschaft krank machen, und es gibt solche, die ihn fördern und zu seiner Entfaltung beitragen. Der Mythos ist in seiner Fähigkeit, das Gute wie das Schlechte im Menschen zu fördern, von einer noch tieferen Zweideutigkeit als die Aufklärung.

Die tiefe Ambivalenz und die Gefahren des Mythos können nicht dadurch aufgelöst und beseitigt werden, daß der Mythos aus der modernen Gesellschaft verbannt wird. Diese Lösung der Dialektik des Mythos wäre zu einfach und „undialektisch." Die Vielheit der Erzählungen der Dichtung, des Mythos und der Religion darf nicht durch den monistischen Mythos der Aufklärung oder den des Dialektischen Materialismus, durch die Mythen von der Mobilmachung des liberalen oder des marxistischen Arbeiters abgelöst werden, weil es eine Tiefendimension der Welt und der Existenz des sterblichen Wesens Mensch gibt, die in diesen Aufklärungsmythen gar keinen Ausdruck findet. Diese behandeln vielmehr die Welt so, als ob sie sie eigentlich schon vollständig durchschaut hätten, und den individuellen Menschen so, als ob er unsterblich wäre und die Früchte des Fortschritts der Menschheit auch persönlich ernten könnte.

Andererseits kann der Aufklärung nicht einfach die Transzendenz der Theologie so entgegengesetzt werden, daß einer entmythologisierten Wirklichkeit eine akosmistische, den natürlichen Kosmos nicht berührende Religion gegenüberstünde, die mit dieser Welt, die von Wissenschaft und Technik vollständig erklärt und beherrscht wird, nichts mehr gemeinsam hat. Wenn die Welt wirklich nicht mehr enthielte, als die Aufklärung ihr zugesteht, könnte auch die übernatürliche Wirklichkeit, welche die Offenbarungstheologie behauptet, nicht mehr als eine gedacht werden, die an die natürliche Welt anschließt und sich mit ihr vermittelt. Das Verhältnis der Religion zur Wirklichkeit wäre dann ein ausschließlich moralisches. Der numinose und magische Charakter des Religiösen und Mythischen wäre aus der Religion und der Wirklichkeit verbannt, „herausentmythologisiert."

1. Das Dreieck von philosophischer Aufklärung, Theologie und Mythologie

Franz von Baader hat Anfang des 19. Jahrhunderts geschrieben, daß der vermeintlich „aufgeklärte" und daher nihilistisch gewordene Mensch nicht einmal mehr Heide und Mythologe sei, sondern erst wieder Heide werden müsse, um die Mysterien des Christentums zu verstehen und die Einsichten der Theologie wiederzugewinnen. Baader hatte diese Diagnose für die Moderne im weiteren Sinne, für jene Epoche, die mit der Aufklärung beginnt, gestellt. Jüngers philosophisches Epos und dichterische Philosophie der Moderne im engeren Sinne als jenes Zeitalters, das mit dem Ersten Weltkrieg anhebt, bestätigt die These Baaders, insofern dieses Werk die Wandlungen seines Autors vom aufgeklärten Nihilisten zum Mythologen und schließlich zum Theologen widerspiegelt. Es schildert den Weg eines Geistes, der vom Nihilismus der Aufklärung ausging, um über die Magie des Mythos zu den Mysterien der Theologie zu gelangen. Da Jünger weder aufgeklärter Mauretanier noch titanischer Mythologe blieb und auch nicht als christlicher Theologe angesehen werden konnte, hat er die Mauretanier und technokratischen Aufklärer, die Mythologen und Okkultisten, die Theologen und Gläubigen unter seinen Anhängern stets angezogen und verwirrt zugleich. Sein Bild und die Bewertung seiner Werke blieben schwankend und umstritten.

Was auf den ersten Blick als ein Mangel erscheinen mag, daß sich nämlich Jünger niemals auf ein Entweder-Oder zwischen Aufklärung,

Theologie oder Mythologie hat festlegen lassen, macht seine Größe und Fruchtbarkeit für das Denken der Nachmoderne aus. Weil die Nachmoderne vor derselben Vereinigungsaufgabe von Theologie, Mythologie und Aufklärung steht, ist der Mythos des Epikers des Zeitalters der Moderne, der zugleich ein Exzentriker des Projekts der Moderne und des Modernismus war, hier dargestellt worden.

Wir können nach der Aufklärung und der philosophischen Kritik nicht vor die Aufkärung zu einem dogmatisch-autoritären Christentum zurück, wir können aber auch nicht, wie es die Tradition der Aufklärung für möglich hält, im metaphysischen Minimalismus, ja Nihilismus des Kritizismus und Liberalismus verharren und das Heil der Menschheit nur von der Mobilmachung der Erde durch den Arbeiter „Mensch" erwarten. Schließlich ist uns, weil wir den fiktionalen, poetischen Charakter des Mythos durchschauen, auch die Rückkehr zu einem Mythos verwehrt, der mehr wäre als poetische Fiktion und Dichtung, nämlich dogmatischer Mythos. Der Mythos kann in der Gegenwart nur noch als Dichtung oder im Dienste der Religion, nicht jedoch selbst als Religion vertreten werden.

Die Aufgabe der Gegenwart ist es, die Einsichten der christlichen Theologie, das kritische Bewußtsein der Aufklärung und die Magie des Mythos so zu vereinigen, daß sich diese drei Erkenntnisgüter der Menschheit durchdringen und in Gleichzeitigkeit, statt in der Sukzession der Zeit gegenwärtig sind. Nur in der Durchdringung von Aufklärung, Christentum und Mythos, in der Vereinigung von Philosophie, Theologie und Mythologie, kann die religiöse und dichterische Philosophie die gesamte Wirklichkeit erreichen und in *einer* Theorie darstellen.

Der Beitrag Jüngers zur Weltliteratur dieses Jahrhunderts liegt in der Erinnerung der Wahrheit des Mythos und der poetischen Imagination. Der Mythos und die mythische Imagination sind für die Selbsterkenntnis des Menschen unverzichtbar. Sie müssen neben die Theologie und die Wissenschaften treten, wenn der Mensch seine Stellung zum Sinn der Epoche finden soll. Der Mensch steht nicht nur in dem einfachen Gegensatz zwischen Zeitlichkeit und Ewigkeit, sondern vor einer dreifachen Anforderung: Er muß der „Forderung des Tages" und der Zeitlichkeit seiner individuellen Existenz, den Forderungen der Geschichtlichkeit seiner kollektiven Existenz, und dem Anspruch der Ewigkeit und des Ewigen im Menschen zugleich genügen. Er muß das individuelle und kollektive Sein in der geschichtlichen Zeit in ein Verhältnis zum Sein der übernatürlichen Ewigkeit setzen. Der Mensch ist nicht nur zur theologischen Erkenntnis des ewigen Seins und zur philosophischen Erkenntnis jenes Seins der zeitlichen Welt, das gleichbleibend und unveränderlich ist, berufen. Er ist vielmehr auch beauftragt zur Erkenntnis und poetischen Imagination des Sinns und Wertes der geschichtlichen Bildungen des Geistes.

Daß es einen eigentümlichen poetischen Sinn der geschichtlichen Epochen gibt, war die Einsicht der griechischen Mythologie, des spätantiken Gnostizismus und der europäischen Romantik. Diese drei Strömungen der Geistesgeschichte stellten in verschiedenen Epochen der Geschichte und in unterschiedlicher Weise die Geschichtlichkeit des Seins in den Mittelpunkt ihrer Weltdeutung. Die Gefahren, die den Weltdeutungen der Mythologie, des Gnostizismus und der Romantik eigen sind, liegen in der Überzeichnung, ja Totalisierung des geschichtlichen Standpunktes. Die Betonung des geschichtlichen Teils des Seins wird zu einer radikalen und vollständigen Vergeschichtlichung allen Seins überdehnt. Die totale Vergeschichtlichung des Seins bewirkt, daß keine überzeitliche und übergeschichtliche Gültigkeit mehr anerkannt und alles Sein, auch das Sein der Gottheit, als ein Werden gedacht wird.

Die Gefahren des mythologisch-romantischen Gnostizismus sind die totale Vergeschichtlichung des Seins, und die Verführung zum totalen Prozeßdenken. Beide führen zu einem gnostischen Haß auf das Unveränderliche im irdischen Sein und zur Verachtung der äußeren Welt der Natur. Diese gnostische Verachtung für die Natur und das Unveränderliche, Gleichbleibende an der Welt und am Menschen prägt auch noch den Mythos vom Arbeiter als demjenigen, der die Welt transformiert. Die mythologisch-gnostische Weltsicht verachtet die Natur, weil sie die geistige, pneumatisch-hyperkosmische Kraft des Menschen und der „übermenschlichen", mittleren Mächte überschätzt. Der gnostischen Naturverachtung muß deshalb durch den theologischen Gedanken einer überzeitlich gültigen Schöpfungsordnung entgegengewirkt werden.

Doch ist nicht zu übersehen, daß ähnliche Gefahren auch auf den beiden anderen Seiten des Dreiecks von Aufklärung, Theologie und Mythologie entstehen, nämlich die Gefahr des aufklärerischen Szientismus einerseits und des theologischen Positivismus andererseits. Unter Aufklärungsszientismus ist jene antihistorische und antipoetische Haltung zu verstehen, die das Sein auf dasjenige Sein, das dem Positivismus als das allein positive, empirisch gegebene erscheint, reduziert. Der Szientismus der Aufklärung leugnet die überpersonal-geschichtliche und übernatürliche Wirklichkeit und schneidet damit ganze Wirklichkeitsfelder aus der Wirklichkeit „heraus." Schließlich ist die Theologie, wenn sie sich auf die Positivität der Offenbarung beschränkt und das Mythische aus ihrem Bereich verbannt, in Gefahr, zum Offenbarungspositivismus zu werden. Sie achtet dann das Zwischenreich der menschlichen Imagination und Poesie, das sich zwischen dem ewigen Sein Gottes und dem endlichen Sein der empirischen Welt erstreckt, zu gering. Sie leugnet die Magie des menschlichen schöpferischen Geistes und die Magie der Welt, wenn sie ein Sich-Offenbaren des übernatürlichen und göttlichen Seins nur in der Schriftoffenbarung, nicht aber in der Natur und Geschichte für möglich hält.

Der Mythos und die dichterische Philosophie des geschichtlichen Seins stehen zwischen der wissenschaftlichen Philosophie des allgemeinen, gesetzesmäßigen und gleichbleibenden Seins und der Theologie des göttlichen Seins. Der Mythos kann nicht als letzte Instanz und als Theorie der gesamten Wirklichkeit vertreten werden, weil die mythologische Weltdeutung der wissenschaftlichen Kritik nicht standhält. Das poetische Moment des Mythos muß jedoch in zweifacher Weise berücksichtigt werden. Der Mythologe muß sich bewußt bleiben, daß er Dichter ist, der Aufklärer und Theologe müssen anerkennen, daß es etwas Allgemeines an der für eine Epoche exemplarischen Dichtung gibt, das nicht nur subjektive Fiktion ist. Mythos und dichterische Philosophie nehmen deshalb ihrer Natur nach die Stelle zwischen der Aufklärung der wissenschaftlichen Philosophie und der Gotteslehre der Theologie ein. Sie ersetzen weder die Aufklärung als Theorie praktischer Weltbewältigung noch die Theologie als Theorie des höchsten Seins und des Absoluten.

2. Die „mittleren Mächte" des Mythos und die Dogmatisierung des Mythos

Der Mythos steht in der Hierarchie unter dem Logos, die geschichtlichen Mächte des objektiven poetischen Geistes, die objektiv gewordenen Imaginationen der Dichtung sind der Herrschaft des überzeitlichen absoluten Geistes unterworfen. Der frühe Mythos des Polytheismus ist zu dieser Hierarchisierung nur fragmentarisch vorgedrungen, aber auch er kennt bereits Götterhierarchien. Mit der Theologisierung des Weltbildes wird die Hierarchie der Mächte klarer. Die Titanen und olympischen Götter, die Mächte der Finsternis und die Mächte der Herrlichkeit, stehen nun unter der Herrschaft Gottes, sie sind nur sein Hofstaat. Es wäre jedoch verfehlt, die mythischen „Mittelmächte", weil sie unter Gott stehen, theologisch für nichtexistent zu erklären und zu entmythologisieren.

Das mythische Weltbild betont die Rolle der „mittleren Mächte", die zwischen dem Absoluten und dem endlichen Selbst des Menschen stehen: die Rolle von Titanen, Giganten, himmlischen Göttern, Unterweltsgöttern, Faunen, Nymphen usw. in seiner polytheistisch-mythologischen Form, die Rolle der Volksgeister, Weltgeister, siderischen

Mächte, Erdmächte, Mächte des Blutes und der Rasse in seinen gnostisch-mythologischen Formen. Der Mythos ist beherrscht von dem Gedanken der „Mächte dieser Welt", der „Fürsten der Äonen." Er möchte Macht, Verfügung über diese Mächte gewinnen. Um sie zu beherrschen, ist Magie nötig, weil die „Mächte dieser Welt" selbst magisch herrschen. Die Geschichte sieht der Mythos als den Kampf an, der durch die wechselnden Bündnisse des Menschen und der Völker mit diesen Mächten bewegt wird. Hier ist auch der Ursprung des Mythos vom Titanen- und Gigantenkampf zu suchen, den Jünger aufnimmt: Die Menschen verbünden sich in den geschichtlichen Epochen entweder mit den mittleren Mächten, den Giganten und Titanen, gegen die Götter oder mit den Göttern gegen die mittleren und unteren Mächte.

Die „Fürsten dieser Welt" sind für den gnostischen Typus des Mythos halb personale, halb anonyme Mächte. So wird der „Volksgeist" als eine Macht gedacht, die halb personal durch die Mitglieder des Volkes besteht und halb anonym und unabhängig von ihnen sich verwirklicht. Aus diesem zwischen dem Personalen und dem Anonym-Naturhaften schwankenden Charakter der Mächte und Götter des Mythos folgt auch, daß diese nur als halb-moralische Wesen gedacht und nicht vollständig moralisiert werden. Die olympischen und germanischen Götter sind moralisch zweifelhaft und unzuverlässig. Wotan, der Herr der Verträge, geht Verträge ein, von denen er weiß, daß er sie nicht wird halten können, Zeus bricht die Ehe u. ä.

Erst im christlichen und jüdischen theologischen Weltbild ist Gott der moralische Weltherrscher und werden die Mittelmächte in moralische und unmoralische, in Engel und Teufel, cherubinisch-seraphinische und luziferisch-satanische Mächte unterschieden. Nach häretisch-gnostischen Quellen, so behauptet C. G. Jung, schneidet Christus seinen gefallenen Bruder Luzifer von sich ab und wirft ihn in die Hölle. Auch die Magie wird moralisiert und in weiße und schwarze Magie unterschieden. Das Magische wird teilweise zum Sakramentalen verwandelt. Im Sakramentalen taucht die magische Einwirkung auf die Mächte dieser Welt in veränderter Form wieder auf in der durch das Amt berechtigten und durch den Ritus vollzogenen Herbeiführung einer theologischen, göttlichen Einwirkung auf das Sein.

Der mythologische Mensch fühlt sich durch die Kenntnis der geheimen Mächte dieser Welt „ermächtigt", im Einklang mit ihnen und in ihrer Vollmacht zu handeln. Werden diese Mächte als „letzte Instanzen", als die höchsten Gewalten gedacht, so ist auch die mythische Ermächtigung total, letztinstanzlich. Für die Beurteilung des Mythos sind also zwei Gesichtspunkte zentral, nämlich welche Instanzen als die letzten gedacht werden und von welcher moralischen Qualität sie sind. Werden partikularistische Mittelmächte wie Volksgeister oder Rassenmythen zu den letzten Instanzen, so sind nationalistisch-völkische und rassistische Ermächtigungen die Folge. Ist der Mythos dagegen potentiell universalistisch wie bei den indoeuropäischen polytheistischen Mythologien, die Volkstum und Nation überschreiten, so sind die aus ihnen abgeleiteten Handlungsanweisungen weniger partikularistisch. Werden die mythischen Mächte als amoralisch oder als tragisch und moralisch widersprüchlich aufgefaßt, werden auch die Menschen entsprechend zum Amoralismus oder zum tragischen, moralisch widersprüchlichen Charakter ermächtigt oder zumindest freigestellt.

Die eigentliche Gefahr des Mythos und seiner dichterischen Philosophie besteht nicht im poetischen Mythos, der durchaus wirklichkeitserschließend ist, sondern in der Dogmatisierung des Mythos zum Weltbild, weil durch die Dogmatisierung der Mythos beansprucht, auch die Stelle der Philosophie und der Theologie einzunehmen. Das mythologische Weltbild als dogmatische Lehre macht „mittlere Mächte" zu höchsten und letztinstanzlichen. Dies ist freilich die Perspektive desjenigen, der von außerhalb auf das mythische Weltbild blickt. Für den mythischen Menschen sind die von ihm verehrten „mittleren" natürlich „höchste Mächte." So sind für den Polytheisten die Olympier, ist für den Anhänger der völkischen Bewegung das Volk die höchste Instanz. Andererseits ist erkennbar, daß diese „höchsten Instanzen" nur im Plural vorkommen: die Götter sind ebenso mehrere wie die Völker, woraus sich bereits die Widersprüchlichkeit eines letztinstanzlichen, dogmatischen Mythos ergibt: Im Mythos kämpfen unversöhnlich letzte Instanzen miteinander. Der metaphysische Pluralismus und der „Kampf der Gottheiten" gehören unvermeidlich zum mythologischen Weltbild.

Dieser Kampf und die metaphysische Zerrissenheit des mythologischen Weltbildes sind nur zu versöhnen, wenn die mythischen Mächte tatsächlich als Mittelmächte begriffen werden, die unter einer höchsten Macht stehen und von ihr im letzten doch beherrscht werden, wenn also die mythischen Mächte in ein theologisches Weltbild integriert werden. Theologie und Mythologie können vereinigt werden, wenn die Höherordnung der Theologie gewahrt wird und der Mythos nicht als dogmatischer Mythos behauptet wird. Da die Theologie die Unterordnung der mythischen Mächte unter die Gottheit fordert und dieses Unterordnungsverhältnis widerspruchslos gedacht werden kann, ist nicht einzusehen, warum zur Theologie eine vollständige

Entmythologisierung der Welt und ihrer Magie notwendig dazugehören muß oder soll. Die unmittelbare Erfahrbarkeit mittlerer Mächte und die Magie der Tiefendimension der Welt sprechen dagegen, die Mächte des Mythos für *bloße* Fiktion zu halten. Auch wird der Herrlichkeit und Allmacht Gottes nicht widersprochen, wenn es neben dem Menschen auch noch andere personale, nichtgöttliche Mächte gibt, denen von Gott Macht überlassen wurde, da ja auch die Annahme, daß der Mensch Macht hat, mit dem Glauben an die Allmacht Gottes vereinbar ist.

Wenn auch die Wirklichkeit des Mythischen nicht geleugnet werden kann, darf sie doch nicht zum verbindlichen Mythos festgeschrieben werden. Der Mythos kann nicht dogmatisiert, zum verbindlichen Weltbild und Dogma erhoben werden, weil er nicht universalistisch und daher als Theorie der Gesamtwirklichkeit nicht wahrheitsfähig ist. Er bleibt im Gegensatz zur Theologie stets partikular. Ein mythologisches Dogma ist – im Gegensatz zum theologischen – ein Widerspruch in sich, weil es für den partikularen Mythos widersprüchlich ist, sich als universal zu setzen, während die Theologie sich zum Dogma ausformen kann, da ihr Inhalt die Forderungen der Kohärenz und Widerspruchsfreiheit erfüllt. Zwar sind die Theologien des Christentums und des Islam von außen gesehen faktisch nicht universal, aber aus der Innenperspektive ihrer Lehre, von ihrem dogmatischen Inhalt und ihrer Innenstruktur her, sind sie auf Universalität angelegt und universalisierbar.

Das Judentum nimmt hier eine charakteristische Zwischenstellung ein, weil es von seiner Lehre her universal, aber von seinem Adressatenkreis her volkhaft angelegt ist und sich deshalb von der religiösen Logik her gesehen in der menschheitlichen Theologie und im Universalismus des Christentums oder Islam „universalisieren" müßte. Für die beiden universalistischen Theologien stellt daher das Judentum in seiner Zwischenstellung zwischen volkhaftem Partikularismus und religiösem Universalismus ein Problem dar, weil diese Zwischenstellung den Universalismus von Christentum und Islam insofern infrage stellt, als beide, Christentum und Islam, sich als die berechtigten Erben desjenigen Anfangs und Auftrags begreifen, der im Judentum für die Menschheitsreligion gesetzt wurde. Dem Vorwurf des Christentums an das Judentum, daß es eine „Intransigenz" gegenüber dem Universalismus zeige, kann theologisch eine gewisse Berechtigung nicht abgesprochen werden, wenn er auch immer wieder einem religiös geprägten Antijudaismus Anlaß und Vorwand bot und dieser religiöse Antijudaismus dann auch über das Kontroverstheologische stets weit hinausschoß.

3. Die Perversion des Mythos im völkischen Mythos

Vom theologisch beeinflußten Antijudaismus, der meist gemäßigt blieb, weil die Theologie die Gemeinsamkeiten zwischen Christentum und Judentum und das gemeinsam verwaltete Erbe des Alten Testaments nicht leugnen kann, ohne sich selbst aufzugeben, ist der mythologische Antisemitismus zu unterscheiden. Der völkische mythologische Antisemitismus nährt sich aus nichttheologischen, völkischen und rassistischen Quellen. Der völkische Mythos sieht im Judentum das ganz Andere seiner selbst und seinen Gegenmythos. Er mythologisiert das Judentum und ist von einer metaphysischen Feindschaft gegen das Judentum und dessen Begriff der Einheit von Volk und Religion beherrscht, weil er im Judentum ein Partikulares, ein Volk wie sein eigenes, erkennt, das jedoch einen universalen Inhalt, eine universalistische Religion enthält und daher, in den Augen des völkischen Mythos, den Anschein der Universalität erweckt, wo es doch ebenso partikular ist wie die anderen Völker. So ist etwa die „Verfassung" des Nationalsozialismus, Rosenbergs *Mythus des 20. Jahrhunderts* , von dem Gedanken, daß das Judentum von einem universalistischen Partikularismus geprägt sei und daher den totalen Partikularismus der Völker im völkischen Sinn gefährde, wie besessen.[1]

Der völkische Mythos übersieht, daß das Judentum sich als ein Volk begreift, das unter dem Anspruch der universalistischen Ethik des *einen* Gottes steht. Das Judentum ist der erste Entmythologisierer der Weltgeschichte und zugleich das Volk, in dem sich Mythologisches am längsten und auf höchstem Niveau erhalten hat. Dadurch zieht es in besonderer Weise die Bewunderung, den Neid, das Mißtrauen und schließlich den abgrundtiefen Haß des nachgeborenen und sich zurückgestellt fühlenden Volkes, seiner völkischen Bewegung und seines völkischen Mythos auf sich. Der Anhänger des mythologischen Weltbildes und mythisch-völkischen Nationalismus erkennt im Judentum

---

[1] ALFRED ROSENBERG: *Der Mythus des 20. Jahrhunderts. Eine Wertung der seelisch-geistigen Gestaltenkämpfe unserer Zeit*, München (Hoheneichen) [7]1942. Rosenberg sieht im Judentum das „künstliche System der Aufzucht eines Rassegemischs." „Der rasselose Universalismus des Judentums" habe „sich in Europa eingenistet" (*Ebenda* 33). Paulus habe, „was man in kirchlichen Kreisen nie zugeben wird, dem unterdrückten national-jüdischen Aufstand die internationale Auswirkung gegeben, dem Rassenchaos der Alten Welt den Weg noch weiter geebnet und die Juden in Rom werden sehr wohl gewußt haben, warum sie ihm ihre Synagoge für seine Propagandareden zur Verfügung stellten." (*Ebenda* 75) Indem Rosenberg mit Paulus gerade den „Universalisierer" des Judentums zum Christentum nennt, zeigt er, daß er mit dem Judentum zugleich das Christentum bekämpfen will.

stets den Zerstörer seines Weltbildes, den Universalisierer, der den Absolutismus des Partikularen und den metaphysischen Pluralismus und Polytheismus widerlegt hat, sich selbst jedoch gleichwohl das Recht auf Partikularität, auf eine an ein bestimmtes Volk gebundene Religion, vorbehält.

Der dogmatische Mythologe haßt nicht nur den jüdischen, sondern auch den christlichen Monotheismus, weil beide Formen des Monotheismus der Vielheit ihren metaphysisch-letztbegründenden Charakter genommen haben und damit dem Volk, der Rasse und der mythischen Imagination von menschlichen Verbänden den Charakter des Letztwertes und Nicht-Hintergehbaren verwehren.

Sichtbar wird dies wiederum bei Rosenberg, wenn er dem Monismus, worunter er das versteht, was sonst Monotheismus genannt wird, seine eigene Theorie vom mythologischen, letztbegründenden und unhintergehbaren Pluralismus entgegensetzt und dazu auch noch in einem unzulässigen Anachronismus den gnostischen Dualismus – wohl als Modell der Erzhäresie des Christentums und wegen der Feindschaft der Gnostiker gegen das Alte Testament – bemüht: Der „germanische Mensch" habe eine „Abneigung gegen Monismus."[2]Der Gnostiker Markion stehe ein für den „nordischen Gedanken einer auf organischer Spannung und Rangstufen beruhenden Weltordnung im Gegensatz zu der semitischen Vorstellung einer willkürlichen Gottesmacht und ihrer schrankenlosen Gewaltherrschaft. Er verwirft deshalb auch . . . das sogenannte Alte Testament. Ähnliches versuchten einzelne unter den Gnostikern. Aber Rom hatte sich dank seiner rassischen Zersetzung unrettbar an Afrika und Syrien verschrieben, die schlichte Persönlichkeit Jesu überdeckt, das spätrömische Ideal des Weltimperiums mit dem Gedanken der volkslosen Weltkirche verschmolzen."[3]

Hier wird erkennbar, daß der Antisemitismus des Nationalsozialismus auch ein versteckter Antichristianismus und ein Angriff auf den Universalismus des Christentums ist, der sich einer antijudaistischen Verkleidung bedient, was bereits Jacques Maritain aufgezeigt hat.

4. Metaphysischer Pluralismus, dualistischer Gnostizismus und Ästhetisierung

Wenn der Mythos sich unter Bedingungen einer durch den Monotheismus vollzogenen Entmythologisierung als Weltbild und System, als dogmatische Lehre setzt, wird er zum Gnostizismus. Gnostizismus ist

---

[2] *Ebenda* 127ff.
[3] *Ebenda* 75f.

dogmatisierter oder dogmatischer Mythos. Der vollständige, metaphysische Pluralismus oder Polytheismus ist nach der Aufklärung, die durch die Theologie am mythologischen Polytheismus vollzogen wurde, unhaltbar, es sei denn, man begnügte sich mit Systemen totaler Dekonstruktion. Der dogmatische Mythos, der unter Bedingungen theologischer und philosophischer Aufklärung weltbildkonstituierend sein will, muß sich zum Gnostizismus „metaphysizieren", um im philosophischen Diskurs, wenn auch nicht bestands-, so doch wenigstens diskussionsfähig zu sein.

Der gnostische Dualismus der Mächte dieser Welt und des fernen, unbekannten Gottes, der in dieser Welt keine Macht hat, ist der Versuch, die Mythologie mit der Theologie so zu vereinigen, daß der Mythos nicht dem Logos untergeordnet, sondern ihm ebenbürtig und gleichmächtig bleibt. Deshalb preist auch Rosenberg die Gnostiker wie Markion u. a., obgleich er sonst mit deren religiösem Sinn und deren moralischer Strenge und Askese nichts gemein hat. Der völkische Gnostizismus Rosenbergs ist der Versuch, den radikalen Partikularismus der völkischen Bewegung mit dem systematisch-universalistischen Gedanken der Einheit der Welt zu vereinigen.

Denn auf den Gedanken der Einheit kann in der Moderne auch der Mythos nicht ganz verzichten. Der metaphysische Dualismus stellt den bestimmten, aus Mythologie und Metaphysik zusammengesetzten Versuch des Gnostizismus dar, Einheit und Vielheit unter der Bedingung, daß an der Ursprünglichkeit von Vielheit festgehalten wird, zu synthetisieren. Die Vielheit ist das Fundament der Gesamtwirklichkeit, die trotzdem als Einheit gedacht wird. Die Gesamtwirklichkeit wird jedoch nicht in der Weise als Einheit gedacht, daß Einheit auch ihr Ursprung wäre. Einheitstiftendes Prinzip ist im Mythos und Gnostizismus der Kampf, nicht aber der Frieden, der nur die Atempause bis zum Neueinsetzen des Kampfes ist. Vielheit wird ursprünglich, primordial.[4]

---

[4] Sehr deutlich wird die metaphysische Ursprünglichkeit des Kampfes und die Unhintergehbarkeit von Vielheit bei W. Best: „Der Krieg und das Recht" (1930), aaO., aber auch bei Jünger: „Das Sonderrecht des Nationalismus", in: *Arminius*, 8. Jg. H.4 (1927), 3ff., der in seiner nationalrevolutionären Phase schreibt: „Wir Nationalisten glauben an keine allgemeinen Wahrheiten. Wir glauben an keine allgemeine Moral. Wir glauben an keine Menschheit als an ein Kollektivwesen mit zentralem Gewissen und einheitlichem Recht. Wir glauben vielmehr an ein schärfstes Bedingtsein von Wahrheit, Recht und Moral durch Zeit , Raum und Blut. *Wir glauben an den Wert des Besonderen.*" (Hervorhebung von P.K.) Bei Jünger wird jedoch erkennbar, daß der Affekt gegen das Allgemeine einer Erfahrung von Unaufrichtigkeit und Leid entspringt und Momente einer ontologischen und politischen Revolte gegen das Gegebene enthält.

Die im gnostischen Mythos angenommene Ursprünglichkeit von Vielheit hat zwei sozial und politisch gefährliche Folgen: Sie macht ein konsistentes Moralkonzept unmöglich, weil widerspruchsfreie, allgemeine Normen in einem Weltbild, in dem Vielheit und Widersprüchlichkeit als die Ursprungsprinzipien angesehen werden, nicht gedacht werden können. In der Unvereinbarkeit von moralischer Universalisierung und metaphysischem Pluralismus haben der Amoralismus des Gnostizismus und anderer gnostischen Mythen und die ihnen gemeinsame Ablehnung des Prinzips der Gerechtigkeit ihren Ursprung. Die andere, damit zusammenhängende, sozial und politisch verhängnisvolle Wirkung gnostischer Mythologien ist, daß die im gnostisch-völkischen Mythos vertretene Ursprünglichkeit von metaphysischer Vielheit die Möglichkeit schafft, im politischen Bereich eine ursprüngliche Vielheit der rassischen, völkischen oder sozialen Menschentypen zu behaupten. Die These von der ontologischen Ursprünglichkeit der Vielheit legitimiert Klassengesellschaften, die sich nach Rassen, Volkstum oder sozialer Herkunft differenzieren.

Dies zeigt bereits die Einteilung der Menschen in erwählte Pneumatiker oder Geistmenschen und gleichgültige Sarkiker oder Fleischmenschen, die der antike Gnostizismus des 2. und 3. Jahrhunderts vertrat, wobei allerdings zu beachten ist, daß das Unterscheidungsmerkmal im Gnostizismus ein intellektuelles und kein rassisches oder gar völkisches ist. Auch diese Differenz zwischen dem religiös-mystischen Gnostizismus der Antike und dem anti-religiösen, rassistisch-völkischen Mythos des 20. Jahrhunderts ist zu beachten.

Wenn die Mythologie dogmatisiert wird, stellen sich innerhalb des dogmatischen Mythos zwei Fragen: Wer ist die soziale Instanz, die dessen Sätze interpretiert und dogmatisch verkündet, und wie verhalten sich politische und weltanschauliche Autorität zueinander. Für die dogmatisierte Mythologie des gnostischen Typus ist die Forderung nach der Einheit von politischer und weltanschaulicher oder religiöser Autorität charakteristisch. Der gnostisierende Mythologe wird stets die Einheit von Königtum und Priestertum, weltlicher und religiöser Macht in einem sakralen Königtum oder Führertum fordern. Der dogmatische Mythos ist zugleich politischer Mythos. Auch der Nationalsozialismus forderte die Einheit von politischem und weltanschaulichem „Führer" und Machthaber und bekämpfte auf das schärfste die Unterscheidung von Staat als politischer und Kirche als religiöser Gemeinschaft.

Der politische Mythos will hinter die Unterscheidung von Politik und Religion oder Metaphysik zurückkehren zu einer politischen Religion und religiös-mythologischen Politik. Im Mythos können politische und mythische Macht in der Person des Souveräns – sei er plebiszitär-demokratisch oder diktatorisch – vereinigt werden, weil der Souverän zugleich „Mittelmacht", mythische Gewalt, nicht aber durch das Amt legitimierter Vertreter Gottes ist. In der theologischen Weltdeutung sind dagegen Priesteramt und politisches Amt nicht mehr in einer Person zu vereinigen, weil die göttliche Macht über der mythischen Mittelmacht steht, und beide, Priester und politischer Machthaber, in unterschiedlicher Weise ihre Vollmacht von der höchsten Macht als Lehen erhalten haben, nicht aber die höchste Macht real darstellen.

Die Vereinigung von politischer und religiöser Macht ist eine Uto-pie, die aus dem gnostisch-mythologischen Denken immer wieder emporsteigt und sich in dem Wunsch nach dem politischen Mythos und dem göttlichen Führer ausdrückt. Auch wenn eine Vereinigung von Theologie, Philosophie und Mythos möglich erscheint, ist dieses Bündnis doch nicht so erweiterbar, daß es auch noch die Politik ein-schließt. Die Idee einer integralen Weltdeutung aus Dichtung, Philoso-phie und Theologie muß vielmehr die Differenz der weltanschaulichen zur politischen Autorität und der metaphysischen Theorie zur politi-schen gerade deutlich herausstellen. Sie erfordert es, daß die Einheit von Metaphysik, Theologie und Mythologie von der Politik klar unter-schieden, institutionell getrennt und in der Unterscheidung von Staat, Kirche und Partei institutionell abgesichert ist. Zwar werden mit de Maistre alle wirklich wichtigen Fragen der Politik und der sozialen Ordnung in der Metaphysik entschieden, das heißt jedoch nicht, daß der politische Machthaber und Regierende mit demjenigen, der die Weltdeutung entwickelt und das Dogma interpretiert, identisch sein kann. Die Unterscheidung von Religion und Politik und der durch sie bewirkte Rationalitätsgewinn von Politik und Weltdeutung finden ihre institutionelle Entsprechung in der Unterscheidung von Staat und Kirche, während der politische Mythos und die mythische Politik stets die „Weltanschauungspartei" und die „politische Religion" an-streben.

Die Mythisierung der Politik und die Politisierung des Mythos brin-gen zugleich die Ästhetisierung der Politik hervor. Die politische Ord-nung wird zum Kunstwerk stilisiert, die poetische Kraft des Mythos so mißverstanden und überschätzt, als ob es der Mythos erlaube, auch die Politik und die sozialen Institutionen dichterisch von der Ästhetik her zu gestalten. Der Staat wird zum „Gesamtkunstwerk". Die Ver-wechslung der sozialen mit der ästhetischen Gestaltung ist ein Kenn-zeichen des Faschismus und Nationalsozialismus gewesen, – wie man überhaupt Grund hat, einem überwuchernden Gebrauch der Begriffe „Gestalt" und „Gestaltung" gegenüber mißtrauisch zu sein. In ihm verbirgt sich Machtanspruch. Der gesamte Sozialkörper wird im Nationalsozialismus zum Gestaltungsobjekt der mythisch-ästhetischen Imagination, das Allgemeine und Alltägliche der sozialen Daseinsvorsorge werden aus der Politik verbannt. Auch die Politik ist – wie die Religion – nur mehr als ästhetisches Phänomen gerechtfertigt, und wer die soziale Ästhetik stört – Behinderte, Rassenfremde usw. –, wird liquidiert.

Selbst ein Dichter vom Format Gottfried Benns erlag im Gegensatz zu Jünger, der als Metaphysiker gegen den Ästhetizismus besser gefeit war, der Verführung des Nationalsozialismus zur totalen Ästhetisierung. Benn schreibt 1934 über die neue Ästhetisierung der Politik: „Möge der Strom der Rasse sie (die neue Jugend) durch ihre Jahre tragen, durch ihre Häuser, ihre Äcker, ihre Thingplätze, ihre Gräber, bis die eine Gestalt kommt, die zu den alten unauslöschlichen deutschen Gestalten hinzutritt und die das Neue sein wird, das heute erst in uns dämmert und erst verwirrt aus unseren inneren Forderungen spricht. In deren Werk wird von Angesicht zu Angesicht davon sein, was wir heute nur in einem dunklen Wort erblicken, in dem Nietzsche-Wort von der Rechtfertigung der Welt allein als ästhetisches Phänomen."[5] Mythisierung und Ästhetisierung der Politik gehören zusammen, weil beide zustande kommen durch ein Übergreifen der poetischen Imagination auf jene Bereiche der Verstandeserkenntnis des Gegebenen, die aufgrund ihrer Gesetzmäßigkeit Aufgabe der Wissenschaften, der Philosophie und der Theologie sind. Die Mythisierung und Ästhetisierung der Politik entstammen einem Machtrausch des Vermögens der Imagination.

Von der Ästhetisierung der politischen Aufgabe zum Gesamtkunstwerk ist der Gedanke, daß Politik auch Kunst ist, klar zu unterscheiden. Politik als Erdenken und Verwirklichen neuer sozialer Möglichkeiten und als Lösung politisch-sozialer Problemlagen erfordert schöpferische Einbildungskraft. Sie ist auch „Staatskunst". Diese Staatskunst des Staatsmanns ist vom totalitären Kunstwerk „Staat" und vom nationalsozialistischen Gesamtkunstwerk „Volksgemeinschaft" scharf zu unterscheiden. Die Dichtung, die Schulung der poetischen Einbildungskraft, die Einübung in künstlerischer Expressivität müssen zur Schulung des Staatsmanns gehören. Sie müssen der politikwissenschaftlichen Ausbildung und politischen Praxis vorausgehen und sie begleiten. Sie dürfen jedoch nicht an die Stelle der Prozesse politischer Theoriebildung und Verständigung treten. „Es zählte zu den Maximen des Pro-

---

[5] G. BENN: „Lebensweg eines Intellektualisten" (1934), in : *Gesammelte Werke*, Wiesbaden (Limes) 1968, Bd. 8, 1885-1931, hier 1930f.

konsuls, daß echte Politik nur möglich sei, wo Dichtung vorausgegangen war." (*Hel* 109; 16, 102) Jünger hat nach seiner nationalrevolutionären Phase, in der auch bei ihm die Ästhetisierung der Politik erkennbar ist, seit *Auf den Marmorklippen* von 1939 die Grenze zwischen der Politik als Kunst einerseits und der Ästhetisierung des Staates zum mythischen Gesamtkunstwerk andererseits durchaus festgehalten.

Der dem Gnostizismus verwandte metaphysische Dualismus und die mythologische Metaphysizierung von Vielheit spielten in den geistigen Verirrungen des nationalsozialistischen Modernismus eine Rolle. Der Nationalsozialismus kann jedoch nicht allein auf den Mythos und auf eine in ihm vollzogene Remythologisierung der Moderne zurückgeführt werden. Denn der gnostisch-mythologische Dualismus ist dem szientistischen Denken der Aufklärung weit näher, als häufig angenommen, weil auch dieses gnostische Züge trägt und sich vom theologischen Weltbild absetzt.[6] Dem Szientismus liegt ein ontologischer Dualismus zwischen der geistigen Welt des Wissenschaftlers und der äußeren Welt bloßer Ausgedehntheit und materialistischer Gesetzlichkeit zugrunde, der zu einer fast seinshaften Differenz zwischen der Menschenklasse der Wissenden und derjenigen der Unwissenden, zwischen den Wissenschaftlern und den beobachteten Personen führt.

Auch ist die These der Aufklärung, daß die Vernunft das Letztbegründende der Menschenrechte und der Institutionen sowie das Allgemeine schlechthin sei, weniger universalistisch, als sie selbst von sich behauptet. Die Natur wird in ihr – wie im Gnostizismus und im Gegensatz zur Theologie – zum großen Anderen und Gegensatz der Vernunft, zu etwas der Vernunft völlig Fremdem. Auch werden alle jene, die nicht über die Hochform der Vernunft verfügen, von der Aufklärung aus dem Kreis derer, die Träger der Vernunft- und der Menschenrechte sein können, ausgeschlossen.

Es ist deshalb kein Zufall, daß Rosenberg als Mythologe des Nationalsozialismus versuchte, an Kant anzuschließen und die Dualismen der kantischen Aufklärungsphilosophie und des Gnostizismus zu vereinigen: „Die Grundtatsache des nordisch-europäischen Geistes ist die bewußt oder unbewußt vorgenommene Scheidung zweier Welten, der Welt der Freiheit und der Welt der Natur. In Immanuel Kant gelangte dieses Urphänomen der Denkmethodik unseres Lebens zum lichtesten Bewußtsein."[7] Ob mit diesem Zusammenschluß Kant Gerechtigkeit widerfahren ist, soll hier nicht untersucht werden. Erhellend für die

---

[6] Vgl. KOSLOWSKI: „Wissenschaftlichkeit und Romantik. Über den Zusammenhang von Szientismus, Gnostizismus und Romantizismus"(1988), aaO.

[7] ROSENBERG: *Der Mythus . . .*, aaO. 131.

Analyse des Nationalsozialismus als einer der Bewegungen der Moderne ist jedoch an dieser These Rosenbergs und an seinem Versuch, die nationalsozialistische Ideologie zu formieren, daß das Zusammenwirken der gnostischen Mythologisierung mit den szientistischen und technizistischen Momenten der Aufklärung in der nationalsozialistischen Ideologie sichtbar wird – wobei auch erkennbar ist, warum Rosenberg die Theologie sehr bewußt und feindselig ausgeschlossen hat.

Die Synthesis von Mythologie und Aufklärung im nationalsozialistischen Modernismus, im „reactionary modernism"[8], verbietet es, den Nationalsozialismus nur als Mythos zu interpretieren und im Mythos den Schuldigen für die Katastrophe des Jahrhunderts zu erkennen. Andererseits kann auch nicht ohne Einschränkungen, wie es der Erzbischof von Paris, Jean-Marie Cardinal Lustiger, ausdrückte, Auschwitz als die Vollendung der Aufklärung gedeutet werden. Erst beide zusammen, die Dogmatisierung des völkischen Mythos *und* die totale technisch-szientistische Aufklärung, ermöglichten die Katastrophe von Auschwitz. Das Denken, das „Auschwitz" hervorbrachte, ist die äußerste Perversion der technischen Aufklärung und die äußerste Perversion des Mythos zugleich.

Auch diese Katastrophe der Moderne wird jedoch durch Perversionen des Denkens allein nicht „erklärt." Alles Böse kann nach Augustinus nicht vollständig aus bewirkenden Ursachen erklärt werden. Es geht vielmehr aus dem bösen Willen ohne äußere bewirkende Ursache hervor. Die Grenze des bösen Willens bezeichnet auch die Grenze der Ableitbarkeit politischer Verbrechen aus den Ideologien, die die Täter bei ihren Taten leiteten.

Es bleibt in dem finstersten Teil der Moderne ein *mysterium iniquitatis*, ein Geheimnis des Bösen, das sich durch Ideologien nicht vollständig ausleuchten läßt. Denn keine Ideologie, auch die völkisch-nationalsozialistische nicht, hat es gewagt, Völkermord zum Programmpunkt des öffentlichen Dogmas, der ideologischen Lehre, zu machen.

Ohne den Machtzuwachs, der dem Menschen in der Totalen Mobilmachung durch den totalen Arbeitscharakter, durch die wissenschaftliche Aufklärung und Entzauberung der Welt und durch die „Rüstung" der Technik zugewachsen war, hätte der völkische Mythos die Moderne nicht in der Weise transformieren können, wie dies im reaktionären Modernismus des Nationalsozialismus als Mischung von Mythos und Aufklärung geschah. Zu dieser Totalen Mobilmachung

---

[8] Vgl. HERF: *Reactionary Modernism*, aaO.

des völkisch-modernistischen Mythos mußten sich erst Aufklärung und Mythos in einer schwarzen Hochzeit vereinigen.

Der Blick auf das Gesamtwerk Ernst Jüngers erlaubt es zu verstehen, warum die schreckliche Verbindung von völkischem Mythos und technokratischer Aufklärung in Deutschland zur Herrschaft gelangen und sich als rassistische Diktatur festsetzen konnte, obgleich das Volk als ganzes doch, will man nicht selbst einem negativen völkischen Mythos verfallen, kaum für schlechter gehalten werden kann als alle anderen Völker. Die Rückkehr des Mythos im Deutschland der Zwanziger und Dreißiger Jahre war eine Reaktion auf große Leiden und Verletzungen. Daß sich der Mythos dogmatisieren, seine schlechteste, partikularste und grausamste Form, nämlich die des völkischen Rassismus, annehmen würde, war vor der Machtergreifung, wenn man dem Werk Jüngers trauen darf, nicht so eindeutig, wie es manchem im nachhinein erscheinen mag. Daß dieser Wille zum grausamen und amoralischen Mythos sich mit dem Willen und der Fähigkeit zur gesteigerten wissenschaftlich-technischen Mobilmachung und „Aufklärung" verband, war eine Konstellation, die tragischer Momente nicht entbehrt. Die Menschen hatten in den Jahren zwischen 1918 und 1939 wenig Zeit, sich an den ungeheuren Machtzuwachs durch Wissenschaft und Technik und an die „Dialektik der Aufklärung" zu gewöhnen.

5. Tragödie und Dämonisierung der Moderne

Ist es rechtfertigbar, den Standpunkt des Tragischen für die Zeit des Unheils der Totalen Mobilmachung einzunehmen? Der Tragiker ist sich bewußt, daß in aller Schuld auch ein Moment des Schicksalhaften liegt, das die Schuld nicht aufhebt, das aber auch nicht geleugnet werden kann, ohne daß ein ungerechter Moralismus die Folge wäre. Gäbe es in der Schuld nur Schuld, könnte keine Schuld vergeben werden. Jünger hat seit seinem ersten Buch, seit *In Stahlgewittern*, dagegen revoltiert, die militärische Niederlage des Ersten Weltkrieges als Folge deutscher Kriegsschuld zu interpretieren. Seine Argumente erscheinen philosophisch als begründet. Auch wenn das zweite deutsche Kaiserreich in vielem nicht auf der Höhe der Zeit gewesen sein mag, kann es nicht angehen, den Krieg, den eine konstitutionelle Monarchie führt, als unmoralischer anzusehen, als denjenigen, den eine parlamentarische Demokratie führt. Jünger hat beschrieben, wie die Verbitterung über den ungerechten Frieden von Versailles und über die die Deutschen in ihrem Stolz beleidigende, einseitige Zuschreibung der Kriegsschuld die innenpolitische Lage in Deutschland vergiftete und die Aussöhnung mit den ehemaligen Kriegsgegnern erschwerte. Die Geschichte Deutschlands im 20. Jahrhundert läßt erkennen, daß die Sieger des Ersten Weltkriegs die Schuld eines ungerechten Friedensschlusses und damit Mitschuld an der Entwicklung in Deutschland auf sich geladen haben.

Aus der ungerechten Moralisierung der Kriegsschuldfrage des Ersten Weltkriegs ergaben sich schwerwiegende Folgen. Vor allem die ehemaligen Soldaten versuchten, der Niederlage und den vergeblichen Opfern des Krieges nachträglich doch noch einen Sinn abzugewinnen. Es berührt auch heute noch selbst ein allem Militärischen fremd gegenüberstehendes Gemüt, wenn ein Dichter vom Range Jüngers versucht, in Zeitschriften für seine ehemaligen Frontkameraden der Vergeblichkeit der Blutopfer des Ersten Weltkrieges doch noch einen Sinn zu geben:

„Das Schicksal ordnet die Bewegung der Kräfte unter einen höheren Sinn. So werden zwei Völker durch den Kampf in eine magische Einheit verstrickt, in einen glühenden Körper, der das Neue gebiert. Die Schläge treffen nicht nur die Kämpfer, sie treffen zugleich den Stoff einer zukünftigen Form, die gehämmert und geschmiedet werden will. Bei diesem Werke sind beide Partner von der gleichen Wichtigkeit. Selbst bei völliger Vernichtung hat der Besiegte eine große Aufgabe erfüllt. Zum mindesten lebt er im Sieger fort, der wiederum einen wesentlichen Anteil seiner neuen Gestalt dem Besiegten verdankt. An seinen Widerständen schraubt sich das Leben empor. Wie vor allen mechanistischen Theorien, wollen wir uns hier vor der ‚Auslese der Tüchtigsten' hüten. Der Untergang ist ebenso bedeutend und ebenso fruchtbar wie der Sieg. Der Fortschritt verliert inmitten einer ewigen Bewegung seinen Sinn. Der Kampf ist eine der beiden großen Formen des Schicksals: er ist ein Durchgangszoll, den alles Lebendige zu entrichten hat. Sowohl seine Methoden wie seine Ergebnisse sind denen der anderen Schicksalsform, der Liebe, aufs engste verwandt. Hier wie dort wird durch Gegensätze eine Einheit erzeugt."[9] Vielleicht ist dieser Versuch der Sinngebung für die Kriegsniederlage falsch gewesen und politisch gefährlich. Doch können wir ihm den menschlichen Respekt nicht versagen.

Teile des besiegten Deutschland suchten im Mythos ein geistiges Zuhause, das die Religion nicht mehr bieten zu können schien. Viele flüchteten gar in den Mythos, erst in den nationalen und dann in den völkischen Mythos. Daß der völkische Mythos solch verbrecherische

---

[9] JÜNGER: „Professorales und Nichtprofessorales", in: *Arminius*, 8. Jg., H.36 (1927), 2.

Formen annehmen würde, war nicht notwendig und voraussehbar darin beschlossen, daß es Mythen waren, in denen man sein Heil suchte. Es war der Inhalt der Mythen, der die Menschen hätte alarmieren müssen. Wenn man jedoch in Hinsicht auf den Modernismus des Dritten Reiches anerkennt, daß es eine Dialektik der Aufklärung gibt, muß man auch zugestehen, daß es eine ebensolche Dialektik des Mythos gibt.

Nicht jeder Mythos ist inhuman. Ist nicht vielmehr, so muß man sich fragen, eine Gesellschaft ohne Mythos und ohne dichterische Philosophie, ohne Epen ihrer eigenen Geschichte und Überlieferung, eine ebenso inhumane Gesellschaft wie jene, der das Moment der Aufklärung fehlt? Denn einer total aufgeklärten Gesellschaft ist das kollektive Gedächtnis und die Gemeinsamkeit imaginärer Räume verloren gegangen. In die leeren Räume der Imagination strömt das technokratische Mauretaniertum ein, ohne sie auszufüllen.

Jünger hat die Wandlungen des nationalen Mythos in den Jahren von 1920 bis 1945 zu einer fortschreitenden Dämonisierung und Satanisierung seines Inhalts und seiner Träger beschrieben und sich auch über seine eigenen Irrtümer Rechenschaft gegeben: „Wenn ich meine persönliche Kurve bedenke, so lief sie, und zwar oft wider meinen Willen, der Entwicklung konträr. Das Urteil wandelte sich etwa von: ‚Der Mann hat recht‘ zu ‚Der Mann ist lächerlich‘ und ‚Der Mann wird unheimlich‘. Im allgemeinen entsprach das wohl dem Maß, in dem er von der Replik zur Provokation überging. Bei den ersten großen Wahlerfolgen und der Machtübernahme war ich schon weit von den Ereignissen entfernt. Bereits die Einzelheiten des Münchner Putsches hatten mich verstimmt." (Kirchhorst, 31. März 1946, *JdO* 252; 3,613)[10] Im Paris des Jahres 1942 konstatiert er Metamorphosen des Bösen an Hitler. Diese wandle sich vom Luzifer zum Diabolos und schließlich zum Satanas (16. März 1942, *Stra* II 321).

---

[10] Den Münchner Putsch hatte Jünger bereits in seinem Aufsatz „Nationalismus und Nationalsozialismus", in: *Arminius*, 8.Jg. H.3 (1927), 9, kritisiert, die Gefahr des Nationalsozialismus jedoch nicht erkannt. In dem Aufsatz findet sich auch der erstaunliche Satz: „Es ist kein Zufall, daß der Nationalsozialismus eine Reihe von vorwiegend rednerischen Begabungen in den Vordergrund geschoben hat, wie denn Hitler selbst vielleicht der größte deutsche Redner ist. Aber schon Thiers sagt in seiner Geschichte der französischen Revolution, daß auf einen Kreis von Hörern zwar eine augenblicklichere, auf einen Kreis von Lesern jedoch eine nachhaltigere Wirkung ausgeübt wird." (*Ebenda*) Weiter heißt es in diesem Aufsatz, daß dem Nationalsozialismus, obgleich er „von allen Bewegungen die modernste" (*ebenda*) sei, die Theorie fehle. Insbesondere habe er noch kein Buch vom Range des Marxschen *Kapitals* hervorgebracht, und solange dies nicht geschehe, könne er nicht die soziale Wirklichkeit ergreifen.

Noch im Rückblick wird das Erschrecken darüber, daß der Autor die Dämonie, die Poesie und die Begabung, die das Böse besitzt, nicht erkannt hatte, sichtbar: „Ohne Zweifel hatte ich die Begabung des Mannes unterschätzt. Seine entfesselnde, dynamisierende Kraft, sein Instinkt für vereinfachende Formeln, die die Tendenz des Zeitalters der Massen und Maschinen erfaßten, war außerordentlich, besonders wenn man seine Herkunft bedenkt. In dieser Hinsicht konnten seine Gegner lernen von ihm. Traditionalistische, ästhetische, moralische Bedenken ließen das leicht unterschätzen, auch reiner Intellekt. Er ist auch weniger an seiner Begabung gescheitert als an seinem Temperament, seiner unersättlichen Gier. Sein System war einfacher und stabiler als das wilhelminische; es hielt bis in die letzten Phasen des Schreckens vor. Es hat in unserem Zeitalter eine Reihe von dämonischen Aufstiegen gegeben, die das Nivellement begünstigte. Aber es bleibt etwas Geheimnisvolles dabei, das sich der Kompetenz des Historikers entzieht. Kaum je hat in der Moderne ein Mensch so große Mengen von Begeisterung, aber auch von Haß angezogen wie er." (Kirchhorst, 31. März 1946, *JdO* 253f.; 3,613)

Es gibt an der Geschichte etwas, was auch die Täter erleiden und noch mehr die Völker, die unter ihrem Regiment stehen. Es gibt vor allem am Krieg etwas, was die Täter und die Opfer erleiden, weil weder die Ursache noch das Ergebnis eines Krieges reines Handeln ist.[11] Diese Einsicht kann auch für die Deutschen und ihre Rolle im Ersten Weltkrieg und sogar noch, wenn auch weniger, im Zweiten Weltkrieg nicht ganz falsch sein. Die Mythen der Moderne und ihrer Mobilmachung lassen die Verstrickung von Schuld und Schicksal in der deutschen und europäischen Geschichte dieses Jahrhunderts erahnen. Denn die Stahlgewitter der Totalen Mobilmachung der Moderne sind nicht nur von Deutschland ausgegangen und nicht nur auf die Juden in Deutschland und auf die Nachbarn Deutschlands niedergegangen.

6. *Der Mythos der Moderne als Verwindung ihrer Leiden und ihres Schmerzes*

Jüngers dichterische Phiosophie und philosophische Dichtung sind der Versuch, mit den Mitteln des Epos, des Mythos und der philosophischen Reflexion die Leiden der Moderne darzustellen und zu ver-

---

[11] Die Entwicklung des Golfkrieges im Jahre 1991 und das Schicksal der Kurden als unbeabsichtigte Folge dieses Krieges hat dies neuerdings bestätigt.

winden. Der Mythos wird in allen drei Stadien des Jüngerschen Epos der Moderne, im Epos des Kriegers, Arbeiters und Titanen, in einer eigentümlichen Doppelgestaltigkeit als Mittel der Erfahrung des Helden und als Mittel der Distanzierung und der Bewältigung der Leiden des Opfers eingesetzt. Der Held und Täter erfährt den Mythos als seine Verherrlichung, das Opfer als Verarbeitung des Schreckens und als Tröstung. Der Mythos ist für das Opfer insofern ein Mittel der Überwindung des Schreckens und des Leidens, als es im Mythos sein Leiden als ein typisches, sich seit jeher und zukünftig wieder ereignendes Leiden erfährt.

Der Rang Jüngers als Dichter zeigt sich darin, daß seine Mythen zugleich Mythen des Täters und des Erleidenden sind, und dies nicht nur in dem Sinn, daß das Erleiden des Opfers die Voraussetzung des Tuns des Täters ist. Seine Epen sind vielmehr aus der Perspektive des Täters und Opfers zugleich geschrieben. Sie weisen in dieser Hinsicht nur einen Mangel auf: die Opfer, die die Moderne unter den Juden in Deutschland gefordert hat, finden in Jüngers Werk keinen epischen Ausdruck. Aber vielleicht war hierzu die geschichtliche Distanz noch nicht groß genug, so daß selbst Jüngers Fähigkeit zur Verarbeitung des Schreckens nicht ausreichte.[12]

Voraussetzung für die epische Kunst Jüngers ist seine oft als mitleidslos gescholtene Desinvoltura. Der Sänger darf sich in seinem Epos nicht für eine Seite engagieren, weil er anders nicht beiden Seiten, dem Täter und dem Opfer, gerecht werden, nicht beide besingen kann. Die Desinvoltura ist Voraussetzung und Folge der Gerechtigkeit, die der Dichter den Helden und Opfern gegenüber widerfahren lassen muß. Ohne Unparteilichkeit und Distanz gibt es keine Gerechtigkeit, ohne Desinvoltura kein Epos. Die Archaik des Jüngerschen Werkes ist die Konsequenz der Desinvoltura. Der epische Berichterstatter bleibt außerhalb der Fronten.[13] Die Werke seines Epos wirken archaisch, weil er nicht moralisch das Geschehen wertet. Der epische Rapporteur und dichterische Mythenbildner ist nicht ohne Mitleid und nicht ohne Schmerz, aber er ist ohne moralische Parteinahme. Er ist ergriffen vom Schmerz *beider* Seiten und zugleich moralisch außerhalb ihres Kampfes. Für den Epiker ist sein Zeitalter ein Zeitalter des Schmerzes und der Opfer, nicht ein Zeitalter der moralischen Entrüstung.

---

[12] Man könnte vielleicht die Gestalt der Budur Peri in *Heliopolis* als den Versuch verstehen, in der heidnischen Verkleidung der babylonisch-zarathustrischen Parsin auch jüdisches Schicksal in das Epos der Moderne miteinzuzeichnen.

[13] Vgl. *AuA* (1984), 260: „Homer nimmt wie Zeus bald mit den Menschen, bald mit den Göttern am Schauspiel teil."

Die Moderne ist für Jünger – im Gegensatz zu den Utopien und Geschichtsphilosophien der liberalen und der progressistischen Moderne – keine Zeit der Triumphe des Menschen. Theologie und Mythos wissen besser als die Doktrinen der Philosophen, Ökonomen und Ideologen der Moderne, daß die Moderne auch eine Zeit der großen Niederlagen des Menschen ist. Die Geschichte wird von den Siegern geschrieben, der Mythos von den Besiegten. Theologie und Mythos bewahren die Erinnerung an jene Opfer, die die sich moralisch gerechtfertigt fühlenden Geschichtsphilosophien und die entmoralisierten Ideologien des Gesamtarbeiters des Weltgeistes hinter sich zurückgelassen haben. Die Aufklärung allein ist weder der alleinige Inhalt noch die Retterin der Moderne: sie ist nur einer der Leitsterne, an denen sich das Schiff auf der Suche nach dem Sinn der Epoche orientieren kann. Ihre Dialektik hat an den Erfolgen und Niederlagen der Moderne ebenso Anteil wie die Dialektik des Mythos.

Für die Aufklärung wie für den Liberalismus gilt: Wer ist heute nicht in politischer und wirtschaftlicher Hinsicht Liberaler? Die politischen und wirtschaftlichen Institutionen des Liberalismus haben sich zu Recht durchgesetzt, und an ihrer Berechtigung können kaum Zweifel bestehen. Dies gilt jedoch nicht für die Metaphysik. Ob Skeptizismus und Agnostizismus das letzte Wort in den metaphysischen Diskursen bleiben werden, ist zu bestreiten.

Für die metaphysisch gewordene Aufklärung und den weltanschaulichen Liberalismus gilt:

Es wäre schön, wenn die Welt so wäre, daß Aufklärung und Liberalismus für die Erkenntnis und Sicherung des richtigen Lebens ausreichten. Wer wäre nicht so aufgeklärt und liberal, sich eine Welt zu wünschen, in der man mit Aufklärung und Liberalismus auskäme. Aber leider ist sie nicht so. Jünger, wie alle Romantiker ein heimlicher Liberaler, schreibt 1990: „Casanova ist ein Liberaler, Don Juan eine tragische Gestalt."[14] Der Liberale hat, weil er unter ständiger Überreduktion der Tiefendimension der Welt leidet, immer etwas Frivoles. Der intelligente Konservative will eigentlich ein Liberaler sein. Aber dafür ist er nicht frivol genug.

Der Mystiker weiß, daß erst die Vereinigung von Theologie, Mythologie und wissenschaftlicher Aufklärung der Tiefe und Tragik der Welt und der Geschichte gerecht wird und jene Konstellation, jenes Leitbild, schafft, das den Weg zu einer Verwindung der Schuld und der Leiden des Menschen weist.

---

[14] JÜNGER: „Autor und Autorschaft. Nachträge", in *Scheidewege*, 20 (1990/91), 249.

Der Grundkonflikt in der Geschichte der Menschheit ist der Gegensatz von göttlichem Recht und menschlichem Machtanspruch oder, mit Jüngers Worten, von Götterrecht und Titanenmacht. Dieser Konflikt ist in der Moderne in einer bisher nicht gekannten Schärfe und Grausamkeit hervorgetreten, er ist jedoch nicht erst von ihr erfunden worden. Der Gegensatz von Götterrecht und Titanenmacht ist so alt wie das geschichtliche Sein der Menschheit. Er wird in theologischer Sprache Erbsünde genannt, weil er jedem Menschen und jeder Nation anhaftet.

Nicht das Thema, sondern die Schwierigkeit und die Strenge der Prüfungen des Menschen haben mit der Moderne zugenommen. In diesem Sinne gilt, was von den Prüfungen der technischen Welt gesagt wird, auch für diejenigen der Moderne: „Das ganze Maschinenwesen soll uns vielleicht zur besseren Kenntnis unserer selbst verhelfen – zur Kenntnis dessen, was wir nicht sind" (Paris, 15. September 1943, *Stra II*, 155). Der Sinn der Moderne könnte es sein, uns helfen zu verstehen, was wir nicht sind.

Siglenverzeichnis

Die Werke Jüngers werden, wenn nicht anders angegeben, nach der Ausgabe der *Sämtlichen Werke* (SW), Stuttgart (Klett-Cotta) 1978ff. zitiert. Wo frühere Einzelausgaben verwendet wurden, ist nach deren Seitenzahl die Fundstelle in den Sämtlichen Werken mit Band und Seite angegeben.

AH 1   *Das abenteuerliche Herz.* Erste Fassung *Aufzeichnungen bei Tag und bei Nacht* (1929), SW Bd. 9.

AH 2   *Das abenteuerliche Herz.* Zweite Fassung *Figuren und Capriccios* (1938), Hamburg (Hanseatische Verlagsanstalt) ⁶1942; SW Bd. 9.

Arb   *Der Arbeiter* (1932), Stuttgart (Klett-Cotta) 1982 (Cottas Bibliothek der Moderne; 1); SW Bd. 8.

AuA	*Autor und Autorschaft* (1984), Stuttgart (Klett-Cotta) 1984; SW Bd. 13.
EgB	*Eine gefährliche Begegnung.* Erweiterte Fassung 1983 (Teilabdrucke 1954, 1956, 1960, 1973), SW Bd. 18.
Eum	*Eumeswil* (1977), SW Bd. 17.
Frie	*Der Friede* (1945), SW Bd. 7.
GB	*Gläserne Bienen* (1957), Stuttgart (Ernst Klett) 1957; SW Bd. 15, 1978.
Hel	*Heliopolis. Rückblick auf eine Stadt* (1949), zitiert nach der Ausgabe Stuttgart, Zürich, Salzburg (Europäischer Buchklub) 1955; SW Bd. 16.
JdO	*Jahre der Okkupation* (1958), Stuttgart (Europäischer Buchklub) o.J, später veröffentlicht unter dem Titel *Die Hütte im Weinberg* (SW, Bd. 3, 1979).
Mar	*Auf den Marmorklippen* (1939), Hamburg (Hanseatische Verlagsanstalt) 1941; SW Bd. 15.
PhuB	*Philemon und Baucis. Der Tod in der mythischen und in der technischen Welt* (1972), SW Bd. 12.
Post	*Post festum. Danksagung bei der Feier meines 80. Geburtstages zugleich Nachwort zur zweiten Gesamtausgabe* (1975), SW Bd. 18.
Sche	*Die Schere* (1990), Stuttgart (Klett-Cotta) 1990.
Schm	*Über den Schmerz* (1934), in: *Blätter und Steine*, Hamburg (Hanseatische Verlagsanstalt) 1942; SW Bd. 7.
SG	*In Stahlgewittern* (1920), Stuttgart (Klett-Cotta) 26. Aufl. 1961; SW Bd. 1.
Sgr	*Sgrafitti* (1960), SW Bd. 9.
Siz	*Sizilischer Brief an den Mann im Mond* (1930), SW Bd. 9.
Stra I	*Strahlungen I. Das erste Pariser Tagebuch* (1949), SW Bd. 2.
Stra II	*Strahlungen II. Das zweite Pariser Tagebuch* (1949), SW Bd. 3.
TM	*Die Totale Mobilmachung* (1930), in: *Blätter und Steine*, Hamburg (Hanseatische Verlagsanstalt) 1942; SW Bd. 7.
ÜdL	*Über die Linie. Martin Heidegger zum 60. Geburtstag* (1950), SW Bd. 7.
Welt	*Der Weltstaat. Organismus und Organisation* (1960), SW Bd. 7.
WG	*Der Waldgang* (1951), Frankfurt a.M. (V. Klostermann) 3. Aufl. 1952; SW Bd. 7.
Xyl	*Xylókastron. Nachtrag 1980*, SW Bd. 6.
ZM	*An der Zeitmauer* (1959), SW Bd. 8.
Zwi	*Die Zwille* (1973), SW Bd. 18.